SE LIGA NESSA HISTÓRIA DO BRASIL

SE LIGA NESSA HISTÓRIA DO BRASIL

WALTER SOLLA E ABY NETO

OUTRO Planeta

Organização de conteúdo: Ricardo Silva
Preparação: Renata Del Nero
Revisão: Karina dos Santos e Laura Vecchioli
Ilustrações de miolo: Alexandre Rodrigues
Projeto gráfico e diagramação: Tereza Bettinardi
Capa: Tereza Bettinardi
Ilustração de capa: Tereza Bettinardi
Imagens de capa: ARTFULLY PHOTOGRAPHER/Shutterstock, Superheang168/Shutterstock, Insley Pacheco/Wikimedia Commons, Benjamin Abrahão Botto/Wikimedia Commons, Henri Grevedon/Wikimedia Commons, Wikimedia Commons.

Dados Internacioais de Catalogação na Publicação (CIP)
Angélica Ilacqua CRB-8/7057

Solla, Walter
Se liga nessa história / Walter Solla, Ary Neto. — São Paulo: Planeta do Brasil, 2019.

ISBN: 978-85-422-1555-7

1. Brasil - História I. Título II. Ary Neto
18-1705 CDD 981

2019
Todos os direitos desta edição reservados à:
EDITORA PLANETA DO BRASIL LTDA.
Rua Bela Cintra, 986 — 4º andar
Consolação — São Paulo SP
01415-002 — Brasil
www.planetadelivros.com.br
atendimento@editoraplaneta.com.br

1

OS ÍNDIOS NO BRASIL

IDENTIDADE INDÍGENA

Quais pessoas nós podemos afirmar que são indígenas? Quando você vê alguém passando pela rua, você pode apontar e dizer "esse cara é um índio"? A resposta correta é: ninguém pode fazer isso. Na verdade, só o próprio grupo étnico pode se autodenominar indígena. Em outras palavras, somente o próprio indivíduo pode dizer "sou índio" ou "não sou índio". Isso porque ninguém pode gerar uma identidade para outra pessoa, já que a identidade é um aspecto muito pessoal e nada mais é do que as qualidades e características particulares que tornam possíveis o reconhecimento de uma pessoa.

Por isso, a questão da identidade acaba se tornando um assunto muito delicado. Para evitar pisar em campos minados, aqui estão algumas armadilhas que devem ser evitadas:

DETERMINISMO BIOLÓGICO Esse fato ocorre quando tendemos a identificar uma pessoa pelo fator biológico, como classificar alguém como índio por seu aspecto (pele bronzeada, cabelos negros e compridos).

QUESTÃO CULTURAL Identificar um indígena por causa da cultura. Por mais natural que pareça esse raciocínio, temos que pensar que a cultura é dinâmica, ou seja, está em constante movimento. Desse modo, os índios contemporâneos não têm os mesmos costumes dos índios que viveram há trezentos anos, assim como pessoas que se identificam como brancas, negras ou pardas também têm seus costumes modificados de acordo com o meio e a época em que vivem. Índio que veste calça jeans e toma refrigerante continua sendo índio.

Então voltamos para a pergunta: se não conseguimos identificar o índio pelo determinismo biológico ou pela questão cultural, como iremos identificá-lo? É aí que a questão se aprofunda. Não cabe a uma determinada etnia identificar outra que seja diferente da sua. Cabe à própria etnia se autoclassificar. Ou seja, os próprios índios se autoidentificam como tal.

{ATRAVÉS DE QUÊ VEM ESSA IDENTIFICAÇÃO? GERALMENTE, ATRAVÉS DE UM SENTIMENTO DE PERTENCIMENTO QUE FAZ COM QUE OS SERES SE DECLAREM COMO PARTE DE DETERMINADA CULTURA OU ETNIA.}

O sujeito que se diz índio é aquele que identifica em si uma continuidade dos povos pré-cabralinos, os sujeitos que viviam no Brasil antes de os portugueses chegarem por aqui.

TRABALHO, TRABALHO, TRABALHO

Mas afinal, o que os portugueses queriam dos índios? Explicando de maneira clara e direta: eles queriam botar o índio para trabalhar, o que lhes garantiria uma mão de obra barata.

Esta era a intenção do colonizador português: colocar o indígena para trabalhar enquanto sonhava em voltar para Portugal com alguma riqueza ou ter uma vida melhor por aqui mesmo. Mas nem sempre as coisas ocorriam conforme o planejado. Por isso, os índios começaram a ser classificados de acordo com a forma como reagiam às relações de trabalho da época. Existia o índio "manso", que aceitava o trabalho sem muita resistência, e o índio "bravo", aquele que não aceitava as condições impostas, e por isso não trabalhava para o português. Nesse contexto, começaram a aparecer guerras contra os índios "revoltosos".

De modo geral, este era o objetivo do português com relação ao indígena: ser dono da mão de obra. Nesse âmbito, existiam dois grupos bem específicos de portugueses:

Os colonos que vieram para enriquecer ou apenas viver no Brasil e começar uma nova vida por aqui e que não eram ligados à Igreja, conhecidos também como "colonos leigos". Eles queriam ter o índio como mão de obra para cuidar de suas terras.

Os colonos religiosos, como os jesuítas. Esses colonos tinham outra maneira de fazer o índio trabalhar. Eles os recrutavam, disseminando um discurso protetor, levando-os para fazendas fechadas conhecidas como "missões" ou "reduções". O acordo era trabalho *versus* alimento. Ou seja, o índio trabalhava para o jesuíta que, em troca, lhe fornecia proteção e alimento, alimento este que havia sido plantado pelo próprio índio. Além disso, havia o processo de catequização, que consistia na pregação da palavra do Deus da religião católica. Com isso, os indígenas que eram influenciados por esse discurso iam aos poucos se afastando de sua própria identidade, ou seja, iam se aculturando.

NÓS VAMOS INVADIR SUA PRAIA

O Brasil não foi descoberto, foi invadido. Os portugueses geraram um dos maiores extermínios humanos de que se tem notícia na história. Os índios que em 1500 eram milhões, no território que atualmente conhecemos como Brasil, hoje são pouco mais de 800 mil[1]. E o mais curioso disso tudo é que nunca houve uma política deliberada de matança de índios; foram questões locais que ao longo dos anos geraram todo esse extermínio.

Não foi só através da violência que os índios foram mortos. Aliás, nem foi a violência física a maior responsável direta pelas mortes indígenas. O efeito mais nefasto e que mais causou a morte da população indígena foram as doenças. Talvez por isso algumas questões sejam sempre levantadas:

POR QUE RAIO É QUE O INDÍGENA PEGAVA DOENÇA QUANDO FICAVA PERTO DO BRANCO?

O QUE O BRANCO TEM DE TÃO RUIM QUE, SÓ DE CHEGAR PERTO DELE, O ÍNDIO JÁ MORRE?

Existe um termo para explicar esse fenômeno. Chama-se "barreira epidemiológica". De acordo com esse conceito, alguns povos vão sucumbir mais facilmente para alguns tipos de doença e serão mais fortes para outras. Por esse motivo, várias doenças entram como causa da mortandade indígena: catapora, coqueluche, tifo, gripe, peste bubônica.

Um dos fatores que fez com que a dizimação dos índios fosse acelerada foi o fato de os jesuítas os concentrarem na mesma aldeia, e assim a forma de contaminação se tornou muito mais fácil e rápida, gerando epidemias catastróficas.

Além das doenças, houve muitas mortes de indígenas decorrentes das opressões nas relações de trabalho. Muitas vezes os colonizadores portugueses provocavam verdadeiros climas de guerra entre diferentes tribos, fazendo ofertas para que uma tribo combatesse outra, oferecendo produtos e tecnologias que os nativos ainda não possuíam. Essa era a maneira mais recorrente de se conseguir a mão de obra: insuflando uma atmosfera de ódio entre as próprias tribos. Desse modo, chegavam até mãos portuguesas índios que muitas vezes eram capturados pelos próprios indígenas de tribos rivais.

Não bastasse tudo isso, muitos índios morriam em decorrência da exploração do trabalho (que era permeada por maus-tratos, violência e agressão física recorrentes) e da falta de alimentação. Sem contar que muitos deles foram ficando deprimidos e sem razão de viver, sem identificação com o ambiente que os rodeava em decorrência da catequização que implementou um processo de aculturação, fazendo com que ficassem deslocados e sem sentido de pertencimento. Inúmeros índios cometeram suicídio, matando-se com excesso de ingestão de terra ou de outras formas. A conquista portuguesa não teve nada de pacífica, pelo contrário, foi extremamente violenta, e até hoje as cicatrizes dessa invasão se fazem sentir.

A IMAGEM DOS ÍNDIOS PARA OS EUROPEUS

No século XVI, o Brasil estava tão em voga em terras europeias que Henrique II, rei da França, acompanhado da rainha Catarina de Médici, de passagem por Rouen, uma cidade localizada na região histórica da Normandia, mandou preparar uma festa para sua entrada triunfal. Havia nessa cerimônia 300 artistas que estavam fantasiados de índios tupinambás. Entre todos os artistas, era possível encontrar dançarinos, músicos, prostitutas[2] e até mesmo genuínos tupinambás (índios do Brasil que haviam sido levados para lá). Isso deixa claro como, num primeiro momento de colonização do Brasil, o país tinha uma imagem de lugar misterioso, que podia ser o paraíso, mas que também podia ser o inferno.

Alguns costumes indígenas assustavam tanto os portugueses e outros europeus que muitos cidadãos de lá não queriam vir para o Brasil por associá-los à barbárie, com medo de serem assassinados pelos índios. E, desse modo, durante o século XVI foi se produzindo muito mito e boato acerca da *terra brasilis* e pouquíssima informação real.

Um dos costumes indígenas olhado de modo atravessado pelos europeus era o jeito como o indígena lidava com o sexo, que era muito diferente do modo defendido pela religião cristã, ao qual os portugueses estavam acostumados. Segundo as tradições da cristandade, as pessoas só podiam fazer sexo depois de se casarem e, por esse motivo, a virgindade era enaltecida. Em contraponto a esses valores, o índio não dava muita importância para a castidade. Para ele, podia-se fazer sexo antes do casamento à vontade. Homens e mulheres estavam liberados para manter relações sexuais.

Observando esses costumes, os europeus começaram a criar noções de julgamento. Algumas perguntas começaram a ser lançadas: "Como é que nós vamos trazer o índio para a nossa sociedade ocidental?", "Como é que nós vamos civilizá-los, catequizá-los, se eles têm uma relação tão livre com o sexo?", "Como é que nós vamos levar o conceito de 'fidelidade' se para muitas tribos esse comportamento não é obrigatório?", "Como dizer que o casal deve permanecer unido até que a morte o separe se os índios casam e separam, separam e casam de novo?". Para o europeu, esse comportamento era muito inadequado.

Na atmosfera religiosa, o estranhamento também era grande. Os europeus eram monoteístas, ou seja, acreditavam num único deus. Os índios acreditavam em vários. Padre Manoel da Nóbrega escreveu um texto em que discorria sobre a crença dos índios. Para ele, os povos indígenas tinham crenças, eles acreditavam em muitas coisas, mas não tinham fé. E a pergunta que fica é: qual a diferença entre crença e fé? Para o Padre Manoel da Nóbrega, crença seria acreditar em qualquer coisa, sendo assim, o índio poderia acreditar tanto em vários deuses como também num deus cristão, como na palavra de Jesus Cristo. Isso não significava ter fé, pois, segundo os conceitos cristãos, a fé era a crença numa coisa só.

Mas o maior estranhamento de todos veio na observação dos hábitos alimentares, quando se descobriu que alguns índios comiam carne humana. Houve, naquele momento, por parte dos europeus, uma separação das ideias que consistia em dizer que nem todo índio que comia carne humana seria necessariamente canibal. Um exemplo disso foi a distinção entre os índios tupis, que ficavam no litoral do Brasil e só comiam a carne de um índio guerreiro abatido numa batalha, diferente dos índios caribes da América Central, que comiam a carne humana pelo prazer de comer – estes, sim, considerados autênticos canibais.

OS DIREITOS DOS ÍNDIOS (DIREITOS? QUE DIREITOS?)

Com a invasão de Portugal, a população indígena se viu acuada e acabou sucumbindo à dominação dos colonizadores. Subjugados, restaram aos índios duas opções. A primeira delas era aceitar a catequização dos padres, ir para uma aldeia missionária, abandonar seus antigos costumes, trabalhar catorze horas por dia, correndo o risco de pegar uma doença e morrer. A segunda opção era recusar essa catequização, fugir e até guerrear contra os portugueses. Aquele que recusasse a primeira opção seria considerado um índio bravo e acabaria sendo escravizado.

Por tudo isso, a situação legal dos índios nesse período, e até durante muito tempo depois, foi estarrecedora. Para se ter uma ideia, a primeira constituição do Brasil consta da época em que o país já tinha conseguido se libertar de Portugal em 1824 e não há uma única menção aos indígenas. E na própria Corte havia índios escravizados; situação esta que ocorreu até 1850.

O direito do índio evolui conforme o tempo passa, porém na prática sempre fica um passo aquém do esperado. Em 1845, com dom Pedro II no poder, foi criado o Regulamento às Missões, que era uma reorientação aos direitos indígenas. Os índios que estavam sendo ajuntados pelos missionários passaram a ter um acompanhamento mais de perto do Estado. Mesmo com essa medida, a atuação da Igreja sobre os povos indígenas perdurou por muito tempo.

No século XIX, os portugueses continuaram oprimindo os índios com relação ao trabalho, mas, a partir desse momento, queriam abrir novos caminhos e se deslocaram do litoral para o interior do Brasil. Conforme crescia esse avanço dos portugueses, surgia a necessidade de retirada dos índios de suas terras.

A SITUAÇÃO DO ÍNDIO NOS DIAS ATUAIS

Apenas em 1910, quando o Brasil já era uma República, é que foi criado o Serviço de Proteção ao Índio (SPI). Um dos primeiros líderes desse serviço foi Marechal Rondon, que se destacou por compreender a organização social indígena como ela realmente era. Mesmo assim, ele também estava imbuído de alguns preconceitos, principalmente no que concerne à autonomia dos índios. Para Rondon, o índio era como se fosse uma criança crescida, que carecia de cuidados, para que um dia se tornasse "como um de nós". Hoje sabemos que essa visão é antiquada, já que é preciso preservar a cultura indígena em toda a sua essência.

Mas e hoje? Como se encontra a situação do índio? O SPI fechou em 1966, acusado de corrupção. Em 1967, foi criada a Fundação Nacional de Apoio ao Índio (Funai), um órgão legítimo que defende as causas indígenas, mas que nem por isso deixa de sofrer contestações, já que, habitualmente, todos os anos recebe reclamações de invasão de terras. O índio continua sendo tutelado pelo Estado, com a diferença de que hoje existe outra visão com relação a essa proteção. O índio é protegido pelo Estado não porque ele é inferior ou incapaz, mas como uma forma de pagar uma dívida histórica que o não índio tem com relação a ele.

Dentro da legislação, hoje em dia o indígena é considerado como "relativamente capaz", ou seja, tem o mesmo patamar de direitos que cidadãos de até 16 anos de idade. No atual contexto, vem ganhando força uma política de emancipação indígena, que nada mais é do que considerar o cidadão indígena como não mais pertencente à sua cultura de origem. Desse modo, "emancipado" e sem proteção do

Estado, ele perde o direito de proteção à sua propriedade, que continua sendo invadida.

Hoje existem no Brasil pouco mais de 800 mil índios. No censo de 2010, eram 817 mil índios. Atualmente, 1% das propriedades ocupam 45% da área rural do Brasil. Ou seja, praticamente metade das terras brasileiras são latifúndios.[3] Por outro lado, em 2018, apenas cerca de 13% das nossas terras pertenciam aos povos indígenas,[4] sendo que, segundo registros oficiais, mais da metade já foi invadida. Quase todas as terras que os índios possuem estão sendo atacadas ou no mínimo ameaçadas, hoje em dia, por pressão política ou militar.

2

PERÍODO PRÉ-COLONIAL

O SENHOR DO ATLÂNTICO

Há quinhentos anos, Portugal tinha muito poder; era dono de tanto prestígio que chegou a ser conhecido como o "Senhor do Atlântico". Foi o primeiro país da Europa a fazer uma expansão marítima gigantesca, que contornou a África inteira para chegar às Índias e trazer riquezas de lá. Contornando a África, Portugal fazia negócios também nesse continente.

Em 1498, o país fez sua maior expedição até então. Capitaneada pelo navegador Vasco da Gama, a missão contornou a África, chegando às Índias e fazendo com que seu líder fosse recebido no ano seguinte em terras lusitanas com todas as honrarias, visto como grande herói. O muleque era "zica".

A Coroa então decidiu investir cada vez mais no projeto das navegações, enviando cada vez mais homens para ir atrás das riquezas das Índias. Detalhe importante: em 1492 a América já havia sido descoberta pelo navegador Cristóvão Colombo.

Quem chamou a atenção para o fato de que aquelas terras eram, sim, novas e com potencial de riquezas a serem exploradas foi Américo Vespúcio, o que fez com que o continente inteiro fosse batizado de América em sua homenagem.

Eis que, no ano de 1500, o almirante Pedro Álvares Cabral começou a fazer sua viagem com uma frota grandona e culminou com a chegada no Brasil.

VOCÊ SABIA?

Apesar de ser descrito em muitos livros de história como o descobridor oficial do Brasil, Pedro Álvares Cabral não foi o primeiro navegante a pisar nestas terras. Outros visitantes já haviam chegado por aqui antes, sendo o mais notório deles Vicente Pinzon, que, segundo relatos oficiais, desembarcou no litoral do Brasil em janeiro de 1500.

O "DESCOBRIMENTO"

Colombo descobriu a América em 1492. Logo após essa expedição, ele retornou ao Velho Continente e contou a novidade, a de que havia descoberto terras para a Espanha. Nesse momento, alguns reis da Europa foram discutir com o Papa Alexandre VI para saber quem ficaria com a nova terra descoberta pelos espanhóis. O papa então decidiu, através de um documento chamado "Inter Coetera", que quase a totalidade dessas novas terras ficariam com a Espanha.

Foi aí que Portugal entrou reivindicando a parte que lhe cabia, de modo que em 1494 foi criado o famoso Tratado de Tordesilhas. O tratado definia como linha de demarcação o meridiano 370 léguas a oeste da Ilha de Santo Antão, no arquipélago de Cabo Verde. Essa linha estava situada a meio caminho entre essas ilhas (de domínio português) e as Ilhas de Caraíbas descobertas por Colombo, dividindo as "novas terras" do planeta entre portugueses e espanhóis.

Apesar de ter sido contestado internacionalmente e ter acelerado o processo bélico de várias disputas por terra, o Tratado de Tordesilhas parece ter sido um belo empurrãozinho para a saída de Pedro Álvares Cabral de Portugal no dia 9 de março de 1500. A expectativa era de que sua tripulação fosse em direção às Índias porque lá era onde estavam alguns dos produtos mais valorizados pelos europeus da época e que, vistos hoje em dia, não passam de um monte de temperos como pimenta e noz-moscada. Porém, segundo a versão oficial, a embarcação pegou um desvio dito acidental e, em vez de ir para o sul da África, uma ventania fez com que o navio se desviasse 1.000 quilômetros da rota original, chegando ao sul da Bahia. E quem não tem senso de direção é a gente, quando erra o ponto da parada do ônibus.

Quando Cabral chegou ao Brasil, no dia 21 de abril de 1500, ele não pisou em terra firme, acontecendo a mesma coisa nos dias seguintes. Foi só no dia 25 de abril que o navegador conseguiu realmente desembarcar e ficou na região da Coroa Vermelha, perto de Porto Seguro.

Em 26 de abril, foi realizada uma missa e, nos dias consecutivos, os portugueses ficaram em terra firme procurando matérias-primas, alimentos e água para reabastecer o navio. No dia 1º de maio retornaram para Portugal. Por mais que aquelas terras novas tivessem uma localização estratégica, o objetivo maior de Portugal ainda eram as Índias. Porém Cabral, cara ligeiro, deixou para trás quatro homens de sua tripulação para marcar o território e já deixar um recado: "essa terra se pá tem valor, então vai ser nossa".

FEITORIAS E ESCAMBOS

Portugal já mantinha relações comerciais com a África e a Ásia através de um esquema chamado "feitoria", que funcionava da seguinte maneira: um homem da embarcação portuguesa chegava à praia, conversava com a liderança desses povos nativos e propunha uma troca. Assim, os portugueses levavam para esses lugares objetos e artigos que esses povos ainda não conheciam e recebiam de volta serviços, como a extração de madeira. Como essa troca comercial não envolvia moeda, ela foi chamada de "escambo".

As feitorias funcionavam em espécies de galpões, nos quais era depositado quase tudo o que os portugueses queriam trocar. Era um método seguro. Já que essas ações eram feitas na costa litorânea desses lugares, os portugueses não precisavam adentrá-los, e a transação toda era feita de maneira muito ágil.

Fernando de Noronha, um explorador da época, foi o primeiro

grande comerciante português a trazer o método da feitoria para as terras brasileiras. Ele conseguiu pegar muita madeira do pau-brasil e enviar para Portugal. Empolgado com o resultado do esquema de feitorias implantado aqui, o rei Manuel I decidiu investir mais no negócio, que ele realizou sem maiores percalços até o ano de 1530, o esquema era tirar daqui o que conseguiam.

Além do pau-brasil, foram levados muitos animais selvagens, como onças, micos-leões-dourados, papagaios, araras e tucanos. Todo esse comércio acontecia graças aos acordos realizados com os nativos, já que os portugueses não entravam nas matas para extrair madeira ou caçar animais. Começou então a se intensificar a troca comercial não monetária, o escambo. Os portugueses entregavam para os índios machados, tecidos, espelhos e outros produtos, e recebiam em troca madeira, animais, alimentos e outras matérias-primas.

Mas a presença dos portugueses no Brasil nesse momento não foi marcada só pela exploração comercial. Como os outros países da Europa não concordavam com o Tratado de Tordesilhas, várias tropas, principalmente da França e da Inglaterra, vieram para o Brasil para tentar explorar sua costa.

Mesmo com Portugal enviando para cá algumas expedições "guarda-costas", o Brasil foi invadido por tropas inimigas, de tal modo que o rei de Portugal não viu outra maneira de proteger essa terra a não ser povoando-a. E esse povoamento começou de maneira mais eficaz a partir de 1530.

3

ADMINISTRAÇÃO COLONIAL

CONTEXTO HISTÓRICO

Com as sucessivas tentativas de invasão por parte principalmente da França e da Inglaterra às terras brasileiras, o rei de Portugal, dom João III, conhecido como "O Colonizador", passou a investir de maneira mais incisiva na colonização do Brasil pelos portugueses e incumbiu a Martim Afonso de Souza a missão de ocupar as terras brasileiras com os cidadãos lusitanos, utilizando-se do mesmo estratagema de povoamento ao qual Portugal já estava habituado e tinha feito nas ilhas do Atlântico, nos arquipélagos de Açores e Madeira: a plantação da cana-de-açúcar.

Aceitando a missão que lhe foi entregue pelo rei, Martin Afonso ficou durante os anos de 1530 a 1532 viajando pelo litoral brasileiro para difundir a cultura da cana-de-açúcar e fundou a primeira vila do Brasil, a Vila de São Vicente, no litoral de São Paulo, onde foi construído o primeiro engenho de açúcar do país.

Martim Afonso de Souza veio com 400 homens distribuídos em 5 navios. Um dos navios naufragou, outro foi afundado pelos franceses. Outro grupo desses homens se perdeu na mata e nunca mais apareceu.[5] Mas de maneira geral ele foi bem-sucedido, deixando dom João III satisfeito com seu trabalho. Assim, o rei de Portugal enviou para cá mais 11 homens de sua confiança, pertencentes à baixa nobreza, entre burocratas e comerciantes.

A Coroa Portuguesa distribuiu a terra do Brasil entre esses homens e os fez donatários dessas terras, com a condição de que povoassem a colônia e cultivassem plantações. Todos esses homens recebiam uma carta de doação, que lhes garantia o usufruto da terra, além de um documento chamado "Carta Foral", no qual estavam descritos os direitos e deveres de cada donatário.

Dentre os direitos, um deles assegurava que o donatário poderia prender pessoas, ou seja, ele tinha um direito jurídico sobre quem estava situado em sua capitania. Também havia o direito de criar regras para cobrar imposto de seus inquilinos. Dentre os deveres, estava a proteção da capitania, a construção do engenho e a geração de riquezas para a Coroa. Era muita "responsa"!

CAPITANIAS HEREDITÁRIAS

As terras foram divididas em 15 lotes, distribuídos entre 12 homens (Martim Afonso era um deles).[6] Esses lotes receberam o nome de "capitanias hereditárias". "Capitania" significa "chefia", "comando", e era justamente esta a função dos homens que administravam essas terras: capitanear, protegê-las dos inimigos, fossem indígenas nativos, fossem invasores ingleses, franceses e holandeses. E "hereditárias" porque a posse dessas terras passava de pai para filho, sendo proibida sua venda.

PARA REFLETIR

Pela observação do mecanismo das capitanias hereditárias, podemos pensar como até hoje suamos para pagar um aluguel tão caro num país com uma extensão territorial gigantesca, isso quando conseguimos pagar sozinhos, tanto que nas cidades maiores é comum a experiência de compartilhar apartamento e o aluguel. Você já parou para se perguntar por que isso acontece? Desde as capitanias, o donatário, que era o designado pelo rei a administrar a capitania, ficava com o direito de divisão dessas propriedades, sistema conhecido como "sesmaria". Então esses donatários dividiam os terrenos entre vários amigos e conhecidos, que por sua vez recebiam enormes pedaços dessas terras. Mesmo com a possibilidade de a Coroa Portuguesa retomar os territórios, muitos foram ficando nas mãos desses homens. Com a possibilidade de extinção das capitanias (o que só se concretizou em 1754, com a atuação do Marquês de Pombal), vários homens que já ocupavam esses terrenos acabaram efetuando sua compra por um preço muito baixo. Talvez esteja aí uma das raízes desse problema secular, um país onde alguns receberam latifúndios de presente e outros precisam batalhar para conseguir um pedacinho dessa mesma terra.

GOVERNO GERAL

Em 1545, os espanhóis encontraram uma mina de prata na Bolívia chamada Potosí e começaram a extrair esse minério e levar muita riqueza para a Espanha. Ao saber dessa notícia, o rei dom João III achou que era o momento de ocupar melhor o Brasil na tentativa de também encontrar minérios preciosos.

Em 1549, dom João III nomeou como primeiro governador geral do Brasil o militar Tomé de Souza, que aceitou a missão e acabou fundando Salvador, a primeira capital brasileira. Nessa empreitada, Tomé de Souza trouxe para o Brasil cerca de 1.000 pessoas, dentre as quais havia por volta de 400 degredados, que eram as pessoas que haviam sido banidas ou expulsas de Portugal por um tempo determinado ou por toda a vida.[7]

O intuito da Coroa Portuguesa com a criação do Governo Geral era centralizar a política para organizar melhor a sociedade que começava a se formar aqui no Brasil, além de implementar uma comunicação mais direta com os donatários.

Outros cargos e funções surgiram a partir da figura do governador geral. Havia o capitão-mor, responsável por resguardar e proteger a costa litorânea; o provedor-mor, que cuidava dos impostos e finanças; e o ouvidor-mor, responsável pelas questões jurídicas. Todas essas funções ficavam concentradas na capital.

SETORES ADMINISTRATIVOS

De maneira geral existiam três setores principais:

O **SETOR MILITAR**, responsável pela proteção da colônia, também dividido em três partes: a ordenação da linha ou tropa de linha, composta por soldados portugueses; a milícia, composta por brasileiros recrutados e não remunerados; e, por fim, as ordenanças, que eram o contingente de todos os homens de 18 a 60 anos de idade que não eram necessariamente recrutados, mas poderiam ser convocados a qualquer momento em caso de necessidade.[8]

O **SETOR GERAL**, responsável pela administração da colônia. Nesse setor havia um juiz, que poderia ser de fora (por isso, chamado de "juiz de fora"), nomeado pelo rei, ou poderia ser um juiz ordinário. Além dele, havia um procurador e três vereadores que chegavam ao poder através de uma eleição indireta, conhecida como "eleição do pelouro". Esses vereadores eram indicados pelos "homens bons", que eram os homens brancos que atendiam aos interesses dos portugueses.[9]

O **SETOR FAZENDÁRIO**, responsável pelas finanças e pela cobrança do principal imposto arrecadado pela Coroa: o dízimo recebido pela Igreja. O rei de Portugal, através de um costume chamado "padroado", cobrava o dízimo. Existia todo um esquema organizado da Fazenda para cobrar esse dinheiro. Aliás, a parte da administração colonial que mais funcionava era a fazendária.[10]

O setor fazendário podia cobrar os impostos em espécie, e isso acabou se tornando complicado. Para uma população que vivia do plantio, trocar sua colheita por dinheiro, muitas vezes, não era uma tarefa fácil. Ter notas em espécie poderia facilitar a vida do rei, de alguma maneira. Mas por outro lado também não era vantajoso para a monarquia, visto que muitos colonos não conseguiam trocar aquele produto por notas, e isso acabava gerando menos lucro para o próprio rei.

VOCÊ SABIA?

Em 1572, Portugal dividiu o Brasil entre norte e sul para tentar melhor administrar a colônia. A ideia não deu muito certo, e em 1578 a Coroa voltou atrás. Em 1602 Portugal estava anexado à Espanha numa união que ficou conhecida como "união ibérica". Então, nesse ano, o Brasil foi dividido de novo. Em 1612, voltou novamente à sua junção territorial anterior. Entre 1621 e 1625, houve vários conflitos para saber se iriam ou não dividir o Brasil. Até que entraram num acordo e dividiram entre Estado do Brasil, que ficava com as terras do lado do sul, e Estado do Maranhão, que englobava as terras do norte. Dessa vez, o Brasil só iria se agrupar territorialmente de novo no ano de 1775, no governo do Marquês de Pombal. Desde então o Brasil assumiu essa configuração e está unido. Pelo menos territorialmente, né?

4 ECONOMIA DO AÇÚCAR

FATORES FAVORÁVEIS

Por volta de 1530, os negócios de Portugal nas Índias começaram a minguar. Então fez-se necessária uma alternativa econômica. A cana-de-açúcar não era o produto mais valioso da época, mas seu cultivo tinha suas vantagens. O solo brasileiro era adequado para sua cultura e os portugueses já sabiam como fazê-lo, já que tinham experiência com a produção de açúcar nas colônias dos arquipélagos de Madeira e Açores e também em Cabo Verde.

Os colonos que investiram no negócio da cana-de-açúcar visitaram as principais cidades da época, observaram seus movimentos, o que estava acontecendo e perceberam que o mercado do açúcar estava em alta. A demanda era altamente favorável. Muita gente queria comprar açúcar e pouca gente plantava açúcar. Não havia perspectiva de mudança da economia no longo prazo.

Além da experiência com a plantação de cana nas ilhas do Atlântico, outro fator que contribuiu no negócio do açúcar foi a presença de investidores holandeses interessados em aplicar sua fortuna no Brasil. E, por fim, os colonos encontraram no Nordeste um solo muito fértil e um clima favorável, uma ampla faixa litorânea que ia de Pernambuco até a Bahia e chegava a se estender pelo Espírito Santo e até mesmo em São Paulo, no Sudeste.

PLANTATION

De modo geral, a produção de açúcar utilizava o método conhecido como *plantation*, tinha quatro características bem definidas que explicam muito do que foi a economia colonial:

LATIFÚNDIO Grandes propriedades rurais pertencentes à aristocracia, constituídas de terras não cultivadas, ou, no caso da plantação de açúcar, de áreas onde se pratica pelo menos um tipo de cultura.

MONOCULTURA Sistema de exploração do solo, com especialização em um único produto, no caso, a cana-de-açúcar.

TRABALHO ESCRAVO Muitos escravos trabalhavam em média dezesseis horas por dia em condições de maus-tratos e, por isso, tinham uma expectativa de vida baixíssima.

ECONOMIA EXTROVERTIDA Produção voltada para a exportação. A cana produzida aqui era quase toda vendida para os europeus, principalmente os holandeses.

FORMAÇÃO DE UMA SOCIEDADE

O dono de toda essa estrutura passou a ser conhecido como "senhor de engenho". E ele detinha as maiores regalias da época. Cada engenho possuía total autossuficiência. O senhor de engenho representava a posição máxima na pirâmide social, pois, além do domínio sobre a propriedade e os meios de produção, ele também detinha influência sobre as pessoas e oprimia os escravos que faziam o trabalho pesado.

Toda essa cadeia produtiva e escravocrata era mantida graças aos investimentos dos europeus, principalmente holandeses. Devido à aplicação desse capital, eram contratados os melhores técnicos, engenheiros, mestres do açúcar e feitores, purgadores. Todos esses profissionais eram bem remunerados. O mesmo não acontecia com os profissionais ditos de baixo escalão, como barqueiros, vaqueiros e pedreiros, que ainda assim eram remunerados e livres. E ainda existiam nessa cadeia os escravos, que não eram nem livres, nem remunerados.

A produção do açúcar fez com que em pouco mais de um século o número de escravos no Brasil subisse a números exorbitantes. Em 1570, somente 7% dos trabalhadores eram escravos. Em 1600, esse número já havia crescido para 40% e, em 1650, quase 100% dos indivíduos trabalhando no plantio, na colheita e em todas as outras etapas da produção do açúcar, principalmente nos trabalhos pesados (que exigiam bastante esforço, como arrastar a plantação, moer a cana e carregar caixas), eram escravos.[11]

Havia uma organização hierárquica, uma sociedade que começava a se formar: os trabalhadores bem remunerados, os mal remunerados, os não remunerados; todos dividindo o mesmo espaço. O senhor de engenho morava numa grande casa que, não por acaso, se chamava "casa grande". Os trabalhadores livres moravam em casas menores. Enquanto isso, os escravos viviam abarrotados em senzalas, que não tinham nem janelas. Existiam até igrejas dentro de alguns engenhos e padres que moravam no local. Todos vivendo no mesmo lugar, cultivando hábitos e criando uma rotina que, muitas vezes, ficava limitada àquele ambiente, sem precisar sair dali.

PARA REFLETIR

A economia do açúcar influenciou a sociedade do açúcar: opressora, com divisões sociais bastante claras. Era uma sociedade aristocrática, ou seja, uma organização sociopolítica que se baseava nos privilégios de uma classe social e era composta por pessoas nobres que monopolizavam o poder, normalmente, garantido por herança. Embora hoje vivamos numa outra sociedade, nós recebemos certo legado daquela época, de uma sociedade rural, do tempo em que o senhor de engenho era o todo-poderoso e não precisava trabalhar. Ainda hoje, o brasileiro guarda na mente uma ideia de que quem trabalha manualmente não é tão importante como quem é o dono do negócio, ainda que o dono nunca tenha, de fato, trabalhado num projeto que é dele mesmo.

5

ESCRAVIDÃO NEGRA: RESISTÊNCIA E TROCAS CULTURAIS

PROCESSO DE CAPTURA, COMERCIALIZAÇÃO E TRÁFICO NEGREIRO

Segundo a definição do dicionário, "escravo" é o indivíduo que está ou foi privado de sua liberdade, sendo submetido à vontade de outrem, definido como mercadoria. Perceba que nesse conceito não é dita a cor de uma pessoa que se torna escrava. A escravidão que aconteceu no Brasil é muito característica. É verdade que os indígenas foram escravizados, mas de maneira geral a escravidão negra foi a mais aplicada aqui.

O tráfico de negros começou a tomar corpo no Brasil numa época em que a maioria dos habitantes desta terra era indígena. Havia diversas teorias acerca da escravização dos índios, dentre as quais se destacava a de que os nativos americanos não tinham alma e precisavam receber o evangelho. Porém o verdadeiro motivo por detrás da escravidão negra em detrimento da indígena foi econômico.

Tendo em vista a distância geográfica entre Brasil e Portugal, a fiscalização desse sistema pela Coroa era mais difícil aqui no continente americano. Não dava para o regime mensurar quantos índios eram capturados e quanto de receita era gerada com isso. Dessa forma, passou a ser muito mais viável criar feitorias na África, já que a distância era menor, o que tornava os custos com essa tarefa mais baixos.

Para o rei, também era mais simples conduzir sua frota para a África e montar ali uma base com seus homens que fariam a fiscalização e a função de polícia, de modo que, em pouco tempo, já havia um esquema funcionando a todo vapor. Os escravos eram capturados e levados para a feitoria que tinha o controle de tudo: quem estava entrando, quem estava saindo, o registro dessas "peças", o imposto que era cobrado e a parte desse imposto que era levada para Portugal. Em algum tempo consolidou-se uma nova forma de se ganhar dinheiro. Estava formado o mercado escravagista.

Assim que chegavam às feitorias, os africanos capturados eram colocados à venda e, depois de escolhidos, levados em embarcações para um destino que desconheciam. Esses barcos apresentavam péssima ou nenhuma condição de higiene. O que se via era uma travessia desumana, em que os africanos eram empilhados, mal alimentados, e não conseguiam esticar o corpo por dias a fio.

Durante quatrocentos anos a Europa comercializou aproximadamente 11 milhões de negros, que foram retirados da África e vieram para as Américas e outras regiões. Desses 11 milhões, aproximadamente 5,5 milhões vieram para o Brasil, e mais de 600 mil morreram no caminho.[12] Morreram no próprio navio negreiro devido a maus-tratos, sujeira, doenças e má alimentação.

A JUSTIFICATIVA

Os escravos vinham de muitos lugares diferentes. Além de chegarem do interior do continente, vinham dos portos, do litoral. Mas mesmo o litoral não era um lugar só. Podiam vir do litoral da Angola, de Moçambique, das ilhas do Ocidente, da região de Guiné. Quer dizer, de várias partes da África.

Os escravizadores pegavam pessoas de etnias diferentes e agrupavam todas elas no navio negreiro. Especula-se que cerca de 10% dessa frota de pessoas escravizadas morriam durante a travessia.

Os números do tráfico negreiro foram crescendo de maneira exorbitante. No século XVI, 30 mil negros escravizados foram trazidos para o Brasil. No século XVII, foram mais de 700 mil; no século XVIII, quase 2 milhões. E só nos primeiros cinquenta anos do século XIX, mais de 2 milhões.[13]

Existiam duas principais justificativas para que a escravidão fosse aceita como um sistema plausível. A primeira delas era que, ao adquirir escravos, as pessoas conhecidas como "cidadãos de bem" estavam fazendo uma boa ação a eles, pois, se eles não tivessem sido trazidos para o mundo ocidental, nunca iriam conhecer as verdadeiras crenças do cristianismo e da religião católica, ou seja, nunca seriam salvos e nunca encontrariam o paraíso.

E, se a justificativa da catequização não colasse, os "cidadãos de bem" tiravam outra da cartola: o argumento da civilização. Esse argumento dizia que o europeu branco ia até a África negra para civilizar as pessoas, mostrando para elas como deveriam viver. Tudo isso foi institucionalizado, estava dentro do texto da lei, para que se evitassem contestações.

COTIDIANO

O negro africano não veio para o Brasil, ele foi trazido. E só conseguia viver vinte e poucos anos aqui, de tão difícil o dia a dia. Muitos deles morreram antes mesmo de chegar à puberdade.

Quando os negros chegaram aqui, eles foram colocados para trabalhar tanto no campo quanto na cidade. A maioria foi para o campo para trabalhar numa lavoura de açúcar, acordando cedo, alimentando-se pessimamente, trabalhando uma média de dezesseis horas por dia e sofrendo maus-tratos. Dormiam numa habitação coletiva, a senzala, sem espaço e sem janela.

Se o negro não quisesse essa vida, seria chamado de preguiçoso e teria como castigo a chibata. Então a vida dos escravos era basicamente o trabalho. E, além desse trabalho que faziam para o patrão cotidianamente, eles tinham que plantar para eles próprios em seus dias de "folga", já que muitos donos sequer os alimentavam. Existia a possibilidade de o escravo comprar a própria liberdade, mas na prática isso quase não acontecia. A maioria não conseguiu comprar sua alforria, mesmo trabalhando a vida inteira.

REPRESSÃO

Se o escravo não quisesse trabalhar, ele teria que enfrentar uma violência maior do que a que ele já vivia todos os dias. Os proprietários de escravos podiam usar a chibata, a palmatória, prender no tronco, no pelourinho, podiam colocar a máscara de Flandres, que era uma máscara só com dois furos para o negro respirar (mas aí ele não podia mais comer e beber; em decorrência disso, as vítimas ficavam dias passando fome e sede). Até pena de morte acontecia: enforcamento, morte por chicotada.

A maioria dos negros não conseguiu mudar sua condição de vida porque havia estratégias que os senhores de escravo criavam para não os perder. Se eles fugiam, o capitão do mato, que era um empregado que conhecia muito bem a região ao redor, os capturava. Se o escravo fugisse pela segunda vez, poderia ser morto para servir de exemplo.

RESISTÊNCIA NEGRA E LEGADO

É fundamental quebrar o mito do negro passivo. Não foi todo negro que aceitou a escravidão numa boa, aliás, a maioria absoluta deles não aceitou. Não houve um bom tratamento com os negros por parte dos donos, pelo contrário, eles viviam num ambiente de muita opressão. Por isso, o que não faltou foi resistência, sendo muitas delas bem organizadas.

Uma das principais formas de resistência era a fuga. Porém, muitas vezes, o capitão do mato apanhava o escravo, que tinha que voltar para a senzala. O "negro fujão" quase sempre apanhava muito por esse ato de "rebeldia", correndo risco de morrer pela tentativa de liberdade. As fugas mais bem-sucedidas aconteciam quando os escravos encontravam como destino final um quilombo, que eram as sociedades organizadas que podiam protegê-los. O Quilombo dos Palmares, de Dandara, Ganga Zumba e Zumbi, é o mais famoso deles, mas existiram muitos outros.

A fuga não foi a única tentativa de resistência. Havia também os assassinatos, muitas vezes dentro do próprio engenho. O escravo se revoltava, tomava a chibata do dono e o açoitava até não aguentar mais, ou então pegava o dono vacilando em algum momento e aí já era.

É claro que depois viriam as consequências. Outra forma de resistência foram as revoltas organizadas. Os escravizados arquitetavam planos como incêndios de engenho. Por fim, uma das formas de resistência entre as mais comuns: o suicídio.

O Brasil foi o último país das Américas a aceitar o fim da escravidão, e o legado dessa história está presente até os dias de hoje na cultura, na persistência da identidade negra que muitos escravizados fizeram questão de manter, trazendo para cá as músicas, as danças, a culinária, a vestimenta e a perspectiva de mundo. O saldo socioeconômico ainda é muito negativo, isso porque todos os escravos e seus descendentes não receberam nenhuma indenização com a alforria. Além disso, continuaram sendo discriminados por conta de sua cor.

6

UNIÃO IBÉRICA

COMO TUDO COMEÇOU

De 1580 a 1640, o rei da Espanha Felipe II acabou virando também o rei de Portugal. Um rei, duas coroas. Tudo começou com a morte do rei de Portugal dom Sebastião em 1578 na Batalha de Alcácer-Quibir. Dom Sebastião morreu sem deixar herdeiros, muitos chegaram a dizer que ele era celibatário.

Começou então a busca por um parente próximo. Dom Henrique, o inquisidor geral, era seu tio, mas já estava muito velho. Várias pessoas da linha de sucessão começaram a se movimentar para herdar o Trono. Então apareceram três nomes principais: dom Antonio, prior do Crato; Catarina, duquesa de Bragança; e Felipe II, o rei da Espanha.

Felipe II tinha algumas vantagens em relação aos outros dois candidatos à Coroa. A primeira delas era que ele realmente era um parente muito próximo de dom Sebastião. Outra vantagem que ele tinha era ser neto de dom Manuel, um antigo monarca muito bem-visto em Portugal. Além disso, Felipe II entrelaçou vários acordos com as mais variadas classes, prometendo participação na política para os nobres, proteção das embarcações contra a pirataria para os comerciantes e o aumento da influência da Igreja católica para os padres.

AS CONSEQUÊNCIAS PARA OS EUROPEUS E OS BRASILEIROS

Essa nova configuração não trazia uma relação de dominação da Espanha sobre Portugal. Os dois países estavam sendo governados pelo mesmo rei, mas Portugal continuou tendo autoridade sobre o Brasil e a Espanha, suas

FELIPE II, REI DA ESPANHA

colônias. De maneira geral, os portugueses aceitaram facilmente esse governo exercido pela Espanha, já que algumas regras de governança não se alterariam. A Espanha não poderia modificar a jurisdição de Portugal.

De 1580 a 1640, foram sessenta anos de alguma influência do governo espanhol em Portugal, aproximadamente vinte anos para cada rei: Felipe II, Felipe III e Felipe IV. Suave de lembrar. Portugal estava militarmente protegido, já que o Exército da Espanha, que era um estado militarista por excelência, era o mais forte da época. Por outro lado, os espanhóis entraram em conflito com vários outros reinados.

Houve conflito com a Inglaterra e com a Holanda, e em todos esses enfrentamentos Portugal entrava ao lado da Espanha, mas chegou um momento em que os custos de guerra começaram a pesar, e então um grave conflito se agravou entre esses países.

Dom João IV criou um conselho de guerra e organizou soldados para lutar contra a Espanha, encabeçando um movimento de restauração. Esse enfrentamento durou 28 anos. Em 1668, depois de perder várias batalhas, a Espanha reconheceu a independência de Portugal.

Porém a situação não foi das melhores para a Coroa Portuguesa. A partir da restauração, dom João IV assumiu o Trono. A economia nesse momento não ia nada bem, já que se tinha perdido muito dinheiro nas guerras contra a Espanha. Então se decidiu recuperar esse dinheiro com os negócios no Brasil, lançando o Conselho Ultramarino, que consistia em centralizar a política da colônia na mão dos portugueses, tornando a administração mais rígida e cobrando mais impostos.

Para a Espanha, as consequências da união ibérica também não foram nada boas; isso porque ela perdeu várias guerras, e não só a batalha com Portugal. Sua população foi de 8,5 milhões para 7 milhões em aproximadamente um século.[14]

Talvez o legado mais benéfico de toda essa história para o Brasil tenha sido o fim do Tratado de Tordesilhas. Durante os anos 1600, os brasileiros começaram a se infiltrar no interior da colônia e foram conquistando territórios, expandindo espaço, o que resultou neste país de dimensões gigantescas que conhecemos hoje.

7

HOLANDESES NO NORDESTE

A ESTRATÉGIA

Em 1580 a Espanha dominava a região que hoje é a Holanda. Esses Países Baixos então começaram a travar uma batalha e se rebelaram contra a Espanha com o intuito de se tornarem independentes. Porém essa missão não seria nada fácil, visto que a Espanha era a maior potência bélica da Europa.

Foi justamente aproveitando-se da ambição espanhola em conquistar o mundo que a Holanda, um país que estava nascendo, traçou sua estratégia: invadir as terras dominadas pelos espanhóis.

Em 1602, os holandeses criaram a Companhia das Índias Orientais, que organizava missões para invadir a região das Índias e saquear o máximo de recursos que pudessem, num esquema eficiente de pirataria. Em 1621, eles criaram a Companhia das Índias Ocidentais. Ou seja, duas empresas para realmente piratear e invadir o máximo de territórios possível, num momento em que muitos holandeses já haviam vindo para o Brasil para investir no negócio da cana-de-açúcar.

Mesmo o Brasil sendo monopólio de Portugal, eram os holandeses que compravam, levavam para a Europa, refinavam e vendiam nosso açúcar por lá, e toda essa boa relação foi boicotada pela Espanha quando ela e Portugal compartilharam a mesma coroa durante o período da união ibérica.

A Holanda perdeu o direito de participar do comércio de açúcar, e isso foi decisivo para o início de todo o conflito. Os holandeses invadiram o Brasil com o intuito de saquear suas riquezas e impedir que elas fossem levadas para a Espanha e Portugal.

A INVASÃO HOLANDESA NO NORDESTE

Os holandeses traçaram um plano ousado e atacaram Salvador, a capital do país, em 1624. O ataque foi fulminante. Em 24 horas, a cidade estava dominada e ficaria assim por um ano. Mas, em maio do ano seguinte, Portugal e Espanha, que estavam vivendo a união ibérica, enviaram um total de 3 mil homens[15] e expulsaram os holandeses daqui.

A vitória dos portugueses e espanhóis foi relativamente tranquila, porém eles não contavam com a astúcia dos holandeses, que voltariam cinco anos depois para contra-atacar. No entanto, como Salvador era a capital política e tinha um forte esquema de segurança, eles invadiram a cidade de Olinda, na região de Pernambuco, uma das mais ricas na época.

Depois de conseguirem se estabelecer, trouxeram mais soldados e marinheiros. Ao todo foram quase 7 mil[16], de modo que os brasileiros não conseguiram mais expulsá-los. A partir da invasão concretizada, os holandeses permaneceram por aqui até 1654. A maioria deles se estabeleceu na cidade de Olinda.

Muitos colonos produtores de açúcar, que ocupavam a costa, fugiram para o interior dessas regiões, e isso abalou a vida financeira da colônia de 1630 a 1635. Com um entendimento de que precisavam dialogar com os brasileiros, os holandeses fizeram propostas de investimento nos engenhos para que eles voltassem para a costa litorânea. Por volta de 1637, os holandeses começam a expandir seu domínio territorial para além da região do Recife e de Olinda, conquistando territórios que hoje são conhecidos como os estados da Paraíba, do Ceará, do Rio Grande do Norte e do Sergipe. Ou seja, metade do Nordeste atual ficou na mão dos holandeses.

INSURREIÇÃO PERNAMBUCANA

Os holandeses passaram a dominar a colônia depois de anos de guerra no nordeste, para isso contaram com a ajuda de um senhor de engenho nascido na então Capitania de Pernambuco, Domingos Fernandes Calabar, que fazia parte das tropas portuguesas, mas mudou de lado, tornando-se um importante informante. Calabar ajudou os holandeses a conhecer melhor a região e também as estratégias dos brasileiros.

Outro ponto importante no fortalecimento das tropas holandesas foi a vinda do conde Maurício de Nassau, um grande empreendedor que, logo de cara, propôs uma grande reforma nas atuais cidades do Recife e de Olinda, embelezando essas cidades e melhorando a infraestrutura através de reformas, como uma rede de encanamentos, pontes e novos prédios. Porém a influência de Nassau não ficou só nessa esfera. Como grande negociante, ele emprestou muito dinheiro para os empresários brasileiros, angariando apoio de parte da elite local. Foi um período de reaquecimento econômico, mas não durou muito. Isso porque Nassau entrou em desacordo com os próprios holandeses e acabou expulso do Brasil pela Companhia das Índias Ocidentais em 1644.

Antes disso, em 1640, Portugal já havia iniciado a luta por sua independência em relação à Espanha, complicando a situação dos holandeses no Brasil, visto que eles haviam ocupado as terras brasileiras com a justificativa de que estavam travando uma guerra contra a Coroa Espanhola. Além disso, os holandeses começaram a cobrar dos colonos boa parte dos empréstimos em atraso feitos por Maurício de Nassau, o que fez com que a elite do Nordeste se organizasse e recrutasse muitos populares contra a Holanda. Foram nove anos de luta. Em 1654 foi assinada a rendição da tropa holandesa num episódio que ficou conhecido como "Insurreição Pernambucana".

Esse episódio da invasão holandesa é dividido em três fases:

1630 a 1637 (PRIMEIRA FASE)
Dura da invasão até se estabelecerem. Se trata da Guerra de resistência que termina com a tomada de Olinda.

1637 a 1645 (SEGUNDA FASE)
Dura da chegada de Maurício de Nassau, passa pelo seu governo e vai até o início da insurreição.

1645 a 1654 (TERCEIRA FASE)
Insurreição Pernambucana ou Guerra de Restauração, que termina com a expulsão dos holandeses de forma definitiva.

CONSEQUÊNCIAS DA INVASÃO

Os holandeses não só invadiram terras brasileiras como também ocuparam a região de Angola, dominaram os portos que forneciam os escravos e começaram a controlar esse comércio. Portugal começou a sentir a escassez de escravos, já que boa parte dessas "peças" se encontrava nas mãos dos holandeses, e travou duas grandes batalhas contra os inimigos, conhecidas como "Batalhas dos Guararapes".

Na primeira Batalha dos Guararapes, pouco mais de 3 mil pessoas botaram os holandeses pra correr, quando veio a segunda batalha, outra chinelada nos caras. Portugal, com muita ajuda de brasileiros e nativos, tinha deixado claro seu recado para a Holanda: "Vocês vão sair ou vão continuar apanhando?". Os holandeses responderam, aceitando a rendição, porém com uma condição: em troca da paz e de deixar as terras brasileiras, eles deveriam receber uma indenização.

As duas nações chegaram a um acordo, e uma compensação no valor de 1,5 milhão de florins ou 500 mil cruzados foi paga à Holanda, porém essa expulsão trouxe consequências aos brasileiros.[17] A primeira delas foi a crise do mercado açucareiro. Quando os holandeses saíram do Brasil, eles já tinham aprendido todos os esquemas sobre a economia do açúcar, então levaram esse conhecimento para as ilhas da América Central e começaram a produzir açúcar ali. Essa produção acabou concorrendo com a que era feita aqui no Brasil, e o preço do açúcar brasileiro foi caindo de forma gradual.

A segunda consequência se deu no tráfico negreiro. Como os holandeses tinham dominado uma fatia considerável desse mercado, começou a faltar mão de obra escrava no Brasil. Por conta disso, muitos indígenas começaram a ser escravizados.

Terceira consequência: os brasileiros, que já eram explorados antes da invasão, começaram a sofrer com o prejuízo enorme que foi deixado para a Coroa devido à indenização paga pela expulsão dos holandeses. A Coroa apertou o nó em cima dos brasileiros, fazendo com que eles trabalhassem cada vez mais para gerar riquezas, além de aumentar a fiscalização da cobrança de impostos.

8 PECUÁRIA E DROGAS NO SERTÃO

A CORRENTEZA DO RIO

Desde pelo menos 1535 existe gado no Brasil. No século XVI, o gado trazido da Europa era colocado principalmente no litoral do Nordeste, onde estavam concentradas a colonização e a atividade comercial da produção da cana que viraria açúcar. Esse gado tinha muitas utilidades, como a produção de leite, carne, couro e força motriz para puxar as máquinas de moer cana. Porém muitos bois ficavam soltos no pasto e acabavam pisoteando o solo, tornando-o menos propício para a plantação.

Diante disso, em 1701, o rei de Portugal Pedro II expediu uma carta régia decretando a proibição da criação de gado a menos de 10 léguas do litoral da costa. Esse decreto provocou uma migração das pessoas que tinham gado e que precisavam cuidar dele e, por causa da atividade pecuária, o Brasil aumentou seu território.

Uma ótima estratégia para fazer essa peregrinação com o gado era acompanhar o percurso dos rios, já que a água é essencial para o animal. No Nordeste existem dois rios muito importantes, o São Francisco e o Parnaíba. Através desses rios, os pecuaristas começaram a adentrar o interior do Nordeste. No século XVII, o sul e a região amazônica começaram a receber alguns criadores de gado. O negócio começou a crescer de tal forma que amplas faixas de terra foram estabelecidas para os criadores, já que a boiada dificilmente é criada encurralada.

A pecuária foi um processo ainda mais lento que a produção da cana-de-açúcar. A interiorização do Brasil, que se deu através dessa expansão territorial, foi demorada. Portanto, no Brasil Colonial, a principal fonte veio da produção do açúcar. Outras diferenças entre as duas produções eram evidentes: o açúcar era produzido majoritariamente para ser exportado, enquanto a carne do gado era destinada mais ao consumo interno e servia de alimento para as pessoas da própria colônia; a produção açucareira utilizava mão de obra escrava em quase sua totalidade, enquanto a pecuária contava com muitos trabalhadores pobres que eram conhecidos como "vaqueiros".

Devagarinho, o Brasil começa a ampliar seu campo de empreendimento. Além da carne para consumo interno, havia plantação de mandioca, milho, arroz, laranja e banana, mas, durante todo o período colonial, o açúcar continuou sendo o principal produto. A pecuária aumentou e se destacou, mas sempre como uma atividade complementar. Hoje o Brasil é o maior produtor de carne do mundo.

VOCÊ SABIA?

A atividade pecuária causa grande poluição para o planeta. O problema já começa antes da criação do gado, com o desmatamento da terra para colocar os bichos. Logo em seguida, a terra fica mais empobrecida ainda, pois é pisoteada pelos animais. Fora os gases que eles emitem, que contribuem para o efeito estufa.

OCUPAÇÃO

Enquanto o açúcar estava sendo produzido no litoral nordestino e a pecuária crescia no interior do Brasil, outra região começou a chamar a atenção dos colonizadores: a Amazônia, que, segundo o Tratado de Tordesilhas, não pertencia a Portugal, mas foi conquistada graças à influência dos jesuítas e também devido a uma atividade que ficou conhecida como “extração das drogas do sertão”.

Os colonos iam para a floresta para extrair essências de plantas e, muitas vezes, produzir remédios que eram enviados para a Europa. Mas o objetivo dos colonos que entraram na região da Amazônia não era simplesmente comercializar essas plantas, até porque naquela época elas não valiam tanto assim. O objetivo também era a defesa das terras e das fronteiras, que, através da atividade de extração das drogas, encontrou uma justificativa para ocupar aquela parte do norte do Brasil que já havia sido invadida por tropas estrangeiras.

A ocupação da Amazônia foi lenta e gradual. Além de jesuítas, os comerciantes que tinham o intuito extrativista também começaram a ocupar a área. Aos poucos, essa região começou a ser povoada. Colonos portugueses de um lado e os missionários religiosos de outro. Sobrou para o indígena, recrutado para trabalhar de forma compulsória e forçada. A justificativa do europeu para essa servidão é velha conhecida: a de que ele estava oferecendo sua fé para os povos primitivos.

PARA REFLETIR

Há relatos de que as tribos indígenas dessa região naquela época eram as mais populosas do Brasil. Hoje existe uma percepção de que o estado do Amazonas é uma região inóspita, pouco habitada, e a conclusão a que chegamos é: se hoje ele é pouco habitado, é porque houve muitas mortes. A população dessa região diminuiu com o tempo. Não dá para pensar nessa ocupação apenas do ponto de vista comercial. Temos que pensar na parte do extermínio também, e muitos indígenas foram exterminados ali.

9

JESUÍTAS NO BRASIL

A IMPORTÂNCIA DOS JESUÍTAS PARA O BRASIL

Em 1534, Inácio de Loyola fundou uma ordem religiosa chamada Ordem Missionária e Militar Jesuítica. Já existiam outros grupos religiosos como os franciscanos e beneditinos, mas essa nova disposição criada por Loyola trazia uma série de novas particularidades. Uma delas é que os jesuítas deviam obediência primeiramente ao papa, enquanto outros grupos religiosos tinham que prestar serviços e se submeter aos reis.

Essa nova organização foi reconhecida pelo Papa Paulo III em 1540. Os jesuítas surgiram no contexto de intolerância religiosa: ideias que não seguiam os princípios da religião católica era considerado heresia. Enquanto grande parte da Europa discutia a conversão de fiéis para o anglicanismo, o calvinismo e o luteranismo, os padres portugueses chegaram por aqui para arregimentar os índios para o catolicismo, e foram muito bem-sucedidos nessa tarefa.

Naquela época, existia o sistema padroado, o qual funcionava da seguinte maneira: o rei tinha direito a ficar com o dízimo, que eram os 10% do dinheiro dos fiéis entregues à Igreja. Além de reverter o total arrecado em benesses para a monarquia, o rei deveria pagar todos os funcionários do clero e construir dioceses e igrejas. Em contrapartida, ele tinha o direito de nomear os bispos.

Os padres que tinham ligação com a Coroa pertenciam ao Clero Secular. Já os que não tinham que prestar contas à Coroa eram chamados de padres regulares, pois faziam parte do Clero Regular, o clero das regras, do qual fazia parte a ordem dos jesuítas, que não necessariamente devia satisfações à monarquia.

VOCÊ SABIA?

Nem todos os jesuítas eram abastados. Como a ordem fazia parte de um sistema que prezava uma independência econômica da Coroa, muitos não ganharam dinheiro nessa profissão. Havia jesuítas mestiços, de origem pobre, que eram discriminados, uma evidência de que o preconceito racial no Brasil não respeita credo ou profissão. Alguns jesuítas se engajaram em causas sociais e lutaram em nome do povo, sendo por isso considerados subversivos.

CATEQUIZAÇÃO: OS JESUÍTAS E OS FIÉIS

Os jesuítas não recebiam dinheiro nem benesses do padroado, então muitos deles possuíam outras atividades econômicas, como emprestar dinheiro a juros, além de terras e escravos, principalmente negros, já que os índios foram protegidos por interesses estratégicos: o processo de ocupação das terras passaria pela catequização indígena.

Era preciso educar os índios, ensinar o idioma português para se comunicar com eles. Isso explica por que os jesuítas foram tão longe na missão catequizadora. Poderiam ter ficado só no litoral, mas foram para terras distantes, para a região da Amazônia. Desse modo, catequização e ocupação sempre caminharam lado a lado. Se os índios falam português e creem no nosso deus, é sinal de que tá tudo no esquema.

A estratégia mais bem-sucedida de catequização eram as missões, também conhecidas como "aldeamento", que consistiam em construir pequenas vilas, ou até mesmo aproveitar uma vila indígena já existente, para agrupar um grande número de índios no mesmo espaço. Depois desse agrupamento, várias construções eram erguidas para trazer benefícios para aquela população. Levantavam-se hospitais e escolas que podiam servir de instrumento de doutrinação.

Aos poucos, muitos indígenas foram mudando seus hábitos. Algumas tribos que tinham uma tradição seminômade, de ficar no máximo três a quatro anos em cada lugar, passaram a se estabelecer num mesmo local fechadas na vila. Era um espaço não muito acolhedor. Os indígenas não podiam falar o nome de nenhum deus de sua religião de origem. Muitos permaneciam pouco tempo. Mas apesar desse problema, algumas missões chegaram a concentrar mais de 10 mil pessoas.

O LEGADO

Os indígenas que aceitavam fazer parte das missões não eram exatamente livres. Eles deviam prestar uma série de satisfações aos jesuítas. Era mais ou menos uma troca de favores. Os padres ensinavam técnicas militares para os índios, como utilizar as armas de fogo; em contrapartida, o indígena era responsável por trazer a caça, e não podia fugir, sob o risco de sofrer represálias.

Os jesuítas foram observando o modo de vida nativo e criando regras para uma convivência harmoniosa. Pequenos gestos eram introduzidos nas rotinas dessas vilas. Um exemplo: numa ocasião, ao perceberem que os índios não entravam nas igrejas, os jesuítas colocaram cruzes em cima de algumas ocas e assim foram ganhando adeptos para as missas. Eles também compreenderam que para o índio era difícil aprender o português, então fizeram a ponte inversa: aprenderam um conjunto de línguas que foi chamado de tupi-guarani. Com essa assimilação, os jesuítas criaram uma língua geral que fosse falada tanto pelos próprios jesuítas quanto pelos índios, chamada pelos indígenas de *nheengatu* (*nheen* = fala; *gatu* = bom; boa fala).

De uma forma geral, os indígenas ensinaram muito para os europeus e colonizadores: o nome das frutas, quais se podiam comer e quais não, e de que jeito. Além disso, hoje há um legado que passa por gastronomia, língua e cultura. Outra consequência desse período foi a expansão territorial por causa das expedições missionárias que ocuparam e povoaram boa parte do Brasil atual, construindo vilas que se transformaram nas mais importantes cidades de hoje em dia.

PARA REFLETIR

A versão de que os indígenas eram pessoas dóceis e de que foram facilmente domesticados está bem longe da verdade. Durante o processo jesuítico, houve muita resistência. De 1600 a 1710, houve mais de 40 movimentos de resistência documentados. Os povos guaranis encabeçaram várias guerras. Dentro das próprias missões, eles tinham autonomia para tomar decisões, e muitos líderes indígenas eram respeitados e admirados por sua capacidade de chefia, afinal de contas, esses homens eram comandantes de milhares de pessoas. Houve domínio, mas também houve resistência. Temos que lembrar que houve todo um protagonismo por parte dos indígenas, inclusive dos guaranis.

10

BANDEIRANTES

TIPOS DE BANDEIRISMO

Quais eram os motivos dos homens que abandonaram seus lares para se aventurar numa comitiva de bandeirantes? A resposta a essa pergunta varia bastante. Isso porque existiam diversos tipos de bandeirismo. Um deles era o bandeirismo de apresamento ou preação. O bandeirante ia até a terra do indígena e o capturava. Se houvesse resistência, ele apanharia. Se sobrevivesse, seria vendido ou usado para trabalhar, ou até mesmo para caçar.

O bandeirismo de preação é o mais famoso e possui duas vertentes: privada e contratada. A privada era feita pela vontade do próprio bandeirante. Por conta própria, ele juntava uma força paramilitar e partia para o ataque. Outros bandeirantes faziam isso de forma contratada, por senhores de engenho ou, até mesmo, pelo Estado.

Este era o principal esquema dos bandeirantes: preação de indígena. Porém existiram outros dois tipos: o bandeirismo de exploração e o bandeirismo de monção. O de exploração consistia em ir à caça de metais preciosos, explorar terras para descobrir se havia ouro ou outras pedras, o que culminou numa relevante função do processo de construção da sociedade brasileira: a ocupação das terras de Minas Gerais e a geração da economia de metais preciosos no interior do Brasil.

A terceira via do bandeirismo foram as monções. Monções eram as viagens feitas a barco. Os bandeirantes faziam essas viagens cortando os rios do Brasil. Eles podiam ter a função de preação ou exploração, mas esse não era o intuito principal deles. O que eles realmente faziam era comércio, abastecendo os outros bandeirantes com vestuário e alimentos.

VOCÊ SABIA?

QUAL A ORIGEM DA PALAVRA "BANDEIRANTE"?

A palavra bandeirante é encontrada em textos antigos apenas a partir do meio do século XVIII, quase 200 anos depois das primeiras atividades de bandeirismo, daí que é muito difícil precisar de que forma ocorreram essas primeiras viagens, assim como a partir de quando os até então "sertanistas" ficaram conhecidos como bandeirantes. Por muito tempo, foi usado o termo "estradas ao sertão", entendido aqui como a parte interior de todo território colonial português. Aquele que fazia a entrada era o sertanista.

AS CONSEQUÊNCIAS E A IMAGEM DO BANDEIRANTE

Um detalhe chama a atenção na atividade bandeirante: os indígenas apresados não foram vendidos somente para os senhores de engenho do Nordeste. Muitos deles foram detidos para trabalhar nas fazendas da região de São Paulo, para os próprios bandeirantes que os capturaram, os quais os colocavam para trabalhar sob condições indignas de maus-tratos e fome. Resultado: estimativa de 300 mil indígenas capturados apenas na região do Paraguai, segundo observadores jesuítas da época.[18]

Então quem criou essa imagem dos bandeirantes como heróis? Se lembrarmos que os bandeirantes também eram conhecidos como paulistas, fica fácil responder a essa pergunta. Ou seja, os próprios paulistas criaram o mito heroico do bandeirante. Existem várias obras de arte, como o Monumento às Bandeiras, do renomado artista ítalo-brasileiro Victor Brecheret, feito em razão do quarto centenário da cidade de São Paulo, que reverberam o pensamento de que o paulista fez o Brasil ser grande, e essa ideia não está de todo equivocada, já que eles foram responsáveis pela expansão territorial com suas comitivas que atravessavam o país.

Porém essa memória foi sendo construída pelas autoridades paulistas, mesmo que os documentos históricos mostrassem uma narrativa mais complexa e menos linear. Os paulistanos viram no enredo bandeirante algo para glorificar sua história, e por isso o bandeirante ressurgiu como herói, mas em história, você tá ligado, não tem essa de dividir em vilão ou herói, verdade ou mentira. O que faz sentido é reconhecer que as pessoas que viveram no passado foram afetadas pela cultura e pela sociedade de seu tempo. Assim como nós também somos influenciados por nossa época e, a cada ano que passa, quando nos lembramos desses mesmos personagens, pensamos neles de um jeito diferente. Nosso olhar sobre o passado vai mudando de acordo com o tempo.

11
REVOLTAS NATIVISTAS

O CONTEXTO

Em 1640 chegou ao fim a união ibérica, e Portugal iniciou seu processo de independência política da Coroa Espanhola. Dom João IV assumiu o Trono, mas se viu num imbróglio financeiro: Portugal estava atolado em dívidas e ainda tinha que vencer alguns invasores holandeses. Além disso, os portugueses estavam perdendo várias colônias na Ásia. Restavam algumas colônias na África e o Brasil.

Portugal em crise era sinal de maior exploração em suas colônias. Logo em 1642, a Coroa instituiu o Conselho Ultramarino, que basicamente se constituiu numa maior fiscalização para cobrar o máximo possível de recursos dos colonos, criando um contexto de opressão.

Mesmo Portugal ganhando muito dinheiro com a produção de açúcar no Brasil, em 1640 começou um declínio lento e gradual dessa economia, que seria agravado com a concorrência holandesa nesse mercado. Para reerguer sua economia no Brasil, Portugal viria a organizar duas grandes empresas para cuidar do comércio. Em 1649 foi criada a Companhia Geral do Comércio do Brasil para cuidar do litoral brasileiro e, em 1682, a Companhia do Estado do Grão-Pará e Maranhão para cuidar do norte dos estados do Pará e do Maranhão.

Com a fundação da Companhia Geral do Comércio do Brasil, começava um controle de Portugal sobre vários produtos. Só a Coroa podia vender determinados produtos no Brasil, como azeite e vinho. Cachaça, só a companhia podia determinar onde se podia comprar.

É claro que isso resultou em conflito. Se o território todo só era abastecido por duas empresas, todos os outros comerciantes que não faziam parte dessas empresas, ou todas as pessoas que queriam comprar determinado produto e só achavam nessas empresas, ou no mercado ilegal, começaram a ficar descontentes.

Foi nessa atmosfera tensa que surgiram as revoltas nativistas. Essas revoltas não pediam a independência do Brasil, mas clamavam por interesses diferentes e específicos de cada região, geralmente tendo a melhoria de vida como o objetivo final.

REVOLTA DA CACHAÇA

Em 1654, se intensifica uma rivalidade no mercado do açúcar entre brasileiros e holandeses, e o preço do açúcar brasileiro entrou em declínio. Sobrava cana, e então os produtores começaram a produzir cachaça. Porém, em 1659, a Companhia Geral de Comércio do Brasil deu um ultimato aos brasileiros: estava terminantemente proibida a produção de cachaça.

A medida foi tomada porque a Companhia Geral de Comércio do Brasil era a única responsável pelo fornecimento de vinho na colônia. Acontece que, no Brasil, a maioria das pessoas preferia a cachaça ao vinho.

Porém o governador do Rio de Janeiro, Salvador Correia de Sá, querendo ganhar mais dinheiro, criou um novo tributo para a população e, já antevendo seu descontentamento em face dessa nova taxa, liberou o consumo da cachaça.

Em Portugal se iniciou uma discussão para decidir o que fazer com o governador que criou um novo tributo sem permissão do rei. Enquanto isso, no Brasil, algumas reuniões de populares começaram a ser realizadas na fazenda do proprietário de terras Jerônimo Barbalho, para se organizar um movimento contra a cobrança dos impostos.

Foram convocados mais de 100 senhores de engenho para protestar em frente à Câmara Municipal. Só que nesse dia o governador havia deixado no seu lugar um tio, que tentou fugir, mas acabou preso. No lugar do tio, foi colocado o irmão de Jerônimo Barbalho, Agostinho Barbalho, que também foi deposto por jurar fidelidade ao rei de Portugal. Jerônimo Barbalho assumiu então o cargo de governador.

No entanto, em abril de 1661, o antigo governador Salvador Correia de Sá, com uma tropa que reuniu vários indígenas e dois navios que vieram da Bahia, fez um ataque a essa administração e matou Jerônimo Barbalho.

Salvador Correia de Sá voltou a governar o Rio de Janeiro, porém a Coroa Portuguesa não o perdoou por sua insubordinação, e ele foi levado para Lisboa para ser julgado. No mesmo ano, a regente de Portugal Luísa de Gusmão, reduziu a taxa cobrada por Salvador Correia e liberou a cachaça para ser produzida e vendida na Europa. Em 1695, um texto de lei passou a liberar o consumo da bebida para todos.

REVOLTA DE NOSSO PAI

Em 1666, aconteceu a Revolta de Nosso Pai na região de Pernambuco, nas cidades atuais do Recife e de Olinda, que estavam passando por um momento de reconstrução, já que os holandeses tinham destruído grande parte do lugar. Os moradores passavam por um clima de reforma, de reerguimento e queriam um governador que os apoiasse nessa causa e que conhecesse a elite nativa.

Contrariando o desejo da população, o rei de Portugal Afonso VI nomeou um estrangeiro como governador, Jerônimo de Mendonça Furtado, o qual não foi bem recebido na colônia. Por achá-lo parecido com um general alemão chamado Schomberg, que tinha um enorme bigode, as pessoas o apelidaram de "Xumbergas" ou "Xumbrega", e desde então ele foi tratado pelos colonos com rispidez. Rola um boato que o uso do termo "brega" teve origem nesse contexto.

A situação agravou-se quando Xumbrega, sob ordens do rei, recebeu com honras de Estado uma tropa francesa que estava passando uns dias de descanso na costa brasileira. Essa ação não pegou nada bem com os nativos, que acharam que aquele não era o melhor momento de diplomacia com uma frota estrangeira, e começaram a se unir contra o governador recém-empossado.

A elite se organizou e bolou um plano: convidar o governador para o Ritual de Nosso Pai, que era uma espécie de cortejo em que os cristãos ajudavam as pessoas enfermas que encontravam pelo caminho.

Mal sabia Xumbrega que tinha caído numa emboscada. Quando estavam todos na igreja, armaram para que ele fosse o último a sair, e então um juiz da cidade decretou sua ordem de prisão. Xumbrega foi levado para o Forte do Brum e de lá enviado para Lisboa. De quebra, os nativos ainda invadiram o local onde os franceses estavam hospedados e os agrediram. Desse modo, a Revolta de Nosso Pai foi concluída com relativo êxito.

REVOLTA DOS BECKMAN

A Revolta dos Beckman aconteceu por volta de 1684 no Maranhão. Os jesuítas chegaram por lá e estipularam a proibição da escravização indígena. Para os colonos, a ordem foi um baque. Para piorar a situação, em 1682 tinha sido criada a Companhia de Comércio do Estado do Grão-Pará e Maranhão, que passou a monopolizar o comércio e o abastecimento de produtos. Além disso, as relações comerciais entre os colonos e a Companhia de Comércio passavam por acusações de que a companhia adulterava o peso dos alimentos que eram vendidos pelos colonos.

Inseridos nessa situação difícil, os irmãos e senhores de engenho Manuel e Tomás Beckman se reuniram com a elite do Maranhão para organizar uma revolta. Então, na noite de 24 de fevereiro de 1684, os irmãos Beckman, com o apoio dos comerciantes, unindo forças de quase 80 pessoas armadas,[19] invadiram e saquearam um depósito da Companhia de Comércio. Os revoltosos também expulsaram os jesuítas da região, tiraram o governador do poder e fizeram uma junta com pessoas escolhidas por eles próprios.

Com essa nova configuração política na colônia, Tomás Beckman viajou para Portugal para tentar convencer a Coroa a aceitar a nova administração, porém seu plano não saiu como o esperado e ele foi preso. O rei Pedro II então preparou um contra-ataque e mandou executar Manuel Beckman e Jorge de Sampaio. O saldo final da Revolta dos Beckman não foi nada positivo para os colonos: seus líderes foram perseguidos, presos e assassinados.

PARA REFLETIR

Costumamos ouvir que a Revolta dos Beckman não deu em nada, foi por água abaixo. Se foi por água abaixo, não valeu a pena? Então é só um capítulo torto da história? Não é bem assim que as coisas funcionam... Cada um desses feitos representa para a nossa história a dificuldade de se mudar a regra do jogo. Não é tão simples mudá-la.

GUERRA DOS EMBOABAS

A Guerra dos Emboabas aconteceu entre 1707 e 1709, na região do atual estado de Minas Gerais, que na época, com os estados de São Paulo e Goiás, formava uma única grande capitania. Os bandeirantes estavam encontrando muito ouro nessa região e pediram para Portugal o direito à exclusividade da exploração.

O nome "emboaba", aliás, vem daí. "Emboaba", para muitos, quer dizer estrangeiro, o cara que vem de fora. No entanto, os paulistas não consideravam somente os portugueses como estrangeiros. Para eles, estrangeiro seria qualquer pessoa que não viesse da sua região de origem. Mesmo falando a mesma língua, baianos e pernambucanos eram considerados estrangeiros porque vinham de terras distantes.

O que deu início ao conflito foi a morte de um emboaba - não há registros se era baiano, pernambucano ou português - por um paulista. Como revanche, no dia seguinte dois bandeirantes foram linchados. O estopim do conflito foi um assassinato, mas, na verdade, o que estava em jogo eram as jazidas de ouro.

Foram três batalhas principais que aconteceram na Guerra dos Emboabas: Cachoeiro do Campo, Rio das Mortes e Capão da Traição, sendo essa última a mais significativa delas. Os Emboabas venceram a guerra, e a maioria dos bandeirantes paulistas envolvidos no conflito acabou morta ou seguiu em busca de oportunidades em outras terras. Teve até quem se deu bem e achou minérios na região de Goiás.

GUERRA DOS MASCATES

O processo de colonização do Brasil, que durante praticamente duzentos anos tinha se voltado para o litoral e a cultura da cana-de-açúcar, começou a se dirigir de forma mais incisiva para outras regiões, por volta de 1710, principalmente para a região central das Minas Gerais.

Em 1710 já existia uma crise anunciada no mercado de açúcar. Os senhores de engenho de Olinda perceberam então um crescimento no negócio dos comerciantes portugueses no Recife, e começaram a pedir dinheiro emprestado para esses homens, que atenderam ao pedido dos latifundiários, embutindo taxas de juros. Os fazendeiros de Olinda foram se endividando cada vez mais. Os barões do açúcar, que outrora tinham uma vida pomposa e de grande estilo, viam cada vez mais seu luxo e requinte diminuírem.

Em contrapartida, o comércio dos portugueses do Recife ia de vento em popa. Despeitados, os senhores de engenho começaram a falar mal desses comerciantes, apelidando-os de "mascates" e insurgindo-se contra eles.

O líder dessa guerra contra os mascates era o administrador colonial Bernardo Vieira de Melo. Entre 1710 e 1711, ele reuniu uma tropa para vandalizar o Recife. Estouraram o pelourinho, soltaram os presos do foral, quebraram alguns prédios, gerando caos na cidade.

Os mascates, obviamente, não deixariam toda essa algazarra passar batida e pediram ajuda para Portugal. Já no ano seguinte começou a revanche. Os portugueses partiram com tudo para cima desses latifundiários e queimaram suas fazendas. Bernardo Vieira de Melo foi preso e levado para Portugal. Acabou morrendo intoxicado pela fumaça de uma fogueira que ele tentou fazer dentro da própria cela. A Guerra dos

Mascates é muito lembrada por já mencionar, entre as demandas mais radicais por parte dos revoltosos, a preferência por um governo independente e republicano, cerca de 78 anos antes da revolução francesa.

MOTINS DO MANETA

Os Motins do Maneta foram rebeliões ocorridas no Brasil em Salvador contra o monopólio da comercialização do sal e o aumento de impostos. Ocorreram, respectivamente, em 19 de outubro de 1711 (primeiro motim) e 2 de dezembro do mesmo ano (segundo motim).

Portugal, naquele momento, enfraquecido militar e economicamente, não teve outra escolha senão aumentar o preço do sal, dos escravos e das taxas e impostos que já eram cobrados dos colonos.

Então o comerciante João Figueiredo da Costa, conhecido como "Maneta", comandou uma revolta e invadiu o comércio de Manuel Dias Figueiras, o qual detinha o monopólio do sal. O governador, acuado, desistiu de aumentar as taxas, e os líderes não foram punidos, pelo menos por algum tempo.

Houve ainda um segundo motim, conhecido como Motim dos Patriotas, pedindo mais proteção para o Rio de Janeiro, porém este não foi bem-sucedido e os revoltosos foram açoitados em praça pública, e ainda tiveram que pagar uma multa à Coroa.

REVOLTA DE FILIPE DOS SANTOS

Portugal queria implantar um novo sistema de fiscalização. O plano era que, a partir de 1720, todos os mineiros deveriam pegar o ouro que haviam extraído e levá-lo a uma das três casas de fundição da época para transformá-lo em barra e marcá-lo com o selo da realeza, de modo a organizar a tributação.

Filipe dos Santos era um tropeiro português que estava lutando contra o aumento da fiscalização e da cobrança de impostos da Coroa

Portuguesa, e se aliou aos poderosos da região, dentre os quais o mais rico deles, o mestre de campo Pascoal da Silva, e o líder da Guerra dos Emboabas, o emboaba Manuel Nunes Viana, para incitar uma guerra contra esse novo método de tributo do ouro.

Junto de seus aliados, ele organizou um protesto que seria executado na noite de São Pedro contra o ouvidor Martinho Vieira, quando as comemorações os ajudariam a ocultar suas movimentações. Porém Martinho já havia fugido, graças a uma carta de João da Silva, filho de Pascoal, que denunciou a conspiração planejada para aquele dia.

Os insurgentes clamavam por três mudanças: a primeira era o fim do monopólio de qualquer produto, a segunda era a redução dos impostos de uma maneira geral e a terceira era a não aprovação do projeto de lei das casas de fundição.

O Conde de Assumar, governador da época, fingiu acatar as reivindicações feitas, mas mandou uma tropa da milícia portuguesa reprimir os rebeldes, principalmente os líderes. Filipe dos Santos foi morto, e as outras lideranças, presas.

12

MINERAÇÃO

URBANIZAÇÃO

No final do século XVII, o Nordeste já não tinha mais a força econômica de outros tempos. As expedições bandeirantes começaram a encontrar ouro em 1695 no centro-leste da Capitania de Minas Gerais, perto do Rio das Velhas. Borba Gato foi o primeiro bandeirante a anunciar a boa-nova, e a notícia rapidamente se espalhou. Em pouco tempo, muita gente sabia onde tinha ouro. E, de pouco a pouco, a região das minas se viu tomada por senhores de engenho, bandeirantes, tropeiros. Todo mundo buscando uma nova condição de vida! Era o ouro e sua promessa de fortuna, de mudança de vida, mexendo com o psicológico das pessoas.

E isso mudou totalmente o cenário brasileiro. Antes, a sociedade ficava concentrada no litoral do Nordeste, e a economia girava em torno da produção de açúcar. Gradualmente, o foco mudou para o Sudeste, principalmente Minas Gerais. A configuração social que girava em torno dos engenhos passou a circular nas cidades, que começaram a ser erguidas. Um processo de urbanização se iniciava na colônia.

Mas nem tudo são flores. Logo que as cidades começaram a surgir nas regiões de mineração, seus habitantes passaram por muitos percalços. Isso porque, diferentemente dos engenhos, onde havia plantações e uma cultura de abastecimento das populações, no interior o fornecimento de mercadorias e alimentação era precário. Os mantimentos vinham de outras regiões do Brasil, muitas vezes demoravam para chegar e, quando chegavam, eram vendidos a preços exorbitantes. Há registros documentais que mostram que os produtos em Minas Gerais chegavam a ser vendidos por um preço 25 vezes mais caro do que o cobrado em outras regiões do Brasil, como no caso de uma galinha, por exemplo.[20]

A vida na cidade não era nada mole, mas com perseverança essa sociedade foi se firmando. Gradualmente, a economia do ouro foi fazendo uma mudança de nível nacional, já que estava gerando mais riqueza que a produção de açúcar. Os estados que possuíam mais ouro eram considerados os mais ricos. A influência foi tanta que em 1763 a capital do Brasil deixou de ser Salvador e passou a ser o Rio de Janeiro.

Com o tempo, as condições de vida foram melhorando no interior. Alimentos começaram a chegar com mais facilidade, roupa também. Esses itens vinham de todas as regiões do Brasil, graças aos tropeiros que traziam suas mulas carregadas de mercadorias. Grandes vias foram sendo construídas para ligar Minas Gerais a outras regiões, tudo confluindo para criar um mercado interno. Pela primeira vez, a colônia possuía uma economia forte concentrada entre os próprios colonos.

FISCALIZAÇÃO

Em 1702, a Coroa Portuguesa criou a Intendência das Minas, um órgão administrativo para fiscalizar e obter pelo menos 20% do ouro que estava sendo produzido. Além da fiscalização, Portugal também controlava a divisão das datas – assim eram chamados os lotes de terra – para que os mineiros pudessem explorá-las. O primeiro a ter direito à escolha da terra era o sujeito que a encontrou. O segundo pedaço geralmente era leiloado ou entregue aos senhores mais poderosos, isso porque eles teriam bastantes escravos para trabalhar e extrair o ouro, e para a Coroa era imprescindível que o máximo de ouro fosse retirado, já que ela recebia 1/5 de tudo. "O quinto", aliás, era o nome do próprio imposto.

Outros órgãos administrativos foram surgindo para conter o extravio do ouro, já que, além de os colonos muitas vezes contrabandearem o metal, grande parte do minério extraído aqui ia para a Inglaterra devido às estreitas relações comerciais entre os dois países na época.Em 1719, os portugueses lançaram a proposta de construir três Casas de Fundição.

A estratégia de fiscalização da Casa de Fundição consistia em transformar todo o ouro encontrado em barra e, logo em seguida, marcá-la com o selo da Coroa Portuguesa. Essa proposta se deu em 1719, mas só foi efetivada em 1725, já que entre esse período houve

algumas contestações, sendo a mais famosa delas a Revolta de Filipe dos Santos, que terminou com o esquartejamento de seu líder.

Várias outras formas de captação do imposto foram testadas. Em 1740, foi instituído o imposto por pessoa, a captação, ou seja, cada indivíduo deveria pagar um valor por sua extração. Em 1750, o Marquês de Pombal foi escolhido pela Coroa como responsável pela cobrança das tarifas e implementou uma política severa de arrecadação, substituindo o quinto pela finta, em que os exploradores das minas eram obrigados a repassar 100 arrobas (aproximadamente 1500 quilos) anualmente para Portugal.[21] Além da finta, que já era um sistema superopressor de cobrança de impostos, foi anunciada a possibilidade da derrama, que era o confisco de bens dos homens que não conseguiam pagar integralmente o valor dos impostos cobrados.

O cerco de Portugal aos mineradores era tão grande que estes começaram a criar táticas para se esquivar das taxas abusivas. Para se ter uma ideia, os exploradores encontraram diamantes no Brasil no ano de 1714, e Portugal só ficou sabendo da existência da pedra preciosa por aqui em 1729. Diferentemente da fiscalização sobre a produção do ouro, os portugueses encontraram grandes obstáculos para evitar o contrabando dos diamantes, já que era inviável derreter as pedras preciosas. Com isso, o governo de Portugal ordenou a expulsão de todos os mineradores da região onde os diamantes haviam sido encontrados e demarcou aquele espaço, chamando-o de Distrito Diamantino. Desse modo, o governo lusitano determinou que as terras daquela região fossem arrendadas para contratadores que pagavam antecipadamente uma quantia em troca da exploração dos diamantes. Com isso, evitava-se o problema do contrabando das pedras, já que o possível lucro era entregue antecipadamente nas mãos da Coroa.

SOCIEDADE MINEIRA

A essa altura, já sabemos que, com o alarde da notícia de que havia ouro na região das Minas Gerais, muita gente se deslocou para lá. Bandeirantes, tropeiros, senhores de engenho, portugueses, trabalhadores livres e escravizados. Porém, antes da chegada dessa nova população, essa terra já era habitada por povos indígenas de várias tribos: botocudos, maxacalis, cataguás, puris. Essas tribos passaram por muita opressão e violência, tiveram que se locomover, e uma grande parcela desses indígenas foi exterminada.

Além dos indígenas, que foram os primeiros habitantes dessa terra, uma multidão composta por escravizados africanos, fazendeiros, trabalhadores livres, padres, entre outros, começou a povoar Minas Gerais. Muita gente foi chegando para formar uma nova sociedade mais urbana com novas ocupações, já que lugares diferentes demandam profissões diferentes.

Uma característica muito peculiar dessa nova sociedade é que ela era formada majoritariamente por pessoas pobres que conviviam lado a lado com outras muito ricas. Era comum um miserável ver um proprietário de minas passando com 10 escravos que, por sua vez, viviam em condições precárias. Estima-se que a expectativa de vida de um escravo que trabalhava nas minas não passava de 12 anos.[22] Então todo esse ambiente era carregado de tensão social.

Isso faz com que algumas perguntas sejam lançadas: como é que, num ambiente carregado de disparidades e injustiças, não explodiu nenhuma grande revolução? Como Portugal conseguiu manter uma organização em torno da extração do ouro? A resposta pode estar na expectativa de mobilidade social. Diferentemente da sociedade aristocrática dos senhores de engenho, na sociedade urbana das minas de ouro havia uma maior chance de ascensão social, até mesmo dos escravizados. Para se ter uma ideia, em 1749, a cada mil escravos, 14 conseguiram a liberdade; em 1786 esse número já havia subido para 400.[23]

Uma das explicações para a alforria dos escravos era que essa era uma tática para conter a rebeldia. O escravo que tinha maior chance de se libertar tinha também um comportamento menos revoltoso. Além disso, havia mais postos de trabalho para o escravo além da lavoura e da mineração. Uma das profissões exercidas por eles era a do escravo de ganho que saía na rua vendendo mercadorias e podia guardar uma parte do lucro desses produtos. Por tudo isso e por ter mais postos sociais, a sociedade mineira se mostrou mais dinâmica que a sociedade de engenho.

13

PERÍODO POMBALINO

ABSOLUTISMO ILUSTRADO

O ano de 1750 foi um dos mais malucos da história. De um lado, a Revolução Industrial estava surgindo, do outro, o Iluminismo estava forte na cena. No Brasil, a crise do açúcar se acentuava cada vez mais. Nesse contexto, Marquês de Pombal foi nomeado pelo rei de Portugal como ministro do Estado de Guerra e ministro dos Assuntos Exteriores.

A situação de Portugal na época não estava nada boa. Mesmo com bastante ouro encontrado em solo brasileiro, grande parte dessa fortuna ia para a Inglaterra, por causa dos acordos que os países mantinham. Pombal, como grande articulador e diplomata, tomou algumas medidas.

A primeira delas foi fazer um acordo com a elite local. A ideia era chegar para os donos de terra e poderosos da região e deixar claro que tempos difíceis viriam, mas que eles poderiam ficar tranquilos, porque toda a dificuldade cairia sobre os ombros dos trabalhadores. Já para os homens influentes, houve promessas de doação de lotes de terra e, quiçá, até cargos administrativos na colônia.

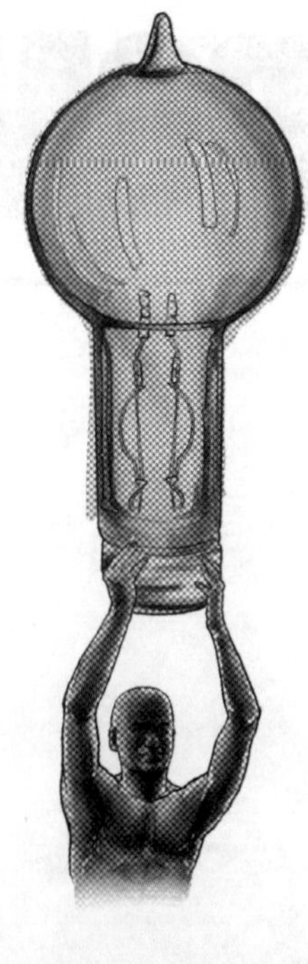

A segunda medida dizia respeito a uma maior fiscalização para retirar o máximo de ouro produzido na colônia. E essa norma entrou em vigor logo em 1750, com a reimplementação da finta, a qual, como visto anteriormente, era a meta cobrada dos mineiros, sendo que cada lote de terra deveria entregar 100 arrobas de ouro por ano. Treze anos depois, foi anunciada a derrama, meta também abordada anteriormente, que era um dispositivo usado quando o mineiro não conseguia pagar a finta e, por isso, poderia ter seus bens confiscados até se atingir o valor necessário.

A terceira medida foi a expansão das fronteiras, o que incomodou os jesuítas, uma vez que muitas de suas missões estavam situadas nessas fronteiras. Pombal acreditava que o povoamento da América Portuguesa estava diretamente ligado a uma maior aproximação do Estado com a população indígena, já que uma migração europeia estava fora de cogitação. Seu objetivo era afastar os jesuítas dos índios. Na sua visão, a miscigenação garantiria um crescimento demográfico que permitiria um maior controle do interior e das fronteiras.

VOCÊ SABIA?

Marquês de Pombal foi considerado um homem muito contraditório, com ideias conservadoras e arrojadas, com um pé no que conhecemos como Mercantilismo e outro no Iluminismo, conhecido como "Absoluto Ilustrado" ou "Déspota Esclarecido". Absolutista e déspota porque acreditava na concentração de poder nas mãos do rei, prezava por um estado forte; e ilustrado e esclarecido porque acreditava no poder do governo para mudar uma sociedade e achava que o povo tinha o direito de reivindicar melhores condições de vida.

O SISMO DE LISBOA

Em 1755, ocorreu um terremoto em Lisboa, resultando na destruição quase completa da cidade. Esse acontecimento fez – com o perdão do trocadilho – as relações entre Pombal e os jesuítas estremecerem mais ainda. Como visto anteriormente, um dos objetivos do Marquês de Pombal era extrair o máximo possível de dinheiro da colônia. Então sobrou para os jesuítas, que foram expulsos de suas terras em 1759 para que estas fossem leiloadas.

Outra mudança significativa com a expulsão dos jesuítas foi a alteração do sistema educacional no Brasil, já que esse era praticamente dominado pelos padres. Marquês de Pombal definiu então que, a partir daquele momento, a educação seria iluminista, ligada ao Estado. Ou seja, ele instituiu a secularização do ensino, que constituía na perda gradual de relevância da religião sobre os diversos aspectos da vida social. A educação passou então a falar também de coisas mundanas e do cotidiano.

O COMEÇO DO FIM

Em 1777, o rei dom José I morreu, e sua filha Dona Maria I – Maria, A Louca – demitiu Pombal e o proibiu de “estar dentro de 20 milhas de sua pessoa”. Esse episódio deixou bem claro como funcionava o absolutismo, visto que, por mais poder que tivesse o Marquês de Pombal e por mais influente que ele fosse – e ele realmente provocou várias mudanças estruturais na colônia –, ele era um funcionário a serviço da Coroa.

Quando começou a governar, Pombal enfrentou a barra da crise do açúcar, de guerras na fronteira do sul e passou por uma leve queda na produção do ouro na década de 1750. Em 1751, estabeleceu uma maior fiscalização sobre o açúcar e o tabaco. Em 1755, fundou a Companhia Geral de Comércio do Grão-Pará e Maranhão, que monopolizava o fornecimento de vários produtos para essa região. Em 1759, criou a Companhia Geral de Comércio de Pernambuco e Paraíba com o mesmo intuito.

Além da política e da economia, Pombal influenciou muito na sociedade e a cultura da época, instituindo o português como língua oficial e ensinando a língua aos indígenas para defesa das fronteiras. Com esse objetivo, estimulou ainda a miscigenação. Em 1757, assinou um decreto proibindo a escravização do índio no Brasil e, em 1759, assinou outro decreto proibindo qualquer tipo de tráfico de pessoas em Portugal.

Pombal viveu as novidades e as tradições da época. Havia um clima de incerteza no ar; todo mundo obedecia às ideias de um soberano, mas uma dúvida sobre esse poder monárquico começava a despontar. Como muitos historiadores afirmam: esse foi um momento de crise do antigo sistema colonial ou o começo do fim.

14 CONJURAÇÃO MINEIRA E CONJURAÇÃO BAIANA

EMANCIPAI-VOS!

Segundo o dicionário, "inconfidência" quer dizer falta de fé ou fidelidade para com alguém, especialmente para com o Estado ou soberano. E era exatamente isso o que estava rolando nas Minas Gerais: uma grande parcela das classes média e alta estava cansada da opressão da Coroa e, por isso, se revoltou.

A Inconfidência Mineira, ou Conjuração Mineira, aconteceu no ano de 1789, o mesmo ano da Revolução Francesa. Não é uma coincidência que os movimentos tenham acontecido simultaneamente. Era uma época em que as ideias iluministas estavam fervilhando e ganhavam muitos adeptos, e o acesso à informação estava mais disseminado; além disso, havia a influência dos Estados Unidos, que já tinham conquistado sua independência.

Vale destacar que a Inconfidência Mineira tinha um traço que a diferenciava das revoltas nativistas. Estas lutavam por melhores condições de vida na colônia, enquanto a Inconfidência lutava para que o Brasil deixasse de ser colônia, ou seja, tinha o interesse de se separar/emancipar de Portugal. A Conjuração Mineira foi o primeiro grande movimento tipicamente emancipacionista do Brasil.

Uma galera se uniu para lutar contra a opressão da Coroa. E bota opressão nisso! A produção do ouro vinha diminuindo ano a ano desde 1750, e parecia que o governo português não estava nem aí para essa dificuldade. Portugal começou a aumentar a fiscalização e a cobrar cada vez mais e mais ouro, chegando a estipular uma cota absurda de 100 arrobas de ouro (1.500 quilos) por ano! E quem não conseguisse chegar a essa meta poderia ter sua casa invadida e seus bens confiscados, graças à famigerada derrama.

OS INCONFIDENTES

A Inconfidência tinha vários membros oriundos das classes média e alta de Minas Gerais, muitos deles endividados por causa da opressão e da cobrança excessiva da Coroa sobre a extração do ouro. Poetas como Cláudio Manoel da Costa e Tomás Antônio Gonzaga se destacaram nessa insurgência contra Portugal. Havia também padres do baixo clero, diplomatas, contratadores e mineradores atolados em débitos com o governo português.

Dentre os membros da Conjuração, um deles ganhou destaque e se tornou o porta-voz do movimento. Hoje é uma espécie de herói do Brasil e tem até feriado em sua homenagem. O que muita gente não sabe é que foi criada uma mítica em torno de Joaquim José da Silva Xavier, o nosso Tiradentes: uma estética que lembra muito a imagem de Cristo que, por sua vez, também foi idealizada e não corresponde à realidade.

Também não é certo dizer que Tiradentes era um homem pobre. Ele não era exatamente rico, mas seu pai era dono de algumas propriedades. Aos 11 anos de idade, Tiradentes ficou órfão e essas propriedades foram usadas para pagar as dívidas do pai. Ele então passou à tutela do padrinho Sebastião Ferreira Leitão. Não estudava regularmente – mas era um leitor assíduo e até escrevia com certa frequência –, e trabalhava como mascate, alferes, minerador e dentista.

TIRADENTES

DELAÇÃO PREMIADA

Quando a Inconfidência Mineira aconteceu, ainda não havia essa consciência de Brasil como uma nação que temos hoje. Por isso, quando se fala em Inconfidência Mineira, não se fala exatamente num movimento que lutava pela independência do Brasil, mas numa emancipação particular da região das Minas Gerais, que atingia, no máximo, os estados de São Paulo e Rio de Janeiro. A nova capital seria São João del-Rei, e o distrito de Diamantina, que ficava nas mãos de alguns poucos contratadores escolhidos por Portugal, seria liberado para todos os mineiros.

Entretanto, o objetivo principal do movimento era transformar a região de Minas Gerais numa República. Alguns membros até aceitariam uma monarquia constitucional, mas a maioria absoluta dos integrantes discordava dessa corrente. Queriam o perdão das dívidas, até porque não viam razão para se encontrarem endividados por explorarem um produto que por direito deveria pertencer a eles. Queriam indústrias, manufaturas, universidades. Tinham ideias libertárias, modernas, progressistas.

Tudo isso era discutido em reuniões na casa do coronel Francisco de Paula Freire de Andrade. Foi numa dessas reuniões que ficou acordado que uma grande revolta aconteceria no dia da cobrança da derrama. Porém o que os inconfidentes não sabiam é que seriam traídos por Joaquim Silvério dos Reis. Num esquema muito parecido com o que rola hoje em dia das delações premiadas, Joaquim entregara seus companheiros em troca do perdão de suas dívidas.

Foi então que um tal de Visconde de Barbacena, governante de renome, apareceu por lá, ficou sabendo dos planos dos inconfidentes e decidiu que acabaria com Joaquim. No dia combinado, não houve derrama. Em vez disso, teve muita repressão. Dezenas de homens foram presos, e mais de 11, condenados à morte, porém 10 tiveram a pena alterada para degredo em direção ao continente africano. Tiradentes foi preso em 1789 e enforcado em 21 de abril de 1792. Seu corpo foi esquartejado e espalhado ao longo do caminho entre as cidades do Rio de Janeiro e Vila Rica para servir de exemplo àqueles que, por acaso, tivessem ideias de traição contra a Coroa.

PARA REFLETIR

Por que só cem anos depois da Inconfidência Mineira começaram a falar sobre ela? Em 1889 aconteceu a Proclamação da República e o Brasil se tornou independente de Portugal. Naquele momento, era preciso que surgissem novos heróis que não tivessem suas histórias ligadas à monarquia. Foi aí que entrou Tiradentes, o cara que cem anos antes havia lutado pela emancipação das Minas Gerais de Portugal. Para criar uma maior empatia com sua figura, criou-se essa versão de que ele era parecido com Jesus Cristo. O pintor Pedro Américo pintou em 1893 o quadro *Tiradentes esquartejado*, talvez o retrato mais simbólico do protagonista da Conjuração Mineira, com um crucifixo do lado de sua cabeça e o corpo esquartejado fazendo lembrar o mapa do Brasil. Juscelino Kubitschek inaugurou Brasília no dia 21 de abril de 1960 numa clara alusão a Tiradentes. A maçonaria traz Tiradentes como grande herói. O próprio triângulo vermelho da bandeira de Minas Gerais é um símbolo maçônico. Existe toda uma imagem do homem Joaquim José da Silva Xavier que foi retrabalhada no mito Tiradentes. Ficam então algumas perguntas: será que a gente só consegue achar que algo aconteceu depois que aquilo vai parar nos livros? E o que não foi parar nos livros não aconteceu?

CONJURAÇÃO BAIANA

A Conjuração Baiana aconteceu em Salvador no ano de 1798, ou seja, final do século XVIII, o qual ficou conhecido como o Século das Revoluções. Muita treta tinha rolado até ali. Independência dos Estados Unidos, Revolução Francesa, Rebelião no Haiti.

Todos esses conflitos chegavam até os ouvidos do povo que habitava a colônia portuguesa, e isso ia fazendo com que a vontade de se rebelar aumentasse mais ainda. Ideias de liberdade, igualdade e formação de uma República pipocavam o tempo todo.

Além disso, a insatisfação só aumentava com as precárias condições de vida e o preço alto dos alimentos. Para agravar o clima de tensão na Bahia, 80% de sua população eram formados por negros ou mestiços escravizados ou explorados. Os donos de escravo começavam a ficar acuados. Na França, os jacobinos mais progressistas já tinham libertado seus escravos. Surgiu então a pergunta: Portugal vai abolir a escravidão no Brasil?

A classe baixa estava informada, interessada em política, os escravos queriam se libertar e, diferentemente da Conjuração Mineira, a Baiana era formada majoritariamente por pessoas das camadas mais populares da sociedade: trabalhadores livres, alfaiates, soldados, farmacêuticos, médicos. Foi uma revolta popular das classes média e baixa que se insurgiram contra os portugueses. Alguns líderes se destacaram, como o alfaiate João de Deus e os soldados Lucas Dantas e Luiz Gonzaga, todos negros. Como nesse momento a escravidão ainda era um negócio que trazia bastante benefício e lucro para a elite, houve pouca adesão desse setor da sociedade.

A Conjuração Baiana lutou por emancipar-se de Portugal, pela abolição da escravidão e por uma sociedade mais igualitária, onde as pessoas não fossem discriminadas pela cor da pele. A comunidade naquele momento estava dividida: de um lado, a elite maçônica, do outro, a grande maioria que vivia em situação de precariedade. Houve alguns levantes, como um ataque aos escravos que levavam comidas para os poderosos. Esses mantimentos foram saqueados num Sábado de Aleluia. Outras formas de manifestação também se faziam presentes, como as frases de ordem a favor da República e contra a escravidão que eram espalhadas em panfletos pela cidade, uma atitude considerada ousada para a época.

Porém, em 1798, toda tentativa de desobediência foi contida. Tropas portuguesas entraram em cena, e qualquer suspeito de envolvimento com a Conjuração Baiana foi levado para a cadeia. Como era um movimento de adesão maciça de uma população pobre e sem influência junto aos setores políticos da época, a repressão foi maior que na Conjuração Mineira. Foram enforcados e esquartejados quatro líderes: Luiz Gonzaga, João de Deus, Lucas Dantas e Manuel Faustino. Todos no dia 8 de novembro de 1799.

15
FAMÍLIA REAL NO BRASIL

NAPOLEÃO E DOM JOÃO VI

CHEGUEI CHEGANDO, BAGUNÇANDO A ZORRA TODA

Em 21 de novembro de 1806, foi imposto pelo então imperador Napoleão Bonaparte o Bloqueio Continental, uma determinação que proibia os navios da Inglaterra e da Irlanda de ingressarem nos portos dos países dominados pelo Império Francês. A meta essencial dessa empreitada era isolar economicamente a Inglaterra, asfixiando-a comercialmente.

O governo de Portugal renunciou ao bloqueio graças às suas relações com a Inglaterra, país a quem era meio que subordinado. As riquezas da Coroa lusitana vinham de suas colônias, principalmente do Brasil. Com um reino decadente, Portugal não tinha como encarar as ameaças de Napoleão.

Em agosto de 1807, Napoleão deu um ultimato ao então regente dom João VI: ou ele cortava o vínculo com a Inglaterra, ou Portugal seria invadido pelas tropas francesas. A Inglaterra então entrou no jogo e ofertou seu apoio à família real portuguesa, forçando-a a embarcar para o Brasil.

Dom João VI trouxe com ele uma tripulação de pelo menos 10 mil portugueses, a maior viagem marítima de um reino até então. Foi uma travessia muito turbulenta que durou quase dois meses e passou por muitas tempestades e várias outras intempéries, como uma infestação de piolhos. Desembarcaram no Brasil em Salvador no dia 22 de janeiro de 1808. De lá, a comitiva seguiu viagem para o Rio de Janeiro, onde chegou no dia 8 de março, fazendo da cidade o domicílio da Corte portuguesa.

VOCÊ SABIA?

Quando a família real chegou ao Rio de Janeiro, a cidade preparou uma excepcional festança para recepcionar dom João, sua esposa Carlota Joaquina e suas filhas Maria Francisca e Isabel Maria. Há quem diga que a festança era digna dos melhores carnavais, que se tornariam conhecidos na cidade mais tarde. As senhoras da alta sociedade ficaram em polvorosa para assistir à cerimônia, e repararam com espanto e curiosidade que Carlota, suas filhas princesas e outras damas da Corte estavam com a cabeça raspada ou com o cabelo bem curto e usavam turbante. Mas logo inferiram que o novo corte de cabelo deveria ser o último berro da moda nas Cortes europeias. Em poucos dias, várias mulheres da sociedade carioca puseram-se a imitar a excentricidade portuguesa. Mal sabiam elas que o motivo para as cabeças raspadas era uma proliferação de piolhos ocorrida durante a travessia marítima da Corte para o Brasil e que o turbante havia sido usado como urgente solução para mascarar o visual.

ABERTURA DO MERCADO

Os habitantes do Rio de Janeiro ficaram deslumbrados com a chegada da família real. Era a primeira vez que um governante português pisava em solo americano. Além dos nobres, dom João VI trouxe com ele toda a máquina burocrática da Coroa – técnicos, ministros, conselheiros, tesoureiros – com todos os documentos que seriam necessários para que ele fizesse o reinado dele daqui da colônia. Os portugueses, obviamente, ficaram incomodados. Sentiram-se preteridos porque simbolicamente estava acontecendo uma inversão colonial. Naquele momento, o Brasil deixava de ser uma simples colônia, tornando-se a sede oficial da regência. Essa mudança causou um enorme despeito entre várias pessoas da população portuguesa.

No dia 28 de janeiro de 1808, dom João VI promulgou o Decreto de Abertura dos Portos às Nações Amigas, colocando um ponto-final no pacto colonial que já durava trezentos anos e estipulava que as relações comerciais da colônia deveriam se dar exclusivamente com Portugal. A partir desse tratado, a Inglaterra começou a ampliar o comércio de seus produtos no Brasil de maneira mais agressiva. Não que antes isso não ocorresse, mas era de forma indireta, e através de contrabando. Dessa vez, ela saiu na vantagem em decorrência das tarifas alfandegárias especiais dessa transação.

Em 1810, dom João VI assinou mais dois acordos. O primeiro deles foi o Tratado de Comércio e Navegação. Antes desse tratado, Portugal pagava 16% de impostos sobre os produtos comercializados com o Brasil, e os outros países, 24%. A partir desse momento, a Inglaterra passou a pagar 15% de impostos em decorrência das relações econômicas e militares que já mantinha com o Brasil. Vale lembrar que as tropas inglesas estavam protegendo a costa brasileira de possíveis ataques.

Esse tratado se mostrou extremamente vantajoso para a Inglaterra. Já o mesmo não poderia ser dito em relação ao Brasil e aos seus colonos que aqui habitavam. A Inglaterra agora pagava menos imposto que Portugal. A indústria que, naquele ponto, ainda estava engatinhando por aqui, não tinha a mínima condição de concorrência com a potência britânica. Essa liberdade econômica mostrou-se muito positiva para a Inglaterra e desfavorável para o Brasil. Quando é que um colono iria conseguir comprar as mesmas máquinas que um inglês, ou produzir um tecido com a mesma qualidade do seu concorrente?

O segundo acordo firmado entre Portugal e Inglaterra em 1810 foi o Tratado de Aliança e Amizade, que visava extinguir gradativamente o tráfico negreiro, visto que, numa época de abertura de mercados, não era mais interessante escravizar pessoas. A Inglaterra queria ampliar seu mercado consumidor e, para isso, era interessante que todo mundo tivesse um salário. Vários setores da elite luso-brasileira expressaram sua insatisfação com relação aos tratados de 1810, já que muitos comerciantes e proprietários escravocratas se sentiram lesados, mas o tráfico de pessoas duraria até pelo menos 1850.

POLÍTICA INTERNA E EXTERNA

Assim que chegou ao Brasil, dom João VI decidiu que precisava arrumar a casa e, para isso, passou a tomar atitudes com relação às políticas interna e externa da Coroa. Em abril de 1808, assinou o alvará que revogava a proibição de manufatura no Brasil determinada anteriormente por sua mãe, Dona Maria I, ampliando, em tese, a liberdade econômica da colônia. Estava permitido não apenas fazer comércio com as nações estrangeiras, como também dedicar-se à atividade manufatureira.

Todavia, o Alvará de 1º de abril não foi satisfatório para fomentar o crescimento industrial no Brasil, uma vez que ainda havia dois obstáculos a serem vencidos: a escravidão e a concorrência inglesa.

A escravidão inviabilizava o desenvolvimento do mercado interno, visto que o poder de compra do escravo era praticamente nulo. A Inglaterra, no auge da Revolução Industrial, encontrava-se em perfeitas circunstâncias para fabricar em grande quantidade mercadorias de boa qualidade a baixo preço. Além disso, como país beneficiado, colocava sem maiores embaraços suas mercadorias no Brasil.

Apesar desses fatores que dificultaram o avanço da indústria naquele momento, o Alvará de 1º de abril foi de extrema importância, já que, a partir dele, a proibição da produção manufatureira foi legalmente suspensa.

No que tange à política externa, dom João VI criou o Ministério das Guerras e dos Assuntos Exteriores. Numa das missões desse novo ministério, estabeleceu o envio de uma tropa para a região da Guiana Francesa. O intuito era invadir a região de colonização francesa como represália às sucessivas invasões das tropas napoleônicas a Portugal. O governo português também efetuou uma intervenção na região do Rio da Prata, território hoje equivalente ao Uruguai, como resposta a um possível ataque dessa região.

Todas essas batalhas promoveram uma série de conflitos brutais e caros para os cofres da Coroa. Não à toa, o governo decidiu aumentar uma série de impostos com o objetivo de financiar essas missões. Porém esses conflitos não tiveram adesão popular e a elevação dos tributos causou descontentamento entre os colonos.

MUDANÇAS À VISTA

A vinda da família real para o Brasil provocou uma série de mudanças no cenário da colônia. Dom João e sua Corte promoveram algumas modificações que se fazem notar até os dias dc hojc, isso porque eles queriam dar para a cidade do Rio de Janeiro um ar mais cosmopolita, uma cara de cidade mundana, onde existiria educação, cultura e entretenimento, como nas melhores metrópoles da Europa.

Em 1808, dom João VI permitiu que o primeiro jornal fosse editado no Brasil. Até essa época, era proibida toda e qualquer atividade de imprensa: jornais, livros e até panfletos. A imprensa chegou ao Brasil com atraso, já que nas demais colônias da América ela já se fazia presente desde o século XVI. A *Gazeta do Rio de Janeiro* foi o primeiro jornal publicado em território nacional. Seus periódicos eram impressos em máquinas trazidas da Inglaterra.

Dom João VI também construiu teatros, faculdades, liceus acadêmicos, a Real Biblioteca, o Real Horto – atual Jardim Botânico – e um banco, conhecido hoje em dia como Banco do Brasil. As mudanças foram boas para quem tinha dinheiro e teria acesso aos espetáculos de ópera, a uma boa educação. Os pobres continuaram vivendo à margem, sem esgoto, sem coleta de lixo.

E de onde vinha esse dinheiro todo para investir nesses novos equipamentos públicos que surgiam? Dos impostos cobrados da população, sobre os quais os colonos do Nordeste do Brasil, por exemplo, ficaram ressentidos por pagar taxas para a melhoria de uma cidade da qual eles não faziam parte e de cujos benefícios não iriam usufruir.

Em 1815, o Brasil deixou de ser colônia e passou a ser chamado de Reino Unido de Portugal, Brasil e Algarves. A decisão de mudar o status de colônia para Reino Unido foi tomada por dom João VI para participar do Congresso de Viena, uma conferência entre embaixadores da Europa que traçaria um novo mapa político do continente europeu após a derrota de Napoleão.

Dom João queria participar, mas sua presença seria contestada, porque ele não mais residia em Portugal e, sim, numa colônia. Por isso, decidiu então transformar o Brasil em Reino Unido. Desse modo, a ideia de o rei de Portugal estar no Brasil não faria mais diferença. *Eu, rei de Portugal, estou em Portugal.* Ficou decidido nesse congresso que as tropas francesas não iam mais ficar em Portugal e que os territórios portugueses iam ser todos mantidos.

16

REVOLUÇÃO PERNAMBUCANA

Várias regiões do Brasil não gostaram da vinda da família real para cá, visto que a chegada de dom João e seus descendentes na colônia trouxe uma série de impostos que não estavam previstos. Além de tributações criadas para custear o padrão de vida do rei e os altos luxos da Corte, dom João VI ainda criou mais taxas para financiar as ações bélicas ocorridas no Rio da Prata e na Guiana Francesa.

A situação no Brasil era de muita opressão política, militar e econômica. A escravidão seguia firme e forte. O custo de vida estava mais caro. Várias pessoas das classes média e alta perderam seus cargos em posição de poder para pessoas vindas de Portugal e designadas pelo rei. Até os cargos militares ficaram à disposição das indicações reais e vários militares perderam seus empregos e tiveram seus salários cancelados.

Todas essas pessoas compunham o cenário que culminaria na Revolução Pernambucana: militares, proprietários rurais, grandes comerciantes, muitos padres, artesãos, advogados, juristas. Essas pessoas se reuniram para discutir ideias iluministas. Embora uma pequena parte dos iluministas pregasse o ateísmo, a maioria acreditava na existência de um ser supremo do Universo, princípio admitido pela maçonaria que influenciou muitas elites eruditas de diversas partes do mundo e também daqui do Brasil.

Eram objetivos da Revolução Pernambucana:

- Emancipação de Portugal e criação de uma República.
- Liberdade de imprensa.
- Liberdade religiosa.
- Diminuição dos impostos.
- Igualdade perante a lei.

Lembrando que este último objetivo não atingia todas as classes sociais, já que a Revolução Pernambucana não lutava pela abolição da escravatura, e essa igualdade seria bastante limitada, atingindo só os membros das classes mais favorecidas.

ESTOURA A REVOLUÇÃO

No dia 6 de março de 1817, o brigadeiro português Manoel Barbosa acatou as ordens que recebeu do governador de prender alguns oficiais brasileiros acusados de tramar pela independência do Brasil. Só que Barbosa não contava com a valentia do capitão José de Barros Lima, que não só não acatou a ordem de prisão, como arrancou sua espada e varou de um lado a outro a barriga do oponente.

A Revolução Pernambucana que estava sendo esboçada em segredo pelos maçons para estourar dali a um mês, na Semana Santa, concomitantemente em Pernambuco, no Rio de Janeiro e na Bahia, nasceu precocemente no Recife.

O governador foi se esconder no Forte do Brum, mas foi cercado pela população. Parecia que, pela primeira vez, uma revolução no Brasil ia dar certo. Os rebeldes conseguiram até constituir um governo provisório, que durou 74 dias, e ter acesso ao tesouro do Estado.

Porém, aos poucos, a revolução foi perdendo poder. Isso porque seus integrantes não conseguiram apoio fora do estado de Pernambuco. Um emissário enviado à Bahia foi preso e fuzilado. O movimento não cresceu, e uma tropa de 8 mil homens enviada por Portugal[24] entrou no Brasil pelo estado de Alagoas e chegou ao Recife no dia 20 de maio, encontrando a cidade vazia. Os revoltosos tinham batido em retirada. Seguiu-se então uma busca implacável pelos líderes e membros da revolução. Mais de 200 homens foram presos, pelo menos 4 foram mortos. Houve até esquartejamento e um homem que foi amarrado no cavalo para ser arrastado. Mal sabia a Coroa que o brasileiro tava agarrado na mágoa. *O que é seu tá guardado, Portugal. Daqui a cinco anos vai ter volta.*

17

INDEPENDÊNCIA NO BRASIL

É MÁGOA

A história da independência do Brasil começa a se desenhar bem antes do ano em que se concretizou. Para ser mais exato, no ano de 1808, com a vinda da família real para o Brasil. Era a época das invasões napoleônicas. Portugal, aliado da Inglaterra, a nação-alvo de Napoleão Bonaparte, foi invadido pelas tropas francesas.

O príncipe regente dom João VI e seu filho dom Pedro fugiram para o Brasil, o que fez com que a imagem de Portugal fosse desmoralizada. Ainda mais quando decidiram permanecer em terras brasileiras, mesmo depois de a França ter sido expulsa de Portugal em setembro de 1808. No lugar de dom João VI, William Carr Beresford, um militar inglês, ficou responsável pelo governo de Portugal.

Por tudo isso, dom João VI já estava com o filme queimado em Portugal. Para piorar a situação, em 1815 Napoleão foi derrotado na Batalha de Waterloo e ainda assim o rei decidiu ficar no Brasil! Tem mais: promove a colônia para o Reino Unido! Isso mesmo!

O Brasil passou a ter status de nação e a se chamar Reino Unido de Portugal Brasil e Algarves, suscitando ainda mais recalque nos coraçõezinhos lusitanos, que passaram a sofrer com essa inversão colonial. Ou seja, o Brasil, que antes era relegado a um papel de coadjuvante, agora aspirava ao protagonismo, sendo a moradia oficial da realeza.

E para piorar ainda mais – sim, porque ainda fica pior –, os portugueses que não vieram para o Brasil estavam perdendo seus postos de trabalho para os ingleses, visto que Portugal passou praticamente a ser governado por um militar britânico. Era muita revolta acumulada!

UMA NOVA MUDANÇA EM BREVE VAI ACONTECER

Por aqui o momento também era de novidades. Pela primeira vez desde que começou a ser colônia de Portugal, um governante português fez do lugar sua morada. Isso acarretou várias mudanças, não só na cidade do Rio de Janeiro, onde a família real tinha assentado base, mas em várias outras regiões do país.

Os ingleses também deram as caras em terras brasileiras, influenciaram as relações comerciais, a produção manufatureira. O custo de vida aumentou. Muitos homens da elite perderam seus cargos de poder, que foram repassados para outras pessoas que vieram de Portugal na trupe de dom João VI. O Rio de Janeiro passava por várias mudanças estruturais, ganhando escolas conceituadas, bancos, parques, mas no Nordeste o descontentamento era geral, já que os impostos cobrados estavam cada vez mais caros e ninguém via melhorias na condição de vida por aquelas bandas.

Em 1817, estourava a Revolução Pernambucana, que havia sido preparada no caldeirão da sociedade secreta maçônica da elite local do Recife, fomentada pelas ideias iluministas, de liberdade econômica e política. Conseguiram até criar um governo provisório que durou 74 dias, antes de vir uma repressão pesada. Mas dom João VI sabia que o cerco estava se fechando. Alguma concessão ele teria que fazer, alguma coisa ele teria que mudar. Ele só tinha que pensar em como mudar o mínimo possível.

Em 1820, aconteceu a Revolução Liberal do Porto, na cidade de mesmo nome em Portugal. No dia 24 de agosto, ainda de madrugada, um grupo de militares, burgueses e maçons iluministas se dirigiu para o campo de Santo Ovídio, e disparos de artilharia proclamaram publicamente o levante.

Dentre os objetivos dessa revolução estavam: forçar o retorno da Corte para Portugal, minguar a importância britânica em Portugal, abalar o movimento pró-independência que crescia a cada dia no Brasil, substituir o regime absolutista por uma monarquia constitucional; a burguesia queria mais liberdade para interferir na administração, criar leis.

Ao ficar sabendo que a elite de seu próprio país clamava por sua volta, dom João VI ficou em dúvida entre partir e ficar. Enquanto ficava no Brasil matutando sobre qual a melhor decisão a tomar, os membros da revolução já estavam dando as cartas e criando as próprias regras: imprensa livre, fundação do Banco de Portugal, fim da Inquisição, menos intolerância religiosa.

No Brasil, a vida das classes média e alta corria solta e sem previsão. Todo mundo numa boa, nem aí para a revolução que estava rolando do outro lado do Atlântico. Mal sabiam que tinha uma pauta no meio das reivindicações da Revolução Liberal do Porto que merecia atenção por parte dos que aqui viviam. Alguns liberais, que eram liberais até a página 2, queriam que o Brasil voltasse a ser colônia. A razão para isso era clara: se o Brasil voltasse à sua condição anterior, não poderia mais manter relações comerciais com a Inglaterra, que vinha atrapalhando os negócios portugueses.

A panela de pressão estava prestes a explodir e dom João VI continuava titubeando. *Vou. Não vou. Vou. Não vou. Agora vou. Não vou mais, desisti.* Isso porque também havia uma coação para que ele continuasse por aqui, já que estava rolando um papo de emancipação, um movimento organizado que lutava pela independência do Brasil. O rei sabia que sair do Brasil era perder o Brasil, então ele relutou o quanto pôde para voltar. Porém os parlamentares portugueses que lá estavam o avisaram de que uma Constituição estava sendo ratificada e era necessário que dom João VI estivesse presente no país para uma espécie de assembleia constituinte.

No dia 26 de abril de 1821, a família real voltou para Lisboa. Quatro mil portugueses embarcaram na viagem de volta.[25] Contudo, preocupado com o cargo de monarca no Brasil, dom João VI deixou seu filho dom Pedro I aqui como príncipe regente.

DIGAM AO POVO QUE FICO

Mostrando-se progressistas, os parlamentares de Portugal definiram a participação de representantes de todas as colônias portuguesas para discutirem a nova constituinte. Seriam 65 deputados do Brasil, porém só foram 46[26] e, quando chegaram às Cortes portuguesas em julho, descobriram que as assembleias para discutir as novas configurações ultramarinas de Portugal, até mesmo a perda de autonomia do Brasil que voltaria a ser colônia, já estavam acontecendo desde janeiro.

Os brasileiros, designados por dom João VI, que daqui saíram cheios de marra, descobriram que não gozavam de muito prestígio junto à Corte lusitana, mas não botaram muita banca porque a situação do Brasil também não estava nada boa. Então vieram dois decretos. O primeiro deles dizia que toda a família real deveria voltar para Portugal, inclusive dom Pedro I, que tinha ficado aqui no Brasil. O segundo decreto dizia que o Rio de Janeiro não mais teria o título de capital, todas as cidades brasileiras seriam províncias subordinadas a Portugal.

No Brasil, essas medidas não caíram nada bem. Os movimentos liberais daqui organizaram uma movimentação e reuniram 8 mil assinaturas a favor da permanência do príncipe regente. E então no dia 9 de janeiro de 1822 dom Pedro I redigiu uma carta, cuja versão oficial ficaria eternizada com a célebre frase: "Se é para o bem de todos e felicidade geral da nação, digam ao povo que fico!".

O Dia do Fico foi o primeiro grande salto do Brasil rumo à independência. Pela primeira vez dom Pedro estava dando a letra: "Corte de Portugal, eu não vou obedecer a vocês. Vou ficar no Brasil. Não vou voltar para Portugal". Em maio do mesmo ano, dom Pedro instituiu uma nova medida que dizia que qualquer ordem vinda de Portugal só poderia ser cumprida com sua prévia aprovação. Esse decreto ficou conhecido como "Cumpra-se".

INDEPENDÊNCIA OU MORTE

Dia do Fico. Dia do Cumpra-se. Dom Pedro se agigantava, sua autoridade aumentava. *Querem mandar no bagulho, mas quem manda aqui sou eu, tiozão!* O apoio da elite aumentou sua segurança, visto que essa elite tinha um consenso: eles deveriam continuar sendo os maiores beneficiados, quaisquer que fossem as configurações políticas. Os escravos continuariam escravos, a economia continuaria sendo agroexportadora.

Numa aliança entre a elite e dom Pedro, ficou definido que uma Constituição Brasileira deveria ser criada, já que a Constituição Portuguesa era maligna e queria que o Brasil voltasse a ser colônia. Em junho, dom Pedro convocou uma assembleia constituinte para criar a própria constituição que só seria outorgada dois anos depois. Membros da elite de Minas Gerais, Bahia e Pernambuco integrariam um novo ministério.

Dom Pedro estava pensando no futuro. Se o Brasil se tornasse independente, ele teria que ter condições de governar. Os brasileiros deveriam acreditar que ele, um membro da Coroa Portuguesa, iria defender o Brasil.

Eis que, em 28 de agosto de 1822, dom Pedro estava em viagem por São Paulo quando então chegou uma carta da Corte de Portugal.

José Bonifácio de Andrada e Silva, um de seus ministros, e que mais tarde ficaria conhecido como o Patriarca da Independência, recebeu as informações contidas na carta: dom Pedro deveria voltar imediatamente para Portugal, o Brasil ia voltar a ser colônia, sim, e todos os seus ministros seriam considerados traidores.

Quando se inteirou do conteúdo do documento, José Bonifácio ficou maluco e pensou: *na hora em que dom Pedro ficar sabendo, ele vai ficar virado no Jiraya, eu vou fazer essa carta chegar às mãos dele o mais rápido possível.*

No dia 7 de setembro de 1822, dom Pedro recebeu sua carta quando estava passando pelo Vale do Ipiranga em São Paulo e ali mesmo, com piriri e tudo, declarou: "Independência ou morte!". A partir dessa data, decidiu romper com Portugal e voltou para o Rio de Janeiro com duas faixas nas cores verde - cor da sua família - e amarela - da família de sua esposa, os Habsburgo. Até o final do ano, foi reconhecido como Imperador do Brasil.

PARA REFLETIR

O que mudou significativamente com a independência do Brasil? No geral, o *status quo* continuou o mesmo. Parte da elite ficou mais rica e influente. A política, que antes era monarquia, continuou sendo monarquia. A economia, agroexportadora e depois... agroexportadora. Sociedade antes escravista. E depois? Escravista. Religião católica antes e depois. Resumindo: o projeto conservador da elite venceu. Havia outros projetos? Sim, mas não se concretizaram de imediato. Existia o projeto de a monarquia ser extinta e o Brasil se tornar uma República, projetos de engajamento, de trazer o povo para participar da política. A independência colocou o Brasil como Estado Nacional perante o mundo, mas para o povão não mudou muito. No geral, a vida do brasileiro continuou como está hoje, com uma cidadania meio torta.

18

PRIMEIRO REINADO

O DE CIMA SOBE, O DE BAIXO DESCE

Quando dom Pedro I declarou a independência, teve que encarar dois grandes desafios: organizar e unificar o Estado. O país que acabava de nascer precisava de um rumo e, para isso, seria necessária a criação de uma Constituição. Outra questão era fazer com que a elite local o visse como um representante legítimo, já que ele era um herdeiro do Trono de Portugal, e o cenário que se apresentava pedia cada vez mais uma identidade com as causas nacionalistas.

Praticamente todos os países da América eram republicanos, ainda que alguns fossem ditaduras e o México tenha tido uma breve experiência monarquista. Por isso, para implantar uma monarquia no Brasil, dom Pedro precisaria fazer um acordo com a classe dominante. Esta foi a primeira análise que ele fez: *Quem são os poderosos?*. Naquele momento, os homens de influência eram os proprietários rurais, e foi com esses caras que a conversa se estreitou.

Para não haver uma rachadura no poder, dom Pedro continuaria atendendo aos interesses dessa gente. As coisas prosseguiriam como já estavam: nada de abolição da escravidão, nada de divisão de terras, o de cima sobe, o de baixo desce.

A maior parte da chamada classe baixa nem sabia direito o que estava acontecendo, tinha que trabalhar para se manter. Para muitos, pouco importava se o Brasil estava independente ou não. Mais ou menos como acontece hoje em dia. Ou a galera está por dentro do que acontece em Brasília? A maioria das decisões tomadas no Congresso realmente beneficiam os mais necessitados? As pessoas estão satisfeitas com seus trabalhos? Estão, ao menos, empregadas? Estão ganhando mais? Todas essas perguntas deveriam ser levantadas e ações organizadas deveriam ser levadas a cabo com mais frequência, mas a política parece algo distante da vida da maioria da população.

A independência havia sido declarada, só que isso ainda não garantia a tranquilidade de dom Pedro. Haveria resistência de uma parte da elite que estava contente em fazer acordo direto com Portugal; uma parte dessa elite, inclusive, não gostou nadinha de o Brasil ter ficado independente. E, obviamente, Portugal também não gostou dessa nova conjuntura.

Durante os dois anos pós-independência, o cenário era de muitos conflitos. Teve muita treta em várias regiões, no Rio Grande do Sul, na região que hoje é o Uruguai, no Norte e no Nordeste do Brasil. Não foram exatamente revoltas com maciça adesão popular, mas movimentos que aconteceram de maneira dispersa. Ainda assim, dom Pedro ficou cabreiro, porque ele sabia que havia um clima de tensão no ar.

Um dos enfrentamentos mais sangrentos aconteceu na Bahia. Por lá, os conflitos entre brasileiros e portugueses aumentaram. Com a proclamação da independência, houve uma movimentação para expulsar as tropas portuguesas da região. Para apoiar os brasileiros, dom Pedro despachou da Corte alguns navios com tropas militares. Depois de um saldo de centenas de mortes de ambos os lados, o Brasil saiu vitorioso.

Portugal, porém, só reconheceria a independência do Brasil em 29 de agosto de 1825, com a assinatura do Tratado de Amizade e Aliança, e cobrou da antiga colônia uma indenização por "tudo aquilo que ela lhe devia": os prédios construídos, os livros da Biblioteca Real (mais de 12% da dívida vinham dos livros) e várias outras "benesses" que a Corte havia feito por aqui. Total da dívida: 2 milhões de libras esterlinas.

Acontece que o Brasil não tinha esse dinheiro nos seus cofres públicos e negociou sua dívida para ser paga em "suaves" prestações durante vinte anos. E para pagar esse débito, pegou um empréstimo com a Inglaterra. Na prática, o que aconteceu foi que o Brasil trocou sua dependência política de Portugal pela dependência econômica da Inglaterra.

CONSTITUIÇÃO DA MANDIOCA

Em 1823, a criação de uma Constituição era um dos interesses mais relevantes na administração de dom Pedro. Ele precisava ter uma salvaguarda para legitimar seu governo. Para isso, começou a articular negociações com a elite local. Umas das estratégias usadas por ele foi a concessão de títulos de nobreza para os poderosos. Ao receber esses títulos, as pessoas se sentiam privilegiadas e, sabendo disso, dom Pedro foi conquistando um prestígio que lhe seria de grande valia.

Enquanto essa ação era feita nos bastidores, nos salões da Corte muitas festas aconteciam. Era preciso mostrar ao mundo que as coisas por aqui estavam correndo bem. O país estava endividado, mas isso ninguém precisava saber. *Vamos celebrar, beber, dançar, trazer artistas para o Brasil! Tragam o Debret! Esqueçam que ainda somos o maior país escravocrata do mundo! Vejam como esse país que acaba de nascer é moderno e cosmopolita!*

Enquanto a patuscada corria solta na *high society*, dom Pedro mexia seus pauzinhos para aprovar a Constituição. Só que isso parecia não ser uma missão tão simples. Em maio, ele convocou novamente alguns representantes das províncias para elaborar a primeira constituição da nação independente. Mas nem todos o apoiavam. Havia entre esses constituintes os chamados liberais federalistas ou radicais, que eram aqueles que queriam que o Brasil fosse uma República.

Esses caras queriam limitar o poder de dom Pedro. Eles seguiam um raciocínio que tinha lá sua lógica. *Dom Pedro é português, filho de um imperador português. Portugal é o país que nos colonizou durante séculos. Se dom Pedro morre quem é que vai nos governar? Vamos voltar a ser colônia?*

Mas a corrente dos radicais era minoria. A maior parte dos membros da assembleia era a favor do imperador que ainda contava com o auxílio luxuoso do Patriarca da Independência, José Bonifácio, que estava ali à espreita, e conseguiu convencer muita gente – os liberais, que eram contra o absolutismo, e os conservadores, que não se importavam com a concentração de poder na mão de uma única pessoa – a ficar do lado de dom Pedro.

Resumo da ópera. Havia três grupos entre os membros da assembleia constituinte: os que apoiavam dom Pedro, os que eram contra dom Pedro porque queriam a República e os que eram contra dom Pedro porque queriam a volta do pai dele, dom João VI. E, no meio da *zorra* toda, estavam os Bonifácio, que queriam que dom Pedro comandasse todo o esquema.

E o que parecia improvável aconteceu: dom Pedro pediu que os Bonifácio fossem expulsos da assembleia.

Como assim? Expulsar os Bonifácio, os *brothers* dele?

Sim. Como essa ala estava causando muito tumulto e não deixava a votação seguir adiante, dom Pedro não viu outro jeito senão tomar essa medida. Porém esses caras eram de família importante, tinham imprensa e começaram a publicar notícias para denunciar certo comportamento tirânico do monarca.

E dom Pedro só confirmou esse temperamento quando mandou colocar o exército ao redor da assembleia para conter uma hipotética situação de perturbação da ordem. Não era necessária uma atitude tão drástica contra esses homens, até porque eles nem eram tão radicais. Muito pelo contrário, eram conservadores. Estavam tentando emplacar uma constituição tradicionalista, que ficou conhecida como Constituição da Mandioca.

Para se ter uma ideia do conservadorismo dessa constituição, só poderiam participar ativamente da vida política da nação os poderosos proprietários de terra, visto que os eleitores do primeiro grau tinham que comprovar uma renda mínima de 150 alqueires de plantação de mandioca para eleger os eleitores de segundo grau que, por sua vez, iriam eleger os deputados e senadores, ou seja, tinha que ter terra pra brincar.

A assembleia foi dissolvida, e essa primeira constituição não passou. Uma nova constituição foi elaborada por um conselho a pedido de dom Pedro e foi outorgada por ele em março de 1824. Ou seja, ela foi imposta, veio de cima para baixo, foi a primeira que valeu para todo o Império, durou mais de 60 anos, e tinha como uma das características principais o fortalecimento da monarquia como instituição.

Diferentemente de todos os outros países da América que já haviam se tornado República, o Brasil continuava a ser uma monarquia, mas agora uma monarquia constitucional, algo como já acontecia na Inglaterra, que era uma nação que tinha seus poderes divididos entre Executivo, Legislativo e Judiciário. Aqui no Brasil, porém, dom Pedro criou um quarto poder chamado Poder Moderador, que dava a ele o domínio vitalício e sagrado de dissolver assembleias, vetar leis, escolher um de cada três senadores. Trocando em miúdos, era uma constituição autoritária que continuou dando poder político aos mais ricos (só homens ricos acima de 25 anos de idade e com ganho anual de 100 mil réis podiam votar), à Igreja católica (a única religião que poderia ser exercida publicamente) e ignorava completamente o nativo brasileiro (o indígena não era sequer citado no texto de lei).

CONFEDERAÇÃO DO EQUADOR

Em 1824, o Brasil ainda engatinhava como nação, era um país recém-independente, em formação. Dom Pedro e sua constituição autoritária dividiram o território em várias províncias, regiões, que hoje conhecemos como estados. Ele mesmo dava um jeito de escolher quem seriam os presidentes das províncias, os governantes.

Nesse clima de despotismo e insegurança econômica – o Brasil passava por uma crise acentuada por causa da indenização milionária cobrada por Portugal –, muitos movimentos contestadores começaram a pipocar aqui, ali, acolá.

Um desses movimentos tomou proporções maiores e causou certo estremecimento na vida da Coroa e do imperador. Estamos falando da Confederação do Equador, que ganhou esse nome porque aconteceu na região que ficava próxima à Linha do Equador. A revolta teve seu início na província de Pernambuco, entretanto alastrou-se rapidamente por outras províncias da região: Ceará, Rio Grande do Norte e Paraíba.

Naquele momento, havia, pelo menos, três grupos distintos:

RESTAURADORES
Grupo que queria que dom Pedro governasse com privilégio total (essa galera era mais próxima dos portugueses e tinha perdido seus cargos de importância com a independência), era o grupo mais conservador, mas que não estava com muita moral, já que a maioria das pessoas, naquele momento, clamava por mudanças.

LIBERAIS EXALTADOS
Grupo mais radical que queria a mudança de monarquia para República.

LIBERAIS MODERADOS
Grupo predominante, queria maior liberdade administrativa para governar suas regiões, mas por outro lado não queria perder seus privilégios de aristocracia latifundiária.

Dentre esses liberais da elite agrária, um deles acabou se destacando. Manoel de Carvalho era respeitado, tinha participado da Revolução Pernambucana e sido deportado para os Estados Unidos. Então, de volta ao Brasil, ele trouxe de lá várias ideias progressistas e começou a se reunir com membros da aristocracia, da imprensa, do clero, da classe média, trabalhadores livres e outros populares. De um modo geral, foi um movimento composto por pessoas de vilas e cidades, mais urbano.

Manoel de Carvalho foi eleito presidente da província de Pernambuco, após a renúncia do governador atual e contra as ordens de dom Pedro, que, depois de vários conflitos, mandou fechar o porto do Recife e enviou suas tropas para lá. Artilharia pesada. Tiro, confusão, tapa na cara e gritaria.

No dia 2 de julho de 1824, Manoel de Carvalho declarou a independência da Confederação do Equador, que a princípio só englobava a província de Pernambuco, mas o movimento foi crescendo e Piauí, Ceará, Rio Grande do Norte e Paraíba entraram na jogada também. Foi o maior movimento separatista do Brasil!

Porém a insurgência não durou muito. Por volta do dia 26 de julho, dom Pedro e suas tropas fecharam o cerco. O imperador baixou uma nova lei dizendo que todos aqueles rebeldes não teriam direito à defesa. Manoel de Carvalho, vendo que a coisa ia ficar feia, fugiu. Importantes lideranças, como frei Caneca e padre Mororó, foram condenados ao fuzilamento. Outros, como o jornalista Cipriano Barata, foram presos. O movimento perdeu a força no mesmo ano em que começou.

NOITE DAS GARRAFADAS

Em pouco mais de quatro anos, a imagem de dom Pedro I se desgastou consideravelmente. De herói da independência do Brasil, ele passou a ser visto como um regente autoritário. Para piorar a situação, em 1826, dom João VI, seu pai, morreu em Portugal, e isso gerou um clima de muita incerteza até mesmo entre os apoiadores do imperador.

Algumas perguntas começaram a ser lançadas. Será que dom Pedro vai assumir o Trono de Portugal? Ele vai abandonar o Brasil? Ele vai unir novamente Brasil e Portugal? O Brasil vai voltar a ser colônia de Portugal? Criou-se um impasse tão grande que até a Inglaterra interveio para saber se tudo continuaria como dantes no quartel de Abrantes, e ela, lógico, continuaria tirando ali o seu quinhão em cima do suor do povo brasileiro.

Dom Pedro garantiu que continuaria como regente do Brasil, porém sua imagem continuou se desgastando, em parte, por causa do posicionamento da imprensa. Dos 53 jornais circulando na época, apenas 11 deles apoiavam dom Pedro.[27] Além disso, a reprovação às intervenções da Inglaterra no Brasil crescia cada vez mais, a crise econômica se espalhava, o Banco do Brasil decretou falência. Dom Pedro não tinha apoio político, militar e ainda tinha a questão da Guerra da Cisplatina. Guerra o quê?

A Guerra da Cisplatina foi um conflito que se originou quando dom João VI ainda governava o Brasil. Numa revanche contra a Espanha, que ajudou Napoleão a invadir Portugal, ele atacou as terras da região ao sul do Brasil, que hoje são o Uruguai. Essas terras foram invadidas diversas vezes por tropas brasileiras, em 1811, 1815 e 1821. O intuito do Brasil era anexá-las a seu território.

Acontece que, em 1825, a Argentina, principalmente a região de Buenos Aires, entrou na parada e declarou: “Essa terra vai ser nossa”.

Foram três anos de conflito. Brasil puxava de um lado, Argentina puxava do outro. Ninguém levava. A Inglaterra, que sempre metia o bedelho nos negócios do Brasil, começou a perceber que essa guerra estava atrapalhando suas relações comerciais.

E de outro lado, ninguém tinha perguntado a opinião das pessoas mais interessadas nessa guerra: os uruguaios. Saldo final: em 1828, terminou a guerra. Uruguai se tornou um país autônomo. O déficit econômico causado pela guerra foi grande. Dom Pedro saiu desmoralizado militarmente. Nem o próprio Exército o respeitava mais.

O descontentamento com dom Pedro I chegou ao auge quando, em 1830, em São Paulo, o jornalista liberal Libero Badaró, um de seus principais críticos, foi assassinado. Muito se chegou a cogitar sobre a participação do imperador nesse crime.

Em março do ano seguinte, depois de uma viagem a Minas Gerais, dom Pedro retornou ao Rio de Janeiro. Havia, de um lado, uma grande festa para recepcioná-lo e, do outro, revoltosos que começaram a tacar pedras e garrafas. Começou então um pega pra capar entre apoiadores e opositores do governo. Garrafa, pedrada, voadora, só os malucos na área. A treta ficou feia e só terminou cinco dias depois.

No dia 6 de abril de 1831, centenas de pessoas se reuniram para protestar contra o governo de dom Pedro. O general Francisco de Lima e Silva chegou com uma declaração de que as Forças Armadas também estavam contra ele. Em 7 de abril de 1831, dom Pedro I renunciou. Ele morreria três anos depois, de tuberculose.

Deixou o filho para assumir o Trono. Na época, Pedrinho tinha 5 anos e teria que esperar a maioridade para governar. A renúncia de dom Pedro I aprofundou mais ainda a independência do Brasil com relação a Portugal. A grande vencedora desse episódio, mais uma vez, foi a elite agrária, liberal, moderada e aristocrática.

19
PERÍODO
REGENCIAL

COXINHA E MORTADELA

O período que sucedeu à renúncia de dom Pedro I foi marcado por muita turbulência e conflito de interesses, principalmente entre as classes mais altas, que eram quem, de fato, disputava o poder. Os grandes latifundiários e donos de escravos queriam participar da política, criar as regras, dar as cartas, mas entre eles próprios havia uma série de discordâncias.

E que discordâncias eram essas? Havia uma queixa dos latifundiários de várias regiões do Brasil de que eles não tinham tanto prestígio quanto a classe alta da capital. Esse grupo se ressentia pelo fato de as autoridades com poder decisório estarem concentradas no Rio de Janeiro. As elites locais clamavam por mais autonomia, queriam mais espaço, tomar conta das leis, dos impostos.

Outro assunto discutido naquele momento era a unidade territorial. Debatia-se muito sobre como deveria ficar a divisão geográfica do país. Houve até alguns movimentos separatistas que acabaram não indo para a frente.

Por fim, a questão militar começou a ganhar relevância nas rodas de conversas da elite, visto que o país estava sem um governante e o Exército não tinha a quem prestar reverências. Preocupada com o crescimento das Forças Armadas, a aristocracia começou a pensar em alternativas para dividir o poder das tropas e mostrar que quem mandava no Brasil eram os latifundiários.

Havia três correntes políticas que se destacavam na época: os restauradores, que queriam a volta de dom Pedro I; os liberais moderados, que apoiavam a monarquia mas clamavam por mais poder de decisão; e os liberais exaltados, que clamavam pela República.

Em 1834, um acontecimento trágico mudou os rumos da política. Dom Pedro I morreu em Portugal e os restauradores ficaram órfãos de ideologia. Como continuariam insistindo em trazer dom Pedro de volta já que ele não mais pertencia ao mundo dos vivos? Mesa branca? Brincadeira do copo? Os restauradores ficaram sem time para torcer e então fincaram pé num outro grupo que ganhava força: os conservadores. E o cenário agora se dividia entre conservadores de um lado e progressistas de outro.

> **PROGRESSISTAS E REGRESSISTAS. LIBERAIS E CONSERVADORES. COXINHAS E MORTADELAS. E HÁ QUEM DIGA QUE O BRASIL ESTÁ DIVIDIDO HOJE EM DIA. HOJE EM DIA?**

REGÊNCIAS TRINAS E UNAS

No ano de 1831, dom Pedro pulou fora, ops, renunciou. Quem ficaria com a batata quente na mão? Quem iria governar o Brasil? Uma nação que começava a engatinhar, mas ainda assim uma nação; não poderia ficar ao deus-dará. Era preciso que alguém tomasse as rédeas da situação. Uma solução de emergência foi pensada: a Regência Trina Provisória.

Durante menos de três meses, três substitutos assumiram o poder. Como havia muita divergência de opiniões, foram escolhidos três representantes, um para cada ideologia política: Francisco Lima e Silva, um militar a favor da centralização; Carneiro de Campos, um liberal moderado; e Campos Vergueiro, um liberal. Essa regência durou de 7 de abril a 17 de junho de 1831.

Logo em seguida, veio a Regência Trina Permanente. Saíram Carneiro de Campos e Campos Vergueiro, ficou Francisco de Lima e Silva. No lugar de Carneiro de Campos entrou José de Carvalho e no lugar de Campos Vergueiro entrou João Bráulio Muniz.

A primeira medida da nova trina veio em agosto de 1831. Sentindo-se ameaçados pelo Exército, decidiram criar a Guarda Nacional. Todos os homens que ganhassem mais de 100 mil réis por ano, tivessem idade superior a 21 anos ou inferior a 60 anos seriam obrigados a se alistar na Guarda Nacional.[28]

Essa nova medida foi feita como uma estratégia para desfalcar o Exército. Recrutaram então civis que pertenciam às famílias abastadas. Desse modo, os soldados teriam identificação com as causas de suas lutas, já que estariam lutando por si próprios. De maneira indireta, a elite estava se armando e se protegendo. A Guarda Nacional seria uma excelente alternativa para reprimir quem fosse contra seus interesses.

Outra medida tomada pela Regência Permanente foi não cumprir uma promessa feita à Inglaterra. Como assim? Que medida maluca é essa? Simples: os ingleses já tinham ideias progressistas com relação à escravidão. Para eles, esse era um sistema ultrapassado, muito também porque tinham interesses comerciais envolvidos aí. Escravo não tinha salário, então consequentemente não tinha dinheiro, e, se não tinha dinheiro, não comprava os produtos comercializados pelos ingleses.

Tudo deveria funcionar dentro da mais perfeita ordem econômica vigente, e o Brasil que tinha naquele momento o *rabo preso* com a Inglaterra prometeu: a partir de hoje, todo africano escravizado que pisar em solo brasileiro será imediatamente libertado. Na teoria tudo era muito bonito, mas na prática isso não aconteceu. Já parou para pensar de onde surgiu a expressão "pra inglês ver"?

Outra providência importante tomada pela Regência Trina Permanente estava relacionada à descentralização do poder. Lembra que essa era uma questão importante para os caras? Então o que foi que eles fizeram? Criaram um negócio chamado Código de Processo Criminal. E no que consistia esse código?

Era um conjunto de medidas que distribuía as responsabilidades administrativas para as províncias. A partir desse código, as províncias começaram a ter o poder de indicar o juiz de paz, o ouvidor e outros cargos relacionados aos processos criminais.

Em 1834, essa Regência Permanente avançou mais um passo no seu intuito de fortalecer as autoridades locais. Foi feita uma reforma da Constituição de 1824, aquela mesma, autoritária, outorgada por dom Pedro I. Os regentes criaram o Ato adicional, distribuíram o poder que antes estava apenas delegado ao Conselho de Estado, um órgão que ficava na cidade do Rio de Janeiro, e criaram as Assembleias Legislativas Provinciais.

A partir daí, todas as províncias teriam suas assembleias legislativas, e essas assembleias poderiam escolher os próprios funcionários públicos. Essa medida foi muito importante para criar um estímulo entre as elites locais. A renda administrativa das cidades que antes tinha que passar pelo Rio de Janeiro, que decidiria o valor de investimento para cada lugar, agora iria direto para os cofres municipais. Cada província cuidaria, pelo menos em partes, do próprio dinheiro.

A Regência Trina Permanente durou até 1835. Nesse ano foi feita uma nova eleição para escolher um representante para a Regência Una. Seis mil pessoas votaram. Não era um número expressivo, considerando-se o total da população da época: 2 milhões de pessoas. Mas a democracia era para poucos endinheirados.

Escolheram o sacerdote católico Diogo Feijó, um político liberal moderado que fazia oposição aos regressistas. Porém era uma época com muitos conflitos e sua regência durou apenas dois anos. Ele renunciou em 1837. No seu lugar, entrou o advogado Araújo Lima, de postura conservadora, que revogou uma medida importante feita pelos liberais: os funcionários públicos voltaram a ser escolhidos pelo poder central.

Conservadores e liberais, todos eles tinham uma mesma opinião sobre a experiência da regência: não era nada mole administrar o Brasil num momento de conflitos constantes. A verdade é que ninguém via a hora de Pedro II chegar logo ao poder. Mas, pelo visto, isso ainda iria demorar a acontecer, já que para isso ele precisaria atingir a maioridade, e em 1840 ele tinha apenas 14 anos. Pelo visto, só pelo visto...

CRISE DE LEGITIMIDADE

Dom Pedro I tinha ido para Portugal. Dom Pedro II tinha que fazer 18 anos para governar. Durante esse período entre as regências de pai e filho, algumas pessoas governaram o país através das Regências Trinas Provisória e Permanente e da Regência Una. Mas não era fácil assumir o posto de comandante máximo da nação naquele momento.

Havia uma crise de legitimidade. Muitas pessoas se sentiram abandonadas, sem governança. Não encaravam os substitutos com simpatia. Para muita gente, era preciso uma coroa na cabeça para ser respeitado. Essa ideia era compartilhada por líderes de várias regiões do Brasil, que começaram a se insubordinar. Era como se algumas perguntas ecoassem no ar. "Quem são esses caras que estão no poder?" "Quem deu esse poder a eles?" "Onde está o rei para nos governar?"

Tamanha era a descrença numa governança que várias disputas começaram a eclodir. Os líderes locais contestavam o poder central que ficava no Rio de Janeiro. Era uma disputa de gente graúda por poder e influência, não tinha um forte cunho social. Questões como distribuição de terras ou abolição da escravatura não entravam na agenda de debate desse pessoal.

REVOLTA DOS MALÊS

As revoltas pipocavam por todos os lados. Uma das revoltas de que temos notícia nos dias de hoje é a Revolta dos Malês. Aconteceu em 1835, na Bahia, num ambiente de muita tensão social, muitas pessoas escravizadas. Esse conflito tinha uma particularidade: clamava pela abolição da escravatura e pela liberdade religiosa, já que grande parte de seus membros era adepta da religião mulçumana. A palavra "malê", inclusive, que vem do dialeto ioruba, era o termo usado para designar negros mulçumanos que sabiam ler e escrever em língua árabe.

A maioria das pessoas que participaram da Revolta dos Malês vivia em vilas e cidades; essa manifestação tinha um traço essencialmente urbano. Esses indivíduos viviam num ambiente extremamente opressor. E o que essas pessoas podiam fazer para mudar suas vidas? Passavam fome, muitos não tinham onde morar. O caminho parecia um só: revolta armada.

Em janeiro de 1835, os revoltosos já tinham traçado um plano: iriam tomar o quartel da cidade. Porém as autoridades descobriram o movimento antes de a rebelião estourar e organizaram a repressão.

Mas não pense que os malês recuaram não, porque decidiram ir pra cima de quem se colocasse no caminho deles, a ideia era libertar os escravizados de Salvador e até do Recôncavo Baiano.

Porém o castigo veio a galope e com tudo. Não teve conversa. As tropas mataram mais de 70 negros escravizados, prenderam mais de 400,[29] seja pra açoitar, enclausurar ou deportar. Essa história de negociação, julgamento, é para a galera da elite. Classe baixa é repressão. Manda matar, manda prender. A lei é para todos. *Arrã... Senta lá.*

PARA REFLETIR

O contexto da Revolta dos Malês, assim como o de várias outras revoltas do período regencial, era de extrema desigualdade social. A indignação que atinge as camadas mais baixas da população nem sempre vem da falta do que comer. É claro que não ter o seu arroz com feijão de todo dia é uma situação, por si só, muito indigna. Mas o que causa a revolta é você não ter nem o arroz com feijão e ver o cara do seu lado comendo do bom e do melhor, jogando comida fora; você não ter onde dormir e saber que existem pessoas que dormem num colchão macio, com travesseiros de penas de ganso e lençóis de seda egípcia. É a disparidade de situações, sensação de injustiça que muitas vezes está atrelada às revoltas. Ninguém quer se meter em briga. Todo sujeito que parte para uma revolta sabe do risco que corre, que pode até acabar morto. Mas acontece que nem sempre se enxerga outra opção, visto que a miséria que o cerca, muitas vezes, já é a própria morte em vida.

REVOLTA DA SABINADA

Outro conflito ficou famoso na Bahia em 1837, a Revolta da Sabinada, que ganhou esse nome por causa de um dos líderes da revolta, o médico e jornalista Sabino Barroso. Outras pessoas se destacaram nesse contexto, como Luísa Mahin que já tinha participado da revolta anterior. Aliás, assim como a Revolta dos Malês, essa também teve um caráter mais urbano e de desigualdade social.

Mas, diferentemente da Revolta dos Malês, os maiores líderes da Sabinada eram de classe média, o que não quer dizer que ela não teve adesão popular. O maior objetivo desse conflito era instaurar a República como regime oficial do Brasil, queriam que o povo tivesse uma maior participação nas decisões políticas.

Por mais curioso que possa parecer, eles não queriam uma República permanente, mas sim uma República que durasse enquanto dom Pedro II não estivesse apto para assumir o Trono. Eles também tinham uma reivindicação com relação à abolição da escravatura. Queriam que todos os escravos nascidos no Brasil fossem libertados.

A Sabinada chegou perto de se efetivar. Por volta de 1837 e 1838, ganhou muito apoio. A repressão veio em março de 1838, mas morreu muita gente dos dois lados. Mais de 1200 revoltosos e quase 600 soldados. Aproximadamente 3000 pessoas foram presas.[30]

REVOLTA DA BALAIADA

A Revolta da Balaiada aconteceu em 1838 no contexto rural, lá do sul, lá do sul do Maranhão, e ganhou esse nome devido a seu líder Francisco dos Anjos, que era vendedor de cestas de vimes, os famosos balaios. Francisco nem queria muito começar uma revolta, ele só queria se vingar de um capitão da polícia, um cabra desgraçado que violentou suas duas filhas.

Mas, como a situação estava indo naturalmente mal, as pessoas se aproveitaram da revolta pessoal de Francisco para fazer o movimento crescer e lutar por melhores condições de vida. Um dos membros que mais ganhou destaque foi Negro Cosme, célebre líder quilombola que comandava um exército com mais de 3 mil negros livres.

Os objetivos dessa revolta eram meio dispersos. Há quem diga que tinha até quem exaltasse a Coroa e a Igreja católica. Porém a teoria mais aceita é a de que eles lutavam contra o monopólio político de um grupo de fazendeiros da região que oprimia a população pobre.

Como as outras rebeliões, a Balaiada também terminou com repressão total. Negro Cosme e outros 12 mil foram mortos.[31]

REVOLTA DA CABANAGEM

A Revolta da Cabanagem ocorreu no Pará em 1835. Foi a maior revolta popular de que se tem notícia na história do Brasil. Todo mundo se envolveu, classe média e classe baixa. Seu nome vem do estilo de vida da maioria dos seus membros: indígenas ou mestiços pobres das populações rurais ribeirinhas que viviam em cabanas. Só cuidado pra não confundir com Cabanada, que foi outro conflito lá em Pernambuco em 1832.

O Pará era uma região muito distante do Rio de Janeiro e a mais próxima de Portugal aqui no Brasil. Pra gente ter uma ideia, hoje em dia, são 3,5 horas de voo do Rio de Janeiro para Belém e 7 horas, aproximadamente, para cruzar o Atlântico e chegar de Belém em Lisboa! Havia muitos portugueses morando no Pará – por sinal, eram os mais ricos. Praticamente todo o restante da população vivia numa situação de pobreza, e isso gerava uma revolta. Os portugueses não eram bem vistos, havia um sentimento antilusitano no ar.

Esse clima de tensão já reinava na região muito antes de estourar a Revolta da Cabanagem. Teve até um episódio macabro na história do Brasil conhecido como Tragédia do Brigue Palhaço, que aconteceu no ano de 1823, quando revoltosos saquearam casas comerciais portuguesas. Disposto a manter a ordem, o comandante do Exército

Grenfell executou 5 homens. Não satisfeito com isso, aprisionou 256 homens no porão do brigue Palhaço, que era uma espécie de naviozão.

Devido às insuportáveis condições, os homens confinados berravam, clamando por água e ar. Entretendo-se com os gritos dos agonizantes no porão, os homens do Exército arremessaram uma nuvem de cal viva sobre os enclausurados. Dois dias depois, apenas um sobreviveu. Os outros 255 morreram asfixiados.

Todo um clima de preocupação já rolava pelas bandas do Pará. Então, no dia 7 de janeiro de 1835, os cabanos tomaram o quartel e o palácio do governo de Belém. O presidente da província foi assassinado e instaurou-se um novo presidente, o militar Clemente Malcher, que, no entanto, foi rapidamente destituído pelos próprios cabanos, que o consideraram muito mais identificado com os ideais da elite local.

Os cabanos estavam em alta, contavam com um contingente de quase 20 mil homens contra 5 mil homens da artilharia do Exército. Porém as tropas tinham armas e técnicas que os cabanos não tinham.

Os revoltosos preferiram se posicionar nas regiões do interior, no meio do mato. Indignados, reorganizaram suas forças e atacaram Belém novamente em agosto, retomando a capital e assumindo o governo durante quase um ano. Tem até relato de escravizado botando o antigo dono pra levar chibatada no tronco. Mas depois de muita resistência, quando se viram cercados por tropas oficiais, aí não teve outra alternativa a não ser fugir. Durante essa administração alternativa, a elite se viu atemorizada e muitos aristocratas foram embora de Belém.

A Revolta da Cabanagem foi contida e os cabanos, acuados, bateram em retirada para não morrer. O movimento lutou por melhores condições de vida, menos opressão, menos impostos e mais chance de participar da vida política. Os cabanos que foram para o interior da floresta lutaram até 1840, quando foram completamente dizimados. Nações indígenas, como os mura e os maué, praticamente desapareceram. Calcula-se que uma população estimada em 30 mil habitantes morreu.[32]

REVOLTA FARROUPILHA

A Revolta Farroupilha começou em 1835 na região do Rio Grande do Sul e de Santa Catarina e foi a última revolta do período regencial, tendo levado mais de 10 anos para chegar ao fim por negociação.

Foi uma revolta essencialmente rural, que tinha entre seus membros a elite estancieira criadora de gado da região Sul do Brasil. Esses fazendeiros tinham como fonte de renda, sobretudo, a criação de gado, mulas – que eram vendidas no Rio de Janeiro – e bois – que criavam para corte. Estavam descontentes com a emancipação do Uruguai e os altos impostos cobrados por esse país sempre que precisavam transportar seu gado por essas terras.

Esses latifundiários mantinham uma boa comunicação com a Coroa e, por isso, viviam pedindo ajuda econômica. Não tinham a intenção de declarar uma guerra, queriam antes resolver a parada por meio da diplomacia. Porém muita água ainda ia rolar e até uma ameaça separatista ia acontecer. Essa conversa que nós ouvimos, hoje em dia, de separar o sul do resto do país vem de longe.

A revolução de fato aconteceu quando o militar Bento Gonçalves decidiu numa reunião, em 18 de setembro de 1835, que tomaria Porto Alegre militarmente e destituiria o presidente provincial dali a dois dias. Seu plano deu certo e ele passou a ser o líder da Revolução Farroupilha.

Depois da conquista de Porto Alegre, a Revolução Farroupilha começou a ganhar cada vez mais adeptos e a se expandir. Em 10 de setembro de 1836, aconteceu a Batalha do Seival, um conflito militar que precedeu a proclamação da República Rio-Grandense. Os farroupilhas tinham a intenção de constituir o próprio Estado, apartado do restante do território brasileiro, com autonomia para ditar as próprias regras, criar seus impostos, exércitos e imprensa. Até hoje a influência dessa revolução se faz presente no hino e na bandeira do estado do Rio Grande do Sul. Teve cada figurão nessa guerra; Bento Gonçalves era preso e fugia cavando túnel e até nadando; Giuseppe Garibaldi e

Anita também só na ousadia, teve até barco sendo puxado por quilômetros em cima da terra mesmo.

Em 1839, já não dava mais para calar a voz dos revoltosos, tamanhos eram o poder e a influência que eles conquistaram. Em 1840, a revolução atingiu seu auge.

Em 1842, Bento Gonçalves sofreu uma importante derrota. Sua tropa perdeu um combate e alguns de seus homens morreram. O custo das batalhas começava a pesar. De um lado, o império organizava a repressão, tinha infraestrutura, canhão, armamento pesado. De outro, os farrapos não aguentavam mais arcar com as despesas de uma guerra, que eram muito caras. Apesar disso, resistiram por mais três anos.

Por fim, foram vencidos pela Coroa, mas receberam anistia do Estado: ninguém foi preso nem teve que dividir suas terras. Em 1º de março de 1845, foi assinado um tratado de paz, e aqueles que lutaram pela Revolução Farroupilha passaram a ser integrados pelo Exército.

{ MORAL DA HISTÓRIA: AS REVOLUÇÕES TAMBÉM MOSTRAM COMO FUNCIONAM AS RELAÇÕES DE PODER. POR QUE SERÁ QUE A REPRESSÃO É MAIOR EM ALGUMAS REVOLTAS QUE EM OUTRAS? }

VOCÊ SABIA?

Existe um boato histórico de que o primeiro cara famoso a receber o apelido de farrapo foi o médico e político brasileiro Cipriano Barata, quando em visita a Portugal. A galera achou que ele se vestia assim, de um jeito meio *hipster*, meio largadão, meio farrapo. Mas o conceito depois evoluiu pra qualquer pessoa que estivesse lutando contra o governo central durante a guerra.

20

DOM PEDRO II CHEGA AO PODER

É PAU, É PEDRA OU CONSERVADORES *VERSUS* LIBERAIS

Em 1840, havia dois grandes partidos, os conservadores e os liberais. Os membros de ambos os partidos pertenciam à elite latifundiária do Brasil. Os conservadores queriam manter o *status quo*, ou seja, queriam que as regras do jogo continuassem como estavam, que o Poder Central tivesse cada vez mais influência na manutenção da ordem social. O método era simples: autoridade nas mãos do imperador.

Já os liberais queriam que esse poder fosse dividido entre as diferentes elites e que houvesse uma distribuição de cargos de prestígio entre os diferentes estados do território nacional. Apesar de terem algumas ideias divergentes, tanto liberais quanto conservadores pertenciam ao mesmo estrato social. Portanto, quando o assunto era o privilégio de classes, todos concordavam em manter suas regalias. Então não existia uma definição clara e perfeita das ideias de cada grupo político.

Se liga no que rolou em 1840: parte da elite liberal, principalmente de São Paulo e Minas Gerais, começou a mostrar um descontentamento com relação ao regente da época, Araújo Lima, e agitou o povo, o qual pressionou o Senado a declarar o jovem dom Pedro II, na época com apenas 14 anos, maior de idade. Esse movimento político ficou conhecido como Clube da Maioridade ou Golpe da Maioridade.

A princípio, os conservadores foram contra essa manobra, mas logo em seguida todos entraram num consenso de que era necessária uma figura de legitimidade para estancar as rebeliões que estavam estourando por todo o Brasil. E foi assim que, aos 14 anos, no dia 23 de julho de 1840, dom Pedro assumiu o Trono brasileiro.

Para auxiliá-lo, foi instituído o Ministério da Maioridade, de inclinação liberal, que ficou conhecido como Ministério dos Irmãos, pois era composto pelos irmãos Antônio Carlos e Martim Francisco de Andrada e os Irmãos Cavalcanti, futuros viscondes de Albuquerque e de Suassuna.

Porém, enquanto o Ministério era liberal, a Câmara contava com a maioria conservadora, o que criava um entrave para as decisões ministeriais. Dom Pedro II decidiu então dissolver a Câmara e convocar novas eleições. O pleito, que ficou conhecido como Eleições do Cacete, foi marcado por espancamentos, matanças, assaltos das urnas e fraudes diretas.

Os liberais voltaram ao poder, no entanto essa vitória não durou muito tempo, já que a violência excessiva com que o processo eleitoral foi conduzido, além das irregularidades e fraudes, fez com que a Câmara recém-eleita pelo imperador fosse destituída.

Em 1841, os conservadores assumiram a Câmara e tomaram duas importantes decisões. A primeira delas foi centralizar novamente o poder. O Ministro da Justiça poderia escolher os chefes de polícia e os delegados para atuar em cada província e resolver os conflitos locais. Este foi um dos sintomas regressistas da administração conservadora: o que havia sido descentralizado na época regencial voltou a ser centralizado.

A segunda medida dos conservadores foi diminuir o poder da Guarda Nacional e aumentar a influência do Exército, isso porque a Guarda Nacional estava num processo de fortalecer a autonomia das elites locais. A partir desse momento, o Exército passou a acompanhar mais de perto os assuntos militares nacionais, principalmente as guardas das fronteiras.

CONCESSÃO DE TÍTULOS

Todos esses episódios de conflito entre conservadores e liberais serviram para mostrar que a vida do jovem e recém-empossado imperador não estava nada mole. Dom Pedro II estava no meio do chumbo trocado entre duas partes da elite e ambas tinham muito poder e influência. Ele teve que ser conciliador, traçar estratégias.

Para isso, ele se utilizava do poder simbólico da realeza: era um imperador que portava uma coroa, um predestinado que guardava os mesmos costumes da nobreza da Europa. E, dentre esses costumes, havia a tradição de conceder títulos de nobreza. Tradição da qual dom Pedro II lançou mão em vários momentos para aumentar sua influência sobre a elite local.

Era preciso causar comoção, fascinação, deslumbramento. As pessoas deveriam acreditar que havia um distanciamento natural entre um nobre e um plebeu, um imperador pairava acima dos meros mortais. E, para estimular esse imaginário, foi organizada uma megafesta que durou nove dias: a festa da Coroação, que foi realizada em julho de 1841.[33]

Toda pompa e circunstância foi empregada para mostrar por que um rapazote de apenas 14 anos era merecedor de ser soberano no Brasil. *Dom Pedro II é magnânimo, ele concede títulos de nobreza.* E conforme precisava fazer alianças, mais títulos foi concedendo – foram

DOM PEDRO II

aproximadamente 1.000 durante seu reinado, uma estimativa de 20 por ano.[34] Aumentava-se o número de títulos de nobreza conforme as crises iam se agravando. Isso fez com que os mais ricos ficassem felizes, trocassem bajulações.

REVOLUÇÃO PRAIEIRA

Em 1848, o clima em Pernambuco não estava nada fácil. Dom Pedro continuava no poder, mas muitas dúvidas surgiam entre várias camadas da população. Era difícil saber para onde o Brasil caminhava. Em outros países, já existiam outros modelos de governança, muitas ideias liberais e progressistas – inclusive socialistas – chegavam por aqui através da imprensa.

No Recife, muitos jornalistas do *Diário Novo* se reuniam na rua da Praia para debater ideias contra o imperador, num movimento que ficou conhecido como Revolução Praieira. O último grande movimento que desafiou o governo de dom Pedro II não era formado somente por intelectuais. Teve uma participação popular. Não foi feito só por gente rica ou pobre, ou pela classe média. Foi uma revolução mista, em que várias camadas da sociedade se reuniram.

Várias eram as reivindicações desse movimento, que variavam de acordo com a classe social que o integrava. De modo geral, exigia-se a descentralização do poder ou o federalismo. Os mais pobres tinham uma preocupação maior em ter uma participação mais ativa no comércio, que era dominado pelos portugueses. Os aristocratas tinham queixas com relação à grande concentração fundiária nas mãos de poucos proprietários da família Cavalcanti. No meio disso tudo, vários jornais começaram a publicar notícias que criticavam o luxuoso estilo de vida da família real. Motivos para revolta não faltavam.

O estopim veio quando dom Pedro II mandou destituir o presidente da província de Pernambuco que era representante dos liberais e colocou em seu lugar um político conservador.

Em novembro de 1848, a revolução eclodiu. Os liberais foram para o jornal e começaram a fazer campanha contra o novo presidente da província. Fazendeiros, jornalistas, classe média, classe baixa. Uma galera se juntou e invadiu Olinda com a ajuda militar de barões e deputados da época e expulsou o novo presidente da província.

As forças do Exército de dom Pedro não iriam deixar barato, mas, antes que suas tropas por lá chegassem, os revoltosos lançaram um documento no começo de 1849 que ficou conhecido como "Manifesto ao Mundo", em que deixavam claros seus objetivos: sufrágio universal, fim do Poder Moderador do rei, liberdade de imprensa, direito ao trabalho, maiores chances de participação no comércio, menos privilégio para os portugueses, reforma no judiciário, federalismo.

Depois de sangrentas batalhas em Recife e no interior do estado pernambucano, dom Pedro II conseguiu vencer a revolta militarmente em 1850.

21 POLÍTICA DE DOM PEDRO II

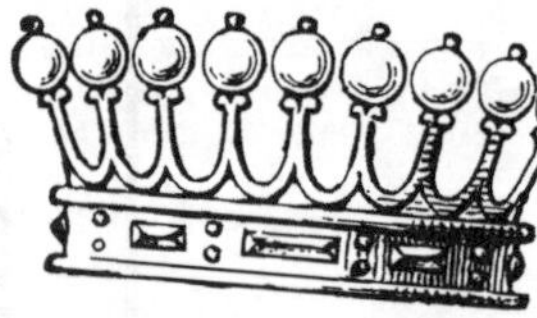

QUE REI SOU EU?

A primeira década de reinado de dom Pedro II foi turbulenta. O imperador do Brasil tinha um estilo centralizador de governar, ora dando mais poder aos liberais, ora, aos conservadores. Por conta desse seu método um tanto quanto particular de administrar, em 1842 ele teve que enfrentar as Revoltas Liberais que o acusavam de nomear mais conservadores para os cargos de poder. Além disso, outras revoluções – algumas bastante sangrentas e com número elevado de mortes – estavam alastrando-se pelo país, como a Revolta dos Farrapos.

Era um período de instabilidades e incertezas. Muitas ideias contestadoras pipocavam aqui e ali. Muitos questionavam a monarquia, o escravismo, a configuração territorial do Brasil – em algumas regiões, falava-se em separatismo. A partir de 1850, as rebeliões espalhadas de norte a sul foram reprimidas, e a situação de dom Pedro II parecia ficar um pouco mais tranquila.

Essa tranquilidade trouxe algumas feridas, é preciso dizer. Foi uma governança que carregou seus hematomas. Dom Pedro II estava o tempo todo ligado, dormindo de olho aberto. A seu favor ele tinha duas cartas na manga, que sempre utilizava em momentos de tensão. Uma delas era a concessão de títulos de nobreza. Quando alguma aliança com senhores da elite ficava estremecida, ele oferecia um título de conde, de barão... que satisfazia o ego e aquietava os ânimos. Outro trunfo era seu Poder Moderador, que era aquele poder autoritário e vitalício instituído por dom Pedro I e que se sobrepunha aos poderes Legislativo, Judiciário e Executivo. Ou seja, quando a coisa apertava, dom Pedro II sacava o Poder Moderador e mandava logo: *Quer saber de uma coisa? Quem manda nessa bagaça aqui sou eu!*

Mas, antes que a coisa ficasse realmente feia, no ano de 1847, dom Pedro II pensou numa maneira de agradar liberais e conservadores, e pegou por base a nação mais admirada no mundo naquele momento: a Inglaterra. E qual era o modelo político da Inglaterra? O parlamentarismo, que é um sistema no qual um primeiro-ministro tem muito poder.

Porém, entretanto, todavia, contudo, dom Pedro pensou: *Quem é que vai escolher esse primeiro-ministro? Se for o pessoal dos partidos políticos, uma hora esse cara pode se virar contra mim para atender aos desejos do próprio partido. Já sei o que eu vou fazer! Eu vou escolher o primeiro-ministro!* Atitude que acabou criando o que ficou conhecido como parlamentarismo às avessas.

Isso porque, na Inglaterra, nação-berço do parlamentarismo, o primeiro-ministro era indicado pelo partido político que possuía maioria no parlamento, e esse primeiro-ministro, que era chefe do governo, exercia de fato o Poder Executivo. Ou seja, era um poder designado de baixo para cima. No Brasil, ocorreu o contrário, o maior poder, que era o do imperador, designava quem seria o primeiro-ministro, e dom Pedro II ainda tinha o poder de dissolver a Câmara ou substituir o presidente do Conselho de Ministros.

O que parecia improvável, entretanto, mostrou-se uma tática eficaz. Com esse modelo de governança, dom Pedro II conseguiu agradar a gregos e troianos, ou liberais e conservadores, visto que ele aprazia ao lado que estivesse mais descontente naquele momento. Se a maioria da câmara era liberal, os conservadores ficavam chateados. Então dom Pedro II ia lá, dissolvia a câmara e botava a maioria conservadora. Desse modo, foi levando a galera na conversa, em banho-maria. Os parlamentares não ficavam bravos? Ficavam, mas não a ponto de estourar uma revolução, porque sabiam que uma hora a vez deles também chegaria.

Além desse poder de dissolução das câmaras, dom Pedro estava sempre ligadão em quem seriam os próximos parlamentares. Como assim? Como ele ficava sabendo dessas coisas? Simples, o voto era aberto. *Parsa, imagina a situação!* Então, apesar de ter existido um sistema político parecido com o parlamento durante o segundo reinado e de as pessoas da elite serem representadas, a palavra final era sempre dele, o rei, o imperador, o soberano, o todo-poderoso dom Pedro II.

MEDIDAS POLÍTICAS

Durante o segundo reinado, aconteceram quatro acontecimentos que interferiram de modo direto na política de dom Pedro II. São eles:

TARIFA ALVES BRANCO Em 1844, muitos dos tratados entre Brasil e Inglaterra iriam expirar suas validades. Em vez de renová-los, dom Pedro II decidiu que não mais estenderia a vantagem que os ingleses tinham com relação aos outros países. Os políticos brasileiros já andavam se queixando dos privilégios que a Inglaterra tinha. A partir de agora seria cobrada a mesma taxa para todas as nações que quisessem manter relações comerciais com o Brasil. A Inglaterra aceitou a condição, porém não queria ficar no prejuízo e tratou logo de botar em prática as Medidas Bill Aberdeen.

MEDIDAS BILL ABERDEEN Desde 1807, a Inglaterra era um dos países que encabeçavam a luta pelo fim da escravidão. Somado ao interesse humanitário havia um interesse econômico: quando pessoas escravizadas viravam trabalhadores livres, elas recebiam salários e passavam a fazer parte de um mercado consumidor. Além disso, com o fim da escravidão, os países que faziam esse tipo de comércio perderiam dinheiro, tornando-se mais fracos economicamente. Em 1845, a Inglaterra aprovou a lei Bill Aberdeen, que concedia ao almirantado inglês o direito de aprisionar navios negreiros que transportavam africanos capturados. De acordo com esse ato parlamentar, os navios negreiros brasileiros seriam considerados navios piratas e a Inglaterra poderia prender seus comandantes para serem julgados em solo britânico. A elite brasileira começou a enxergar que o cerco contra a escravidão se fechava cada vez mais e que seria preciso tomar alguma atitude, o que nos leva ao próximo acontecimento.

LEI EUSÉBIO DE QUEIROZ Em 1850, o ministro da Justiça Eusébio de Queiroz criou uma lei cujo nome era muito original: Lei Eusébio de Queiroz. Essa lei proibiu o tráfico de pessoas para serem escravizadas e realmente se mostrou muito efetiva. Em 1849, 23 mil pessoas foram trazidas pelo tráfico negreiro, em 1851, 3.300 pessoas foram contabilizadas. Em 1852, não há relatos de pessoas trazidas para serem escravizadas.[35] Logo na sequência da lei Eusébio de Queiroz, dom Pedro II sancionou a Lei de Terras. Como o fim da escravidão era algo dado como certo, era preciso proteger os grandes latifundiários. Essa foi uma medida tomada pelo imperador para que as terras fossem vendidas para evitar que as pessoas pobres tivessem acesso a elas. Desse modo, o escravo liberto nunca conseguiria comprar seu pedaço de terra, tampouco o imigrante que viesse trabalhar para substituí-lo; estes teriam que esperar anos para ter acesso à terra.

22 ECONOMIA DE DOM PEDRO II

O *BOOM* CAFEEIRO

As primeiras sementes de café chegaram ao Brasil em 1727.[36] Porém, durante os primeiros cinquenta anos, o café teve um consumo doméstico em poucos lares. Dom João VI, quando veio para cá em 1808, começou a incentivar pequenas plantações cafeeiras aqui e ali, e a bebida foi se tornando um pouco mais conhecida pela população local.

Em 1830, o café já havia se disseminado e agradado o paladar dos brasileiros. Conhecido e famoso, seria questão de tempo para que ele fizesse parte da economia e, mais, ocupasse o lugar de destaque que antes era destinado ao açúcar.

Foi uma expansão vertiginosa. O crescimento da produção cafeeira começou com dom João VI, continuou com dom Pedro I e se ampliou durante o período regencial. Quando dom Pedro II assumiu o poder, o café já era o produto mais importante do Brasil. Com vendas impulsionadas pela exportação, sobretudo para os Estados Unidos e para a Alemanha, em 1870, o país produzia tanto café que quase a metade do grão consumido no mundo era produzida aqui.

O método de produção do café era velho conhecido dos brasileiros. Grandes latifúndios que plantavam basicamente um único produto, utilizando a mão de obra escrava, que, além de plantar, colher e ensacar, levava a safra até os portos de onde ela era despachada para o exterior. Ou seja, o mesmíssimo método utilizado pelos senhores de engenho para a produção da cana-de-açúcar que ficou conhecido como *plantation*: latifúndio, monocultura, trabalho escravo e economia extrovertida.

CASE DE SUCESSO

Alguns fatores explicam o sucesso da produção cafeeira no Brasil:

LEI DO MAIS FORTE

A produção do café aconteceu majoritariamente nas terras paulistas. São Paulo tinha muita terra desocupada. Latifundiários começaram a perceber isso e ocuparam essas terras. E se, por acaso, já tivesse alguém ali usando aquela terra por motivos outros que não os agradassem, ele era expulso. Na prática, era a lei do mais forte que imperava.

TERRA FÉRTIL

As terras paulistas eram bastante férteis, ficaram conhecidas como "terra roxa". Como assim? Elas não eram vermelhas? Sim, eram vermelhas, mas, quando os italianos vieram para cá trabalhar nas lavouras, começaram a chamá-las de "*rossa*", que é "vermelho" na língua deles. Daí "*rossa*" virou "roxa". Além de férteis, havia muitos terrenos acidentados, o que também ajudava o cultivo do café, já que, quando batia o vento, esse tipo de terreno contribuía para que a ventania não derrubasse a plantação. E, para finalizar, chuvas constantes também contribuíram e muito para o sucesso do plantio.

A FORÇA DA GRANA

Os latifundiários tinham muito dinheiro guardado ou ganho de investidores internacionais. Não iam mais investir na compra de escravos, já que a escravidão estava com os dias contados. Aproveitaram então para investir na produção cafeeira e explorar o quanto podiam aquela mão de obra que não teriam por muito mais tempo. Um escravo era suficiente para cuidar de mais de mil pés de café! O café colhido ficava secando de 30 a 90 dias; a primeira colheita, às vezes, viria depois de 4 anos. Tudo isso demandava um bom investimento financeiro.

MERCADO CONSUMIDOR

A Europa estava passando por uma grande revolução econômica e industrial. O café era muito consumido por trabalhadores que tinham que passar horas acordados, exercendo suas funções nas fábricas. Havia uma grande demanda pelo produto, que era vendido com facilidade.

FACILIDADE NO TRATAMENTO DA TERRA

Às vezes, não precisava nem de máquina. Enxada e foice já deixavam o solo no esquema.

TRANSPORTE

Feito por dezenas de milhares de mulas que levavam o café ensacado até os portos, de onde seria levado a outros países.

VALE DO PARAÍBA *VERSUS* OESTE PAULISTA

A economia cafeeira se divide em dois momentos no Brasil. Primeiro, ela ficou concentrada na região do Vale do Paraíba, que abrange parte do norte do estado de São Paulo e do sul fluminense. Os latifundiários que aqui começaram sua produção tiveram um pensamento estratégico: a facilidade de levar o café para os portos.

O Vale do Paraíba foi mudando a configuração social da elite do Brasil. A região representava a riqueza, a aristocracia, a tradição. Mas, com o tempo, o solo foi se desgastando, e os produtores que não tinham um espírito empreendedor não perceberam que as condições já não eram as mais adequadas e que no oeste paulista outros produtores já estavam às voltas produzindo uma nova safra que mudaria os rumos do país.

Foi então que teve início a segunda fase da produção cafeeira, que se intensificou a partir de 1870 com a decadência do Vale do Paraíba e a ascensão do oeste paulista, que ocupou de vez o lugar de evidência da economia cafeeira. Era uma nova região, maior que o Vale do Paraíba. O processo de expansão foi lento, e demorou mais de 50 anos para a região ser ocupada.

Os senhores do café daqui não eram como os senhores do café de lá. No oeste paulista surgia uma elite nova, arrojada, que investia no comércio, em infraestrutura, em ferrovias, barcos a vapor, bancos. Eram muitos os investimentos.

Essa nova camada social passou a ser conhecida como "burguesia do café" e foi muito importante para o jogo geopolítico brasileiro. A partir de 1870, o novo polo econômico passou a ser definitivamente o Sudeste. A economia se voltou para o centro-sul do Brasil, fato que se mantém até os dias atuais. Não à toa, o Sudeste é a região que mais concentra pessoas no Brasil.

A FORÇA DA GRANA

Havia outros produtos agrícolas sendo produzidos no Brasil nesse momento. O açúcar, que tinha sido o carro-chefe da produção agrícola, começou a perder sua importância a partir de 1830 e, em 1840, o café já era a menina dos olhos da economia. Além da cana, havia produção de algodão, principalmente no Maranhão, e de látex, na região da Amazônia. A produção de látex teve um *boom* e, em 1900, chegou a representar 25% das nossas exportações.[37]

Na época do segundo reinado, além da atividade agrária, a indústria começou a se fortalecer num processo que ficou conhecido como "modernização conservadora". Pode uma coisa dessas? Ser moderno e conservador ao mesmo tempo? No Brasil pode tudo. Isso porque de um lado havia a construção de ferrovias, indústrias e fábricas, e do outro, os grandes proprietários rurais que não abriam mão de seus latifúndios e escravos.

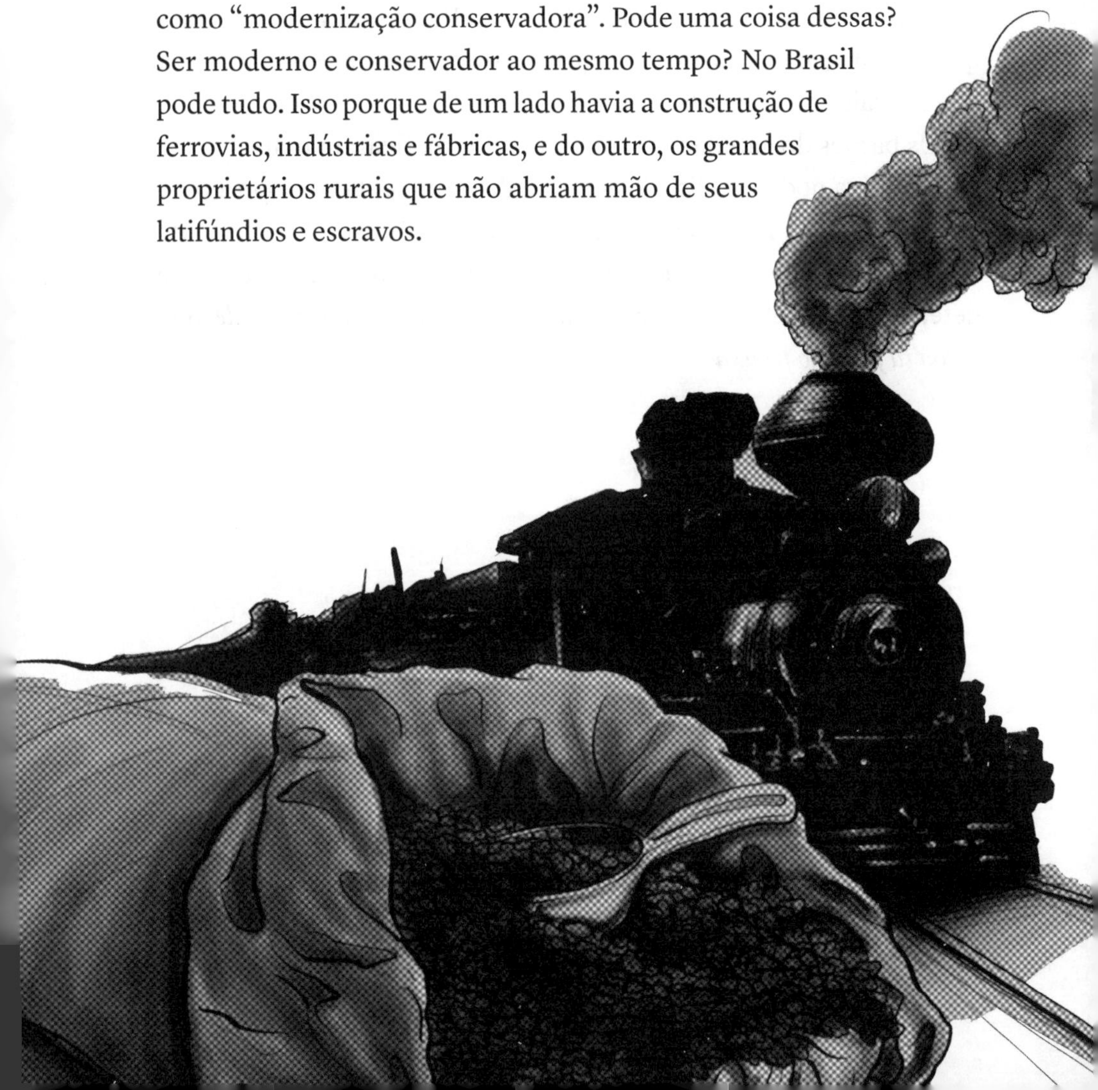

Mas, apesar de tantas barreiras, grandes empreendedores começaram a surgir. Um industrial e banqueiro conhecido como Barão de Mauá começou a investir em ferrovia, em metalurgia, mas faliu em 1875. Industrializar o Brasil não era fácil, a concorrência era voraz. Os magnatas do café começaram a se unir, juntaram grana, fizeram estradas. Dom Pedro II, do alto de seu trono, começou a perceber o movimento que estava rolando pelas terras do Sudeste. Decidiu incentivar o investimento externo.

A Inglaterra foi a primeira a prestar atenção no rolê e começou a investir em ferrovias no Brasil, principalmente no estado de São Paulo. Muitas estradas de ferro começaram a ser construídas, ligando o porto de Santos a Jundiaí, Campinas a Ribeirão Preto, Campinas a Araraquara. E aí a economia do café, que já estava indo de vento em popa, deu um salto maior ainda.

Os barões do café, que já tinham dinheiro, ficaram mais ricos. E riqueza gera poder. A elite do oeste paulista, em pouco tempo, começaria a influenciar politicamente no restante do Brasil; ela se tornaria tão influente que seria a responsável direta por uma mudança que determinaria efetivamente os rumos do Brasil. *O rei que se cuide! Sua coroa tá ficando frouxa!*

23

GUERRA DO PARAGUAI

PARAGUAI, *VIDA LOKA*

Grandes rios cortam a região limítrofe entre Argentina, Brasil, Paraguai e Uruguai: rio Paraná, rio Uruguai, rio Paraguai, dentre outros. Em 1864, as fronteiras entre esses países tinham sido definidas havia pouco tempo. Então essa região ainda era uma zona de litígio. As embarcações, que cruzavam as fronteiras de países vizinhos, tinham que pagar impostos, e os negociantes não estavam gostando nada dessa história.

Esta era a atmosfera: um ambiente cheio de rios importantes para o Brasil, a Argentina, o Uruguai e, principalmente, o Paraguai, já que o país não é banhado pelo mar, e a única maneira de ele escoar seus produtos era através das águas fluviais.

Brasil, Argentina, Paraguai e Uruguai eram países novos, estados em construção. E dentro de cada um deles existiam as divisões políticas. Na maioria desses países, você encontrava dois grandes partidos antagônicos. No Brasil, eram o Partido Liberal e o Partido Conservador. Na Argentina e no Uruguai, também era dessa maneira.

Já o Paraguai tinha uma configuração política diferente. O presidente Solano López estava governando o país desde 1862. Antes dele, o pai e o avô já tinham sido presidentes durante décadas. O Paraguai não era uma superpotência política, tampouco econômica – sua produção agrícola era inexpressiva, e o que produzia, a erva-mate, nem valia muita coisa. Mas o Paraguai tinha uma unidade que vinha de sua política ditatorial, enquanto Brasil, Argentina e Uruguai tinham suas divisões internas.

Na Argentina e no Brasil, os grupos liberais estavam mais influentes e por isso os dois países tinham uma boa relação diplomática, o que já não acontecia com Uruguai e Paraguai. No Uruguai, o Partido Blanco, de inspiração conservadora, estava no poder, e isso começou a causar alguns atritos no relacionamento com o Brasil, devido também ao fato de que o Uruguai tinha conquistado sua independência havia pouco tempo e parte do seu território tinha sido anexada ao Brasil anteriormente.

Muitos brasileiros ainda tinham terras por lá e não viram com bons olhos a ascensão dos conservadores, já que iriam ter dificuldades para passar com suas mercadorias pela fronteira e pagariam uma alta taxa de impostos. Além disso, começoaram a acontecer confrontos entre uruguaios e brasileiros, que eram recebidos de forma truculenta do outro lado da fronteira.

Por conta desses episódios, sob as ordens do general Tamandaré, a frota naval brasileira estacionou em águas territoriais uruguaias e, em agosto de 1864, iniciou as operações de retaliação. Navios de guerra brasileiros se dirigiram para as cidades uruguaias como Salto e Paysandú.

Ao ver o Uruguai ser invadido, Solano López ficou matutando. *Meus parceiros no Uruguai são poucos. Os brasileiros vão pra cima deles e depois vão ficar me olhando feio, só porque eles tem uma população gigante comparada com a população do meu Paraguai. Aí Brasil, quer me zuar, te zôo primeiro fi!*

E então, no dia 11 de novembro de 1864, o Paraguai partiu para a ofensiva e aprisionou no porto de Assunção o barco brasileiro *Marquês de Olinda*. Brasil, Argentina e Uruguai ficaram chocados. *Nooooossa! Paraguai, 'cê tá maluco, mano!* Estava dada a declaração de guerra, daquela que ficaria marcada como uma das mais sangrentas batalhas das Américas, a Guerra do Paraguai para nós brasileiros, ou Guerra da Tríplice Aliança para os outros países latino-americanos.

SANGRE! MUCHA SANGRE!

A Guerra do Paraguai começou no final de 1864. Depois de ter apreendido o navio brasileiro, as tropas paraguaias invadiram o Mato Grosso do Sul com mais de 7 mil soldados. Apreenderam outro navio e mataram tripulantes civis.

Pego de surpresa, o Brasil demorou um bom tempo para organizar sua defesa. Aproveitando-se da situação, o Paraguai invadiu boa parte desse território. Solano López estava preparado, com um exército de 64 mil homens ao todo. Sua tropa era forte em terra firme, mas na água o Brasil era bem melhor e já contava com dezenas de navios armados.

Em 1865, as tropas paraguaias, visando chegar ao Rio Grande do Sul e ao Uruguai, onde esperavam encontrar apoio dos *blancos*, pediram permissão para a Argentina para cruzar seu território. Como tiveram a autorização negada, invadiram a região de Corrientes. Os exércitos de Solano López estabeleceram então três pontos de operações: Mato Grosso do Sul, Rio Grande do Sul e Argentina.

A Argentina então pediu apoio ao Brasil e ambos entraram num consenso de que era preciso unir forças. Nesse momento, as tropas brasileiras foram até a região do Uruguai e expulsaram o exército inimigo de lá, ganhando a solidariedade do atual presidente do país, Venâncio Flores, do Partido Colorado, que abarcava o espectro político liberal. No dia 1º de maio de 1865, Argentina, Brasil e

Uruguai formalizaram o Tratado da Tríplice Aliança para lutar contra o Paraguai.

O Uruguai tinha um contingente militar de 1 mil homens, a Argentina, de 8 mil, e o Brasil, de 18 mil.[38] O Paraguai sozinho tinha um contingente de quase 70 mil homens. *Qq tá aconteseno?* Não seria fácil vencer essa guerra. Seria preciso se envolver. Vendo o estrago que o Paraguai estava fazendo, dom Pedro II resolveu, ele mesmo, entrar na dança e partiu rumo às fronteiras onde estavam acontecendo os conflitos.

O Brasil enviou para as fronteiras um batalhão de soldados mais dezenas de navios armados. No dia 11 de junho de 1865, tropas brasileiras e paraguaias se encontraram na região de Riachuelo. De um lado, Brasil com 8 mil soldados, do outro, Paraguai com 7 mil. Era a primeira vez que o Paraguai se defrontava com tropas inimigas. Foi uma batalha muito sangrenta, mas muito mesmo.

Tanta morte, tanto sofrimento... que até os militares ficaram chocados. Dom Pedro II começava a achar que aquela guerra estava indo longe demais. O imperador não queria mais que a guerra continuasse, mas, quando perguntado sobre qual era seu objetivo, ele respondia: "eu quero a vida de Solano López".

Os generais começaram a perceber que a guerra seria mais difícil e duradoura do que eles imaginavam. Conseguiram recuperar as terras invadidas do Sul e expulsar os paraguaios, mas a guerra avançava.

Em 20 de maio de 1866, as forças aliadas acamparam nos pântanos de Tuiuti, onde sofreram uma investida paraguaia quatro dias depois. A Batalha de Tuiuti, a maior batalha campal da história da América do Sul e uma das mais sangrentas do conflito, foi vencida pelo Brasil e deixou um saldo de aproximadamente 10 mil mortos. Outro grande desafio sangrento foi ultrapassar a fortaleza de Humaitá.[39]

Passaram-se os anos de 1867, 1868 e 1869, e a guerra continuava. Massacre atrás de massacre. Em 1869, o genro de dom Pedro II, conde d'Eu, foi nomeado para dirigir a fase final das operações militares no Paraguai. Em agosto desse mesmo ano, as tropas das forças aliadas tomaram Assunção e instalaram um governo provisório.

Solano López fugiu e foi morto em março do ano seguinte por um soldado comum. No Rio de Janeiro, a morte de López foi muito bem recebida, fazendo com que dom Pedro recuperasse parte do seu prestígio junto à população, que estava abalado devido ao envolvimento do Brasil numa guerra tão sanguinolenta. Em 20 de junho de 1870, Brasil e Paraguai assinaram um acordo preliminar de paz.

O SALDO DA GUERRA

Não há muito o que ser comemorado numa guerra tão sangrenta. Os soldados, mesmo os vitoriosos, voltaram para casa traumatizados. Para o Paraguai, a consequência foi catastrófica. Antes da guerra, ele era um país respeitado, que tinha uma boa organização, sobretudo militar. Depois da guerra, o país perdeu parte do território que foi anexado pelo Brasil e pela Argentina, e dezenas de milhares de homens paraguaios morreram.

Tudo isso gerou uma gigantesca crise econômica, já que grande parcela desses soldados fazia parte de um mercado de trabalho que agora ficaria desfalcado. O Paraguai não tinha muita escolha, teria que aceitar todos os acordos de vendas de produtos com os países vencedores, além de deixá-los navegar de forma livre por seu território.

Eles apostaram alto e perderam e, como é de praxe em todas as guerras, quem perde, paga os custos. E o Paraguai herdou os custos. Em 1872, Brasil e Paraguai fizeram um acordo para o pagamento da dívida, que nunca foi paga, o que resultou num enorme prejuízo econômico para o Brasil, já que dom Pedro tinha gastado durante toda a guerra o valor equivalente a 8 vezes todo o orçamento de 1864; dinheiro este nunca recuperado.

O Brasil venceu, mas historicamente essa vitória tem um significado ambíguo. De um lado, dom Pedro II saiu com sua imagem fortalecida, visto como um soberano poderoso. Do outro, muita gente o via como um sanguinário que poderia ter interrompido a guerra muito tempo antes, evitando assim a morte de dezena de milhares de soldados.

E teve algum saldo minimamente positivo nessa história toda? Forçando um pouco a barra, podemos dizer que sim. Os sobreviventes que lutaram, voltaram treinados, muito mais aptos para encarar futuras ameaças. Então o Brasil saiu desse episódio com um exército fortalecido, fato que até mesmo influenciaria mais adiante a Proclamação da República. Outro ponto positivo é que havia um contingente grande de homens negros escravizados lutando na guerra, que foram alforriados imediatamente assim que o Brasil venceu.

24 A CRISE NO IMPÉRIO E A ABOLIÇÃO DA ESCRAVATURA

O PODER DE FOGO DA IMPRENSA

Em 1880, o Brasil ainda era um país majoritariamente agrário. Nem 20% de sua população viviam em cidades, e um número próximo desse percentual era alfabetizado. Porém muitas das ideias novas que pipocavam nos centros urbanos e em outras regiões do país abalariam as estruturas do regime monárquico.

Dom Pedro II estava 40 anos no poder, mas sua imagem já não era assim, digamos, tão intocável quanto em tempos idos. Os jornais impressos começavam a ganhar um público cada vez mais amplo. Era através desses jornais que a população da época se inteirava das novidades que aconteciam aqui e em outros lugares do mundo.

Esses periódicos, apesar de sofrerem pressão da censura da época, faziam muitas críticas a dom Pedro II, às vezes até mostrando-o em forma de caricatura, literalmente mexendo com a imagem dele. Em outros momentos, as notícias davam conta dos gastos do imperador, que tinha uma vida luxuosa, provocando indignação em alguns leitores. Os jornais, percebendo a influência sobre a opinião pública, investiram ainda mais em matérias que fragilizavam a imagem de dom Pedro II.

Geral que tava lendo aquilo começou a ficar com a pulga atrás da orelha: *Pô, desde que eu me conheço por gente, esse cara tá no poder, não sai daí nem por reza braba. Como é que faz pra trocar de rei? Ih, na monarquia não tem troca quase nunca. Fiquei sabendo que o dom Pedro tá malzão... Diabetes, tá ligado? Se o dom Pedro morrer, vai entrar a filha dele no lugar, uma tal de Princesa Isabel. Quem é o marido dessa princesa? Um tal de conde d'Eu. Caraca! Aí é que o negócio vai ficar sinistro! A princesa é casada com um gringo? Já pensou se o dom Pedro bate as botas e a gente é governado por um estrangeiro que não entende nada dos paranauê aqui do Brasa?*

ABOLIÇÃO

Anulação; completa extinção de alguma coisa. Supressão de um direito; revogação de um costume, de um hábito, de uma ordem ou instituição. Essas são algumas das definições de dicionários para a palavra "abolição". Era preciso ser categórico, usar um vocábulo que não deixasse margem para questionamento, cujo entendimento levasse a uma ruptura total de um sistema tão opressor que vigorava por séculos no Brasil, que, aliás, foi o último país das Américas a abolir a escravidão.

Ser escravizado era uma indignidade. Milhares e milhares de pessoas vieram trazidas da África para uma existência de humilhação. A crueldade começava na captura, continuava na travessia dos navios negreiros, que empilhavam milhares de pessoas em condições sub-humanas. A vida inteira do ser humano escravizado foi degradante, de exploração e insalubridade. A expectativa de vida do homem negro escravizado – em números otimistas – era de 25 anos de idade. Além disso, os trabalhadores escravizados que ultrapassavam essa idade não tinham a mínima satisfação em continuar vivos, nenhuma segurança ou estabilidade. Podiam ser vendidos a qualquer momento, separados mais uma vez de pessoas a quem tinham se afeiçoado para começar novamente uma vida de terror.

As primeiras ideias de abolição da escravidão africana a penetrarem no Brasil foram trazidas pela Inglaterra em 1807. Naquele momento, o país ainda tinha um forte esquema comercial com o tráfico negreiro, mas os ventos do progresso vindos da Revolução Industrial começavam a soprar por aqui. Em 1845, o Parlamento do Reino Unido promulgou o ato Bill

PRINCESA ISABEL

Aberdeen, que dava permissão aos britânicos de prender qualquer navio suspeito de transportar escravos no Atlântico. Em 1850, a Lei Eusébio de Queiroz proibiu a entrada de africanos escravizados no Brasil.

Medidas como essas fizeram com que cada vez mais as pessoas vissem com estranhamento o homem negro como uma mercadoria. Parte da elite, principalmente os grandes fazendeiros do Sudeste, estava acuada. Quanto mais escravos tinha, mais aflita ficava com a ideia de libertá-los, e por isso lutou até o fim para segurar a escravidão.

Alguns senhores de escravos começaram a adotar outra linha de raciocínio. *Vamos tratar melhor os escravos que nós já temos; está cada vez mais difícil comprá-los e um dia esses daqui vão morrer.*

Além disso, mais escravos conseguiam a liberdade ano após ano, fazendo acordos comerciais, comprando a própria alforria. Ninguém mais que os próprios negros lutou pela abolição, organizando-se, fugindo e resistindo. Muitos eram capturados, castigados e mortos. Porém, a partir de 1870, um cenário começava a se desenhar a favor da luta abolicionista.

A Guerra do Paraguai tinha acabado de acontecer, e milhares de escravizados tinham conseguido sua alforria por terem feito parte das tropas brasileiras. E o exército, que antes seria o algoz na captura do "negro fujão", agora era solidário aos companheiros com quem tinha compartilhado um episódio traumático de suas vidas.

Líderes negros começaram a despontar. Manoel Quirino, Luiz Gama, José do Patrocínio, Salustiano, Silva Jardim. Formaram-se campanhas abolicionistas, entregaram-se panfletos, escravos em fuga eram socorridos e os quilombos recebiam até ajuda em dinheiro. Vários profissionais liberais também influenciaram na luta pela liberdade dos escravizados, escreveram em jornais, tentaram fazer a opinião pública mudar de lado. Além de todas essas ações efetivas, a ideia de abolição ganhou muitos adeptos.

Em setembro de 1871, o governo promulgou a Lei Rio Branco, que ficou conhecida como Lei do Ventre Livre. A partir dessa data, os filhos que nascessem de mães escravas seriam livres. Porém algumas regras deveriam ser observadas. Os filhos menores ficariam sob a autoridade dos senhores de escravo até os 8 anos de idade. A partir dessa faixa etária, o senhor de escravo teria a opção de receber uma indenização do estado ou utilizar os serviços do menor até ele completar 21 anos de idade.[40] Liberdade com ressalvas.

A Lei do Ventre Livre impactou mais ainda o movimento abolicionista, pois começou a gerar revolta nos negros que tinham nascido antes de tal norma. Os negros que não tinham direito à liberdade convivendo com os que seriam libertos; esse tipo de coisa insuflava mais ódio ainda em quem já era escravizado. O movimento abolicionista aumentou.

Em 1885, o governo promulgou a Lei Saraiva-Cotegipe, ou Lei dos Sexagenários, que dizia que os escravizados que completassem 60 anos de idade seriam livres três anos depois dessa data. Grande vantagem! O cara trabalhou a vida inteira, sendo explorado nas piores condições de vida, e ainda teria que trabalhar mais três anos para ser... abandonado! Isso mesmo! Abandonado pelo senhor de escravo que não teria mais a mínima responsabilidade sobre ele, não pagaria nenhuma indenização e o deixaria para viver ao deus-dará.

A data é 13 de maio de 1888. O Brasil tem uma população de 15 milhões de indivíduos. Desse total, 700 mil são negros escravizados, e esse é um número muito relevante. A princesa Isabel assina a Lei Áurea.[41]

> *A Princesa Imperial Regente, em nome de Sua Majestade o Imperador, o Senhor d. Pedro II, faz saber a todos os súditos do Império que a Assembleia Geral decretou e ela sancionou a lei seguinte:*
>
> *Art. 1º: É declarada extinta desde a data desta lei a escravidão no Brasil.*
> *Art. 2º: Revogam-se as disposições em contrário.*

PARA REFLETIR

Se pararmos para pensar, o império brasileiro apenas se rendeu – e com atraso – ao chamado progressista dos novos tempos. Desse modo, a princesa Isabel não libertou os escravos, ela apenas oficializou o que era inevitável. O dia 13 de maio de 1888 foi um dia de festa para a população negra do Brasil. Mas as comemorações duraram pouco. O que os negros fariam agora com a tão sonhada liberdade? A liberdade chegou, mas os problemas não foram embora. Essas pessoas que foram escravizadas não conseguiram uma vida muito melhor. Eles tiveram que começar uma vida do zero, sem indenização, sem moradia, sem emprego. A desigualdade social persistiu. O preconceito também. Estudos científicos *(WTF???)* da época diziam que os negros eram inferiores às pessoas de pele clara e, por isso, renderiam menos no trabalho. Hoje já sabemos que o que faz uma pessoa render mais ou menos num determinado tipo de serviço são as condições atreladas a esse serviço. Um imigrante livre poderia produzir mais caso tivesse melhores condições de trabalho, mais sonhos, mais expectativas. A população negra da época só conseguiu os piores empregos. Existiam até propagandas que mostravam que os produtos de determinadas indústrias eram melhores, pois todos os funcionários eram brancos. Depois de todo o terrível legado da escravidão, a maioria dos negros não conseguiu melhorar tanto assim sua condição econômica e social, sofreu resistência para adentrar no mercado de trabalho e não recebeu nenhum tipo de indenização. Podemos ver o resultado dessa triste herança histórica até os dias de hoje, quando a minoria das pessoas que ocupam os lugares na vida pública e nas instituições de ensino de qualidade *é negra*.

25

IMIGRAÇÃO NO BRASIL

Entre os anos de 1870 e 1910, a imigração no Brasil atingiu níveis bastante elevados. Na Europa, acontecia a Segunda Revolução Industrial, os donos dos meios de produção e capitais começaram a direcionar recursos financeiros para a criação de novas tecnologias. Era um momento de muitas mudanças, principalmente para quem vivia nos grandes centros urbanos e tinha acesso a bens de consumo e outras facilidades propiciadas pela produção em larga escala.

Se por um lado houve bastante desenvolvimento na Europa, principalmente no que se refere à infraestrutura, como a construção de ferrovias, por outro, muitas mudanças negativas aconteceram na vida de boa parte dos europeus. Camponeses que foram expropriados de suas terras para a construção das futuras fábricas tinham vidas miseráveis e chegavam até a passar fome. A Alemanha e a Itália foram alguns dos países que mais sofreram, porque, além das consequências da modernização, sofriam com guerras de unificação.

No Brasil, os grandes proprietários de terra encontravam dificuldade para arrumar mão de obra para a lavoura. Já não era mais permitido o tráfico de escravos e ainda havia o preconceito de que os homens negros livres não renderiam tanto quanto um homem branco europeu.

Os governos europeus começaram a manter um diálogo com o governo brasileiro, que incentivou a imigração e chegou até a criar campanhas para trazer os imigrantes de lá para o Brasil. E funcionou. De 1881 a 1930 aproximadamente 4 milhões de imigrantes vieram para cá com o sonho de formar uma família e cultivar a própria terra.[42]

A maior parte desses imigrantes veio para ocupar um espaço deixado pelos escravos nas lavouras de café da burguesia paulista, mas outra grande parte foi para o sul do país, incentivada pelo governo para ocupar as fronteiras que não eram tão respeitadas como são hoje em dia, e consolidou um novo jeito de viver no Brasil. Os imigrantes organizaram-se em pequenas fazendas, conhecidas como "minifúndios", e plantaram vários tipos de alimento para a própria subsistência, método esse conhecido como policultura.

Existiam alguns programas de imigração. O sistema de parcerias foi um que logo adquiriu má fama: os imigrantes vinham para o Brasil com viagem e hospedagem pagas pelo governo brasileiro para trabalhar nas fazendas de café. No momento da colheita, todo o lucro seria dividido. O fazendeiro, antes, só tirava uma pequena porcentagem do valor referente à viagem e à hospedagem.

Isso na teoria. Na prática, a história era bem outra. Os imigrantes trabalhavam e não recebiam a parte combinada, e, qualquer produto que precisassem comprar, eles teriam que pegar no armazém que pertencia ao dono da fazenda e era vendido a um alto preço. Então, o que muitas vezes acontecia é que o imigrante trabalhava, dava toda sua parte da colheita para o dono da fazenda e ainda ficava devendo para ele. Por isso que esse sistema de "parceria" ganhou uma fama ruim. Houve até um momento em que jornais italianos publicaram contra esse esquema.[43] O próprio governo italiano passou a fiscalizar melhor o recrutamento feito pelos brasileiros entre 1889 e 1891.[44]

O segundo programa de imigração era o colonato, também conhecido como "povoamento". O imigrante ia para a fazenda, recebia salário, mas só de ano em ano ou na colheita e, com esse dinheiro e anos de trabalho, poderia comprar a própria terra.

Dentro da fazenda, eles tinham direito de pegar um canto para produzir alimentos para subsistência, os que sobrassem poderiam ser vendidos. Esses imigrantes tinham criação de animais, principalmente porco e galinha, faziam laticínios e trouxeram novas técnicas de agricultura para o Brasil.

VOCÊ SABIA?

A imigração brasileira foi inicialmente subvencionada pelo governo, que pagava a viagem e a hospedagem e chegou até a construir grandes hospedarias no Brás e no Bom Retiro, com capacidade para acomodar 4 mil pessoas, para receber os imigrantes. Houve também participação da iniciativa privada. Uma dessas empresas que financiaram a imigração foi a Associação Promotora da Imigração. Mas, historicamente, a imigração simboliza o poder da elite cafeeira, porque foi essa elite que influenciou o governo para que os imigrantes viessem trabalhar em suas lavouras. E o poder de fogo dos barões do café era tão grande que o governo arcou com a maior parte desses valores, o que custou caro aos cofres públicos.

26 PROCLAMAÇÃO DA REPÚBLICA

MEXE COM QUEM TÁ QUIETO!

Muitas mudanças haviam ocorrido na primavera de 1889. Apesar de o império ainda parecer uma instituição forte, algumas sombras pairavam sobre a cabeça de dom Pedro II. A elite cafeeira, que tinha um longo histórico de parcerias com o imperador, estava se sentindo desprestigiada com a abolição da escravidão, visto que tinha perdido seu contingente de mão de obra. Teve atrito também com católicos depois que o imperador entrou numa desavença logo com o papa. Por fim, o Exército também estava ressentido com as parcas bonificações que vinham recebendo, alguns membros das Forças Armadas já tinham sido censurados por darem entrevistas a jornalistas.

Um dos militares que estavam *revolts* contra dom Pedro II era Deodoro da Fonseca. Esse cara já era figurinha tarimbada do Exército brasileiro. Ele tinha participado de várias campanhas militares durante todo o império, como o cerco de Montevidéu e a Guerra do Paraguai. Por todo seu histórico, Marechal Deodoro ficou bem chateado quando recebeu ordens da Coroa para proibir os soldados de falarem com a imprensa e, pior, caso algum soldado descumprisse tal ordem, deveria ser imediatamente preso.

Deodoro pensou: *Comigo, não, violão! Passei a vida inteira lutando com meus parça, pra chegar a essa altura do campeonato e não ter direito a uma boa bonificação nem poder trocar uma ideia com meus truta ali da imprensa. Eu não vou prender ninguém, não!* Foi então que dom Pedro II lhe deu um ultimato: "Ou os prende ou mando prender você". Marechal Deodoro não prendeu seus companheiros e tampouco foi preso, mas perdeu seu cargo devido à sua insubordinação.

É O FIM DO CAMINHO

Segundo a narrativa oficial, em 15 de novembro de 1889, liderando algumas centenas de soldados que se moviam pelas ruas do Rio de Janeiro, Marechal Deodoro, assim como boa parte de seus comparsas militares, intentava apenas destituir o então chefe do Gabinete Imperial, o Visconde de Ouro Preto. Porém o golpe militar que estava previsto para o dia 20 de novembro teve de ser adiantado.

Isso porque os conspiradores fizeram correr à boca miúda um boato que deixou o Marechal Deodoro cabreiro: havia partido do império uma ordem de prisão contra ele. Desse modo, os agitadores anteciparam o golpe de estado. No amanhecer do dia 15 de novembro, Deodoro saiu de sua residência, atravessou o Campo de Santana e, do outro lado do parque, acompanhou os soldados do batalhão no golpe contra o governo.

Foi concedido um cavalo ao marechal e, segundo testemunhos, cavalgando ele tirou o chapéu e gritou meia dúzia de palavras que até saudavam o imperador. Maldosos dirão que foi brochante. Logo depois, Deodoro da Fonseca apeou, cruzou novamente o parque e voltou para sua residência. E assim colocou um ponto-final no regime monárquico no Brasil.

No dia seguinte, o major Frederico Sólon entregou a dom Pedro II um aviso, inteirando-o da Proclamação da República e determinando sua imediata partida para a Europa, a fim de refrear possíveis alvoroços políticos. Pedro II achou que era pegadinha, mas teve que lidar com o meteoro de realidade, então a família imperial brasileira exilou-se na Europa, só lhe sendo admitido o regresso ao Brasil na década de 1920.

Foi assim tão fácil mesmo destituir um regime que já imperava havia séculos no Brasil? De certo modo, sim. Porque dom Pedro já não contava mais com o apoio dos poderosos. A elite cafeeira estava brava com ele, o Exército idem. A Igreja já tinha passado por vários entreveros com a Coroa, muitos por causa do crescimento da maçonaria no

Brasil, que dom Pedro II não fez nada para conter. Há fortes indícios de que o próprio dom Pedro II era maçom. A classe média estava cansada de pagar tantos impostos e também não via com bons olhos o Poder Moderador de dom Pedro II, autoritário e vitalício.

E o povão? O povão, as camadas mais populares da sociedade, estava em boa parte fechado com dom Pedro II, via-o como um pai, um protetor, como a representação de uma segurança. Preferiam que continuasse como estava, esse negócio de República botava medo. Uma parcela da população negra ainda acreditava que ele era o arauto da abolição.

E o que mudava efetivamente com a transição de monarquia para República? No sistema político, ia ter uma grande mudança. A partir de agora, teria o sistema de votação, o governante seria trocado de tempos em tempos, nenhuma dinastia teria o privilégio de governar eternamente. Na economia, as coisas continuaram praticamente como estavam. Os ricos continuariam ricos. Não houve uma grande transformação econômica e social. Na religião, uma novidade significativa; a Igreja não ia mais interferir de maneira tão direta no modo de governar, as escolas não teriam mais obrigatoriedade de propagar o catolicismo.

Alguns costumes, no entanto, tiveram uma mudança significativa. Com a troca de regime, os símbolos também precisaram mudar: na bandeira do Brasil foi incluída a frase positivista "Ordem e Progresso", e o hino nacional foi alterado. Os nomes das obras públicas passaram a fazer referência aos novos horizontes da República. Estrada de ferro dom Pedro II virou Central do Brasil. As ruas passaram a ter nomes que faziam menção ao episódio da proclamação, como a rua XV de Novembro. E nesse contexto, a imagem de Tiradentes, herói da Inconfidência, foi resgatada. Nada de império, a ordem do dia era trazer símbolos que lutaram contra o regime anterior. Na política externa, o Brasil começava a se afastar da Inglaterra e a se aproximar mais dos Estados Unidos. Por falar nisso, você sabia que até o ano de 1967 o verdadeiro nome do Brasil era Estados Unidos do Brasil?

27
REPÚBLICA DA ESPADA

UM NOVO HORIZONTE NÃO TÃO NOVO ASSIM

Em 1890, o Brasil tinha 14 milhões de habitantes.[45] Desses 14 milhões, a absoluta minoria sabia o que significava viver numa República. Era uma ideia que ainda não tinha se popularizado por aqui. Muitas pessoas das camadas mais populares sentiam-se protegidas pela figura do imperador.

Porém a República como forma de governo brasileiro já vinha sendo discutida havia tempos. Não foi um movimento que surgiu do dia para a noite. Os caras não acordaram e falaram: “Cansei dessa parada, vamos tirar dom Pedro”. Em 1870, um grupo formado por políticos, intelectuais e cafeicultores já havia lançado o Manifesto Republicano, um documento que propunha que o país se transformasse numa República federativa para se ajustar à realidade dos demais países do continente e garantir uma relativa autonomia das províncias em relação ao governo central.

Em 1873, foi realizada no interior de São Paulo uma reunião que ficou famosa e ganhou o nome da cidade que foi sede. A Convenção de Itu foi a primeira conferência republicana do Brasil com a presença de membros influentes da burguesia do café e deputados e representantes dos liberais e conservadores. Além da elite e da classe política, muitos militares, influenciados pela escola positivista, também ansiavam por um regime republicano.

CARTA MAGNA

Deodoro da Fonseca se tornou presidente da República em 1889. Era um governo provisório, ele ocuparia o cargo máximo do país até que fosse promulgada a nova constituição. Ele colocou a pasta da economia sob a responsabilidade de uma proeminente figura da época, o intelectual Rui Barbosa, nomeando-o ministro da Fazenda.

Para atravessar a crise financeira que assolava o Brasil, Rui Barbosa deu a ordem de aumento de emissão do papel-moeda. O raciocínio era simples. O governo emprestava dinheiro para as empresas e para os bancos e esses setores fariam a economia do país prosperar. Só que o ministro não contava que muita gente iria falsificar documentos para pegar o empréstimo: vários pegavam esse dinheiro e caíam na estrada.

Por outro lado, muitas pessoas que estavam ali trabalhando duro investiram seu suado dinheirinho em ações de empresas que nem existiam. O resultado: o governo ficou com uma enorme dívida pública conhecida como Crise do Encilhamento. "Encilhar" é o mesmo que apertar o cavalo com uma tira de couro. Já deu para perceber que essa crise não foi nada suave, né?

Em 1891, foi promulgada a nova Constituição, a segunda da história do Brasil e a primeira da República. Seis características principais guiavam essa nova Carta Magna:

PRESIDENCIALISMO
O Brasil era regido pelo presidencialismo.
O presidente seria eleito para um cargo de 4 anos e não poderia se reeleger.

DIVISÃO ENTRE PODERES MAIS EQUILIBRADA
Executivo, Legislativo e Judiciário. Os deputados ocupavam seus cargos por 3 anos, os senadores, por 9 anos.

REGIME FEDERALISTA
Descentralização da verba pública.
Cada estado passou a ter mais autonomia para decidir onde aplicaria o próprio dinheiro.
Federalismo deu mais poder a outros estados além da capital. As elites de São Paulo, Minas Gerais e Rio Grande do Sul se destacariam.

VOTO UNIVERSAL
Nem todo mundo podia votar ainda. Era preciso ser homem, ter mais de 21 anos de idade e saber ler e escrever, o que significava menos de 10% da população da época.

DISTANCIAMENTO ENTRE IGREJA E ESTADO
Nas escolas públicas não seriam mais ensinadas as doutrinas católicas.
Em teoria, era a vez do ensino laico.
O casamento podia ser civil, não precisava mais da Igreja para realizar o matrimônio. A pena de morte não era mais permitida para crimes civis.

GRANDE NACIONALIZAÇÃO
Os imigrantes precisavam ir até um órgão do governo reclamar sua nacionalidade de origem. Caso isso não acontecesse, seriam naturalizados brasileiros. A população do Brasil duplicou nos trinta anos seguintes.

REVOLTA DA ARMADA E REVOLUÇÃO FEDERALISTA

O primeiro presidente do Brasil foi eleito de forma indireta pelo voto de 129 deputados. Deodoro da Fonseca começou a governar em fevereiro de 1891, e em novembro a situação já estava acirrada. A oposição apresentou no Congresso um Projeto de Lei denominado Lei das Responsabilidades, que pretendia diminuir as atribuições do poder executivo.

Revoltado com a situação, Marechal Deodoro mandou fechar o Congresso e, no dia 3 de novembro, decretou estado de sítio, ficando proibidas reuniões públicas, manifestações e críticas às autoridades governamentais. Não satisfeito com isso, o presidente ainda anunciou uma reforma constitucional que ampliaria seus poderes. A reação foi intensa. Geral gritou: "É golpe!".

A Marinha então entrou na jogada e promoveu uma rebelião armada contra o governo de Deodoro e ameaçou tacar bomba no Rio de Janeiro, o que fez com que o presidente renunciasse no dia 23 de novembro. Renunciou por pressão da Marinha e do vice, que estava ali do lado só conspirando. Como diria Cazuza, "eu vejo o futuro repetir o passado".

Floriano Peixoto ficou felizão com a renúncia de Deodoro. Só que não era uma missão tão simples assim assumir a presidência, porque, de acordo com a nova Constituição, se o primeiro presidente saísse antes de completar metade do mandato, deveria ter outra eleição, dessa vez aberta.

E o que foi que Floriano Peixoto fez? Deu outro golpe. Falou: "Não vai ter outra eleição porcaria nenhuma, eu sou vice-presidente e vou virar presidente e vou governar durante três anos, pronto e acabou". E foi por causa do impositivo, despótico e ditatorial de Floriano, mais que de Deodoro, que esse período da história ficou conhecido como "República da Espada".

Os poderosos da elite, principalmente os barões do café, julgavam que Floriano tinha um estilo muito dominador de governar, mas, como ele continuava garantindo as benesses necessárias para essa camada da sociedade, não houve intervenções dessa turma em sua administração.

Floriano Peixoto assumiu no final de 1891. Em março de 1892, começou a se desenhar a treta que ia estourar mais para a frente. Treze generais da Marinha enviaram uma Carta-Manifesto ao presidente da República. Esse documento reivindicava a convocação de novas eleições presidenciais para que, obedecendo-se o preceito constitucional, se instalasse a tranquilidade interna da nação. Floriano penalizou o movimento e decretou a prisão de seus líderes.

Em setembro de 1893, os revoltosos trocaram tiros com a artilharia do Exército e chegaram até a soltar bombas na cidade do Rio de Janeiro. Porém esse movimento teve pouca aprovação popular. Muitos efetivos embarcaram então para a Ilha do Desterro em Santa Catarina e fizeram de lá seu novo *front* de resistência. A ideia não deu certo, já que Floriano Peixoto se aliou aos Estados Unidos, que enviaram uma frota de mercenários para auxiliá-lo. O conflito se agravou e o saldo final foi uma luta armada com centenas de mortes e vitória do governo, que foi homenageado. A cidade passaria a se chamar Florianópolis.

Além da Revolta da Armada, Floriano Peixoto também enfrentou a Revolta Federalista que aconteceu no Rio Grande do Sul, uma região com muita tradição militar. Já havia acontecido ali parte da Guerra do Paraguai e a Revolução Farroupilha. Havia uma disputa entre grupos que se revezavam no poder. De um lado, um pessoal mais tradicional do Partido Republicano Rio-Grandense que fazia o jogo do governo. Do outro, um pessoal que estava descontente e queria mais espaço na política.

Os descontentes – que queriam mudança e estavam prontos para atacar – se armaram e juntaram milhares de homens – federalistas que estavam controlando a fronteira do Brasil com o Uruguai. Porém a repressão veio pesada no Rio Grande do Sul. Partiram então para Santa Catarina para ajudar os irmãozinhos da Revolta da Armada. Chegaram chegando. Resolveram atacar Curitiba. Mas nem ali tiveram arrego. Mais uma vez as tropas do governo saíram vitoriosas. Saldo final: milhares de mortes e parte delas por estrangulamento. Sim, Floriano tinha essa mania bizarra de punir seus adversários.

28
CANUDOS

VIVA A SOCIEDADE ALTERNATIVA

Por volta de 1870, uma forte crise econômica se instaurou no Brasil, e o Nordeste, que tempos antes havia sido uma próspera região graças à cultura do açúcar, passou por uma acentuada dificuldade. Os senhores de engenho, apesar de não terem mais o poder aquisitivo e o prestígio de antigamente, ainda conseguiam manter um digno padrão de vida.

O problema se agravou mesmo na vida do homem do sertão, que sofria com a fome e a seca e, muitas vezes, era expulso de sua terra pelos grandes latifundiários que usavam de coação e violência. Isso fez com que muitos sertanejos se deslocassem cada vez mais para vilarejos distantes, em busca de um solo fértil, próximo a fontes de água.

Nesse cenário de desolação, um peregrino começou a chamar atenção por causa de suas ideias. Antônio Conselheiro tinha

estudado para ser padre, e em suas andanças pelo sertão acabou atraindo muitas pessoas que de algum modo se sentiam beneficiadas em fazer parte daquele novo grupo em formação.

É importante dizer que Conselheiro não era apenas um demagogo com discurso religioso. Ele propunha mudanças concretas e ajudava a realizá-las. "Bora lá construir uma ponte, uma cisterna. Vamos cavar um poço, ver qual a melhor plantação para este tipo de terra." Em troca dos seus serviços, ele poderia ser pago com comida ou hospedagem.

E, nesse intento, ficou mais de 20 anos viajando por regiões inóspitas do Nordeste, principalmente do estado da Bahia, onde em 1893 ele assentou terra com outros sertanejos que o acompanhavam. Quando chegaram ali, perto da fronteira com o Sergipe, Canudos - nome derivado de uma planta local com haste oca - ainda era um vilarejo capenga que foi ganhando melhorias graças ao desempenho de Conselheiro e do restante da população, que construíram poços, capela, casas e rebatizaram o local como "Belo Monte".

De um ano pro outro, o lugar começou a ganhar fama local e passou a ser visto por muitos moradores do sertão como uma alternativa à vida de exploração das grandes fazendas, um ponto de refúgio. Muita gente que ali chegava tinha a esperança de uma existência mais digna, onde poderia comer o que plantava, onde haveria uma troca justa entre pessoas da própria comunidade, numa espécie de irmandade, em que seria implantado um estilo de prática agrícola de subsistência autossustentável.

Euclides da Cunha, notável escritor e jornalista da época, narrou a resistência do povo de Canudos à dura realidade da seca em sua obra-prima *Os Sertões,* publicada em 1902:

> [...] o nosso sertanejo faz exceção à regra. A seca não o apavora. É um complemento à sua vida tormentosa, emoldurando-a em cenários tremendos. Enfrenta-a, estoico. Apesar das dolorosas tradições que conhece através de um sem-número de terríveis episódios, alimenta a todo o transe esperanças de uma resistência impossível.

A comunidade foi crescendo. Vinte e quatro mil pessoas começaram a viver ali.[46] E viviam bem, plantando, fazendo trocas com as comunidades vizinhas. Quem não gostou muito dessa história de sociedade alternativa foram os poderosos da aristocracia agrária que, de repente, começaram a ver seus empregados irem embora para Pasárgada, ops, Belo Monte, em busca de uma vida melhor.

OCUPAR E RESISTIR

Além dos latifundiários, Antônio Conselheiro e sua comunidade começaram a incomodar também as autoridades, que viam naquele modelo de comunidade uma espécie de afronta ao sistema republicano vigente. Era o ano de 1896, e a cobrança de impostos estava instituída em todo o território nacional. Cada estado, cada cidade tinha o direito de cobrar imposto de seus habitantes.

Só que essa lógica não funcionava para os moradores de Canudos, já que eles haviam erguido uma comunidade com o próprio trabalho sem nenhum tipo de ajuda governamental. Antônio Conselheiro começou a questionar algumas regras do recente sistema de governo. Além da cobrança de impostos, ele também era contra o casamento civil. Para o beato, a nova regra matrimonial era uma intromissão do Estado num assunto que dizia respeito à Igreja.

Todos esses fatos foram ajudando a criar uma aura de que existia uma comunidade no interior da Bahia de resistência e oposição à República. Canudos já era olhada com certa desconfiança e temeridade pelas autoridades locais, e esse receio se agravou no episódio de construção da igreja local.

Conselheiro havia comprado madeira em Juazeiro. Os comerciantes prometeram um prazo para entregar e não cumpriram o combinado. O beato começou a reclamar e, rapidamente, se espalhou um boato de que ele faria um motim contra Juazeiro. A polícia local foi avisada e se preparou. O motim não aconteceu, mas a guarda foi tirar satisfação em Canudos. Os moradores da vila, sabendo que os soldados estavam a caminho e, prevendo o pior, prepararam uma armadilha e mataram 10 homens da tropa policial, que num contra-ataque matou mais de 100 moradores de Belo Monte.

Depois desse primeiro ataque, a elite latifundiária passou a ter uma certeza: a de que era preciso atacar Canudos. Em pouco tempo, o presidente da República, começou a ter um diálogo mais efetivo com o Exército. Em janeiro de 1897, ocorreu a segunda invasiva das tropas armadas, o que causou a morte de muitos sertanejos e de policiais.

A terceira expedição se deu em março do mesmo ano. O general Moreira César – considerado um militar linha dura – foi chamado para comandar essa diligência. Uma gigantesca estrutura foi armada: quase 1.300 soldados, canhão, metralhadora. Os sertanejos, mesmo acuados, não se intimidaram e partiram para cima. Recolheram facões e as armas que tinham e conseguiram matar Moreira César. O general que foi escalado para substituí-lo também morreu. Canudos mostrou que não estava pra brincadeira.

Os moradores de Belo Monte resistiram até a quarta expedição, que teve início em junho de 1897 e levou mais 5 mil soldados para o sertão da Bahia. Aconteceram vários confrontos. Junho, julho, agosto. Em setembro, Antônio Conselheiro morreu. Até hoje não se sabe a exata causa de sua morte. Em outubro, ocorreu a última grande batalha. Canudos foi dizimada. Não existe um número exato de mortos. Euclides da Cunha estimou 5.200 casas, então não é exagero imaginar de 20 a 25 mil pessoas mortas no conflito. A guerra terminou num grande genocídio, considerado até hoje o maior massacre da República.

PARA REFLETIR

O massacre de Canudos mostra que a República não garantia bem-estar para todos cidadãos. Não houve diálogo, houve repressão. Os sertanejos estavam lutando por uma vida alternativa, sem cobrança de impostos. Havia uma forte presença da religião na vida daquelas pessoas, que passaram a ser chamadas de fanáticas e encontraram em Antônio Conselheiro uma figura messiânica. Ele tinha um discurso contundente, de que a religião poderia trazer uma vida melhor para as pessoas. No fim das contas, Canudos deixa três significados importantes: a resistência, a importância religiosa e a forma como os governantes entendiam os movimentos sociais e dialogavam com eles. O massacre foi visto com bons olhos pela maior parte da opinião pública da época e recebeu elogios até da imprensa internacional, que dizia que o genocídio de Belo Monte significava a vitória da civilização sobre a barbárie. Resta saber quem eram os civilizados e quem eram os bárbaros.

29
REPÚBLICA OLIGÁRQUICA

CORONELISMO

Desde 1889, o sistema político do Brasil é a República. Nos primeiros 5 anos, a cadeira presidencial foi ocupada por Marechal Deodoro da Fonseca e Floriano Peixoto, que eram militares, por isso esse período ficou conhecido como "República da Espada". Em 1894, Prudente de Moraes assumiu o cargo máximo do executivo, sendo assim o primeiro presidente da República civil, inaugurando um período que duraria 36 anos, conhecido como República Oligárquica.

"**Oligarquia**" é um termo que tem origem na palavra grega "*oligarkhía*", cujo significado literal é "**governo de poucos**", que caracteriza um **esquema político** no qual o poder está centralizado em um **pequeno grupo** pertencente a uma mesma família, um mesmo partido político ou grupo econômico. No caso do Brasil, o grupo econômico em questão era o dos latifundiários.

A República Oligárquica ficou conhecida por ter sido um período em que um pequeno grupo de fazendeiros conseguiu ter bastante influência nas decisões políticas do país. Como na época pelo menos 80% da população do Brasil vivia em zonas rurais, os coronéis - como eram conhecidos esses fazendeiros - foram figuras importantes no sistema de controle do voto. Por meio do uso da violência, através de suas tropas de jagunços, obrigavam os eleitores a votarem nos candidatos que apoiavam.

UM GRANDE ACORDO NACIONAL

O primeiro presidente civil da República, Prudente de Moraes, era conhecido por ter feito parte do movimento republicano no Brasil desde a década de 1870. Assim, como grande parte dos presidentes, era fazendeiro. Seu governo foi marcado por muita instabilidade política, já que ele não sabia como controlar a "máquina eleitoral" nem criar um sistema em que seus parceiros fossem eleitos.

Quem conseguiu "ajustar" essa máquina foi seu sucessor Campos Sales, responsável por idealizar e colocar em prática um grande acordo nacional: a troca de favores entre o presidente da República e os "governadores dos estados" que não faziam oposição ao governo federal, e nas eleições usavam todos os meios – legais e ilegais – para eleger deputados e senadores que dariam apoio e sustentação política ao chefe do Poder Executivo. Esse acordo envolvia as oligarquias, principalmente dos estados de São Paulo e Minas Gerais, pacto no qual políticos representantes de interesses paulistas e mineiros alternavam-se na cadeira de presidente da República.

Nesse esquema, os coronéis eram importantes, visto que cada um, em seus domínios territoriais, exercia o controle político da sua zona eleitoral, o que acabou criando o chamado "voto de cabresto". Através de fraudes eleitorais e compra de votos, os coronéis conseguiam eleger quem eles quisessem. Em contrapartida a essa "ajudinha", o governo federal fazia vistas grossas para a corrupção e todos os tipos de ilegalidades nas administrações estaduais e municipais.

Fica uma dúvida para o eleitor contemporâneo: como esse sistema era tão eficiente? O voto não era secreto? Era justamente nisso que consistia a competência desse esquema. O voto era aberto. O sujeito tinha que escrever num papelzinho em quem ele votaria, mas o voto ficava atrelado ao nome do cidadão, então não tinha como disfarçar muito não.

NÃO HAVIA MUITA ESCOLHA PARA O ELEITOR REBELDE. ELE E SUA FAMÍLIA SOFRERIAM AMEAÇAS E REPRESÁLIAS DE TODOS OS TIPOS CASO ELE FOSSE CONTRA UMA ORDEM DO PODEROSO CORONELÃO.

REVOLTA DA VACINA E TRANSFORMAÇÕES URBANAS

Em 1902, o advogado Rodrigues Alves tomou posse como presidente do Brasil. Foi o terceiro paulista eleito na sequência. Em 1903, o Brasil fez um acordo com a Bolívia que ficou conhecido como "Tratado de Petrópolis", por ter sido firmado nessa cidade fluminense. Nesse acordo, a Bolívia concedia ao Brasil as terras que hoje correspondem ao estado do Acre. Em troca, o Brasil pagava ao país vizinho o valor de 2 milhões de libras esterlinas.

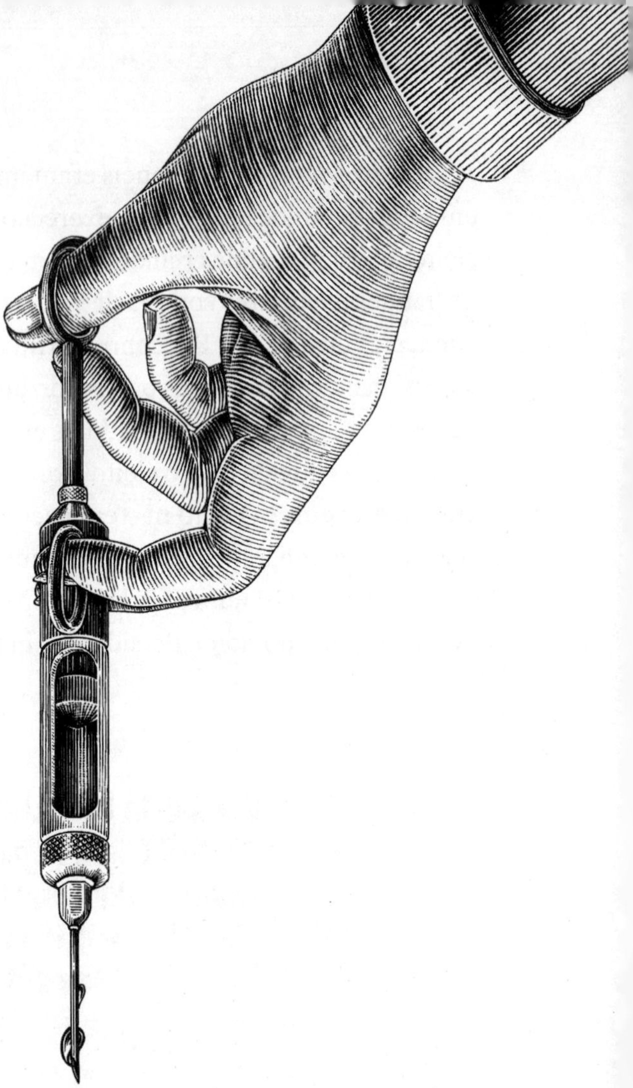

Era um negócio benéfico para as duas nações. A Bolívia, que não estava conseguindo conter o avanço da invasão dos brasileiros em busca do látex em seu território, recebeu uma quantia significativa em dinheiro. O Brasil passou a explorar uma matéria-prima que vivia o auge de sua economia.

No Sudeste, o país passou por um processo de europeização, principalmente na cidade do Rio de Janeiro, que começou a receber várias reformas a partir de 1903, inspiradas nas reformas feitas em Paris no século XIX. Na gestão de Rodrigues Alves, a zona portuária foi modernizada e foram criadas as avenidas Central (hoje Rio Branco).

Muitas pessoas que moravam em locais estratégicos para o estado foram removidas de forma autoritária, chegando até mesmo a ficar desabrigadas. Outras tantas começaram a subir os morros e a formar cortiços, onde não havia condições mínimas de saúde e infraestrutura, como saneamento básico. Um surto de varíola e febre amarela tomou conta da cidade.

O governo então convocou o médico sanitarista, referência do momento, Oswaldo Cruz para tentar conter a epidemia. A solução adotada foi a vacina. Porém, o que, aos nossos olhos, parece ser algo *sussa* causou espanto na população da época, principalmente entre os mais carentes que costumavam tratar suas doenças em casa e sequer tinham pisado num hospital. A resistência foi aumentando até explodir uma revolta em 1904.

Quase ninguém sabia o que era tomar uma injeção e, por isso, essa medida não foi bem aceita pela população de forma geral. Pensa, você tá lá em 1904, *tranquilex* no seu fim de semana, pensando no *rolê* que vai fazer. Chega um cara todo de branco, bate na sua porta. Você abre, ele tá com uma injeção na mão, acompanhado de um policial. Você ia deixar ele aplicar um líquido na sua veia? Sem contar que os costumes eram outros. Se hoje nós vivemos numa sociedade machista, imagina naquela época um estranho chegar e tocar no braço da esposa de um cara mais conservador?

Geral se revoltou. "Aqui você não entra, não, seu puliça." E, quando o governo insistiu em levar adiante sua campanha de vacinação, começou um reboliço. Epa! Mexeu com um, mexeu com todos!" Foram seis dias de revolta, de 10 a 16 de novembro com o saldo triste de 20 mortos e 100 feridos.[47] A mensagem ficou clara: a população, antes de ser vacinada, deve ser consultada. Cadê o diálogo seu dotô?

30

REVOLTA DA CHIBATA E CONTESTADO

A Revolta da Chibata aconteceu no Rio de Janeiro em 1910. O Brasil já era uma República havia 21 anos e abolira a escravidão havia 22 anos, mas na prática a realidade se distanciava de uma sociedade progressista e igualitária. Os pobres, negros e as mulheres sofriam muita discriminação. Esse preconceito estava disseminado na sociedade da época e atingia com insistência alguns setores, por exemplo, a Marinha.

Até esse momento, os marinheiros eram tratados de forma desumana e, se por acaso cometessem algum erro, podiam ser punidos de forma excessivamente violenta: por exemplo, ter de passar a noite em alçapões ou tomar chibatadas, e o número recorrente era de 25 açoites. Por causa dessa condição de exploração e maus-tratos, muitos homens da Marinha começaram a se organizar para que mudassem aquele tipo de tratamento.

Esse pensamento, que já rondava a cabeça de muitos marinheiros, começou a ganhar força quando, numa de suas viagens, um grupo de oficiais ouviu a história dos *potemkins* russos, navegadores da Marinha Oficial da Rússia, que comandaram uma revolta em 1905 reivindicando melhores salários, uma carga horária menor de trabalho e o fim dos castigos físicos.

Os marinheiros russos passaram então a ser uma referência. Se eles haviam lutado e conquistado melhorias, os marinheiros brasileiros também poderiam conseguir e, assim, mais de 2 mil marinheiros começaram a se organizar e a planejar uma rebelião em todos os detalhes, já que eles tinham que ter o máximo de cuidado para que nenhuma informação vazasse. A Marinha era um lugar embaçado para um insubordinado; caso seu plano de rebelião fosse descoberto, o preço a pagar pela indisciplina seria alto.

Em 15 de novembro de 1910, Rui Barbosa, o candidato a presidente apoiado pelos marinheiros, perdeu a eleição. O vencedor foi o general Hermes da Fonseca, um militar linha dura. Com essa vitória indesejada, os marinheiros acertaram os últimos detalhes da rebelião: iriam juntar tudo quanto era navio para dali a dez dias fazer um motim e chamar a atenção de Hermes para a questão das chibatadas.

Porém, no dia 21 de novembro, um imprevisto aconteceu. O marinheiro Marcelino Rodrigues se envolveu numa briga com um colega, dentro do encouraçado *Minas Gerais*, e o feriu com um canivete. Como punição, levou 250 chibatadas. Geral ficou *revolts*. A gente tá aqui, tramando, querendo fazer as coisas tudo dentro do prazo, mas não dá mais. O brother ali tomou 250 chibatadas, quase morreu. A hora é agora. Bora atacar.

Pronto. A revolta estava armada. Os revoltosos partiram para o ataque e chegaram a matar o próprio comandante do encouraçado, além de mais 4 oficiais. Um dos marinheiros, João Cândido Felisberto, também conhecido como Almirante Negro, encabeçou as negociações com o governo. Queremos o fim dos maus-tratos, parou a chibata. Ou é isso, ou nós vamos bombardear geral, tacar bomba no Rio de Janeiro.

O governo, ao receber a ameaça dos marinheiros, não a levou muito a sério. Então foi com estupefação que, junto da população do Rio de Janeiro, ouviu bombardeios de verdade. Ainda que a maioria fosse só de aviso, um ou outro foi em direção à cidade. Forças oficiais pensaram em reprimir a revolução, mas se viram num beco sem saída quando souberam que 4 navios já estavam fechados com a galera do Almirante Negro.

Nesse momento, Hermes da Fonseca pediu arrego: "Calma aí, rapaziada, vamos trocar uma ideia". No dia 26 de novembro, o governo aceitou as condições dos revoltosos e fez um comunicado oficial por escrito: "Vocês parem com o ataque, abandonem as armas, nos devolvam os navios que nós vamos parar com a chibata. Tudo vai dar certo, tudo vai se resolver".

Os marinheiros então cumpriram com o combinado: entregaram as armas e devolveram os navios. E o que Hermes da Fonseca fez? Descumpriu o trato! Aliás, não havia trato nenhum! O acordo era um blefe! E mandou prender um monte de marujo. Alguns marinheiros foram sendo abarrotados em calabouços em condições sub-humanas e, conforme iam ficando fedidos, cal viva era derramada sobre eles.

Você já conhece essa história, né? Lembra da Tragédia do brigue Palhaço? É uma história triste. A cal forma um vapor tóxico que mata. O Almirante Negro estava num desses calabouços em que foi jogada a cal, junto de outros 17 marinheiros. Só ele e mais um sobreviveram. Depois desse episódio, ele ainda foi declarado louco pelo governo e internado no Hospital dos Alienados, sendo solto um ano depois. Foi discriminado e perseguido pela Marinha até o final de sua vida. Morreu de câncer, pobre, aos 89 anos de idade.

Os marinheiros sofreram as piores consequências com essa revolta. Ficaram taxados na sociedade de baderneiros, não conseguiam mais arrumar emprego. O governo reprimiu o movimento de forma muito violenta. Novamente, não houve diálogo.

E a chibata? A chibata acabou. Depois da revolução, começou a pegar mal perante a sociedade o uso indiscriminado de violência como punição. Mas outras penalidades além da prisão ou da chibata foram impostas. Muitos marinheiros foram transferidos para trabalhar em lugares distantes, nas piores condições.

CONTESTADO

A Guerra do Contestado foi um conflito armado que se iniciou no Sul em 1912 e duraria quase quatro anos.

O Brasil vivia numa República recente. O presidente da época era o general linha dura Hermes da Fonseca, o mesmo que reprimiu com mão de ferro a Revolta da Chibata. O Contestado era um movimento rural e popular dos camponeses que vinham tentando sobreviver de seu trabalho na lavoura, nas regiões de araucária do sul do país.

Em 1912, o progresso chegava à região em forma de ferrovia. Tá ali o povo do campo, plantando, comendo o que a terra dá, quando vê suas terras invadidas por uma linha de trem. E não era qualquer linha férrea, não! Era uma das grandes, que ia ligar São Paulo ao Rio Grande do Sul. Muita gente até conseguiu trabalho, mas uma hora termina o contrato e o emprego já era.

O sertanejo logo pensou: *Danou-se! Como é que eu vou continuar aqui de boa plantando meu pinhão, meu mate, cortando a minha madeira?*

Eles eram católicos e tinham uma liderança religiosa, José Maria de Agostinho, um monge que usava chapéu de pele de onça e prenunciava o fim do mundo, *winter is coming*, ajudava as pessoas enfermas fazendo beberagem, usando os medicamentos da floresta. O desenvolvimento ia contra o estilo de vida dos moradores dessa região e, por isso, eles decidiram formar uma comunidade para resistir.

Quanto mais a linha férrea avançava, mais eles eram expulsos de sua terra. Os catarinenses até tentaram argumentar. *Pô, você não pode expulsar a gente assim, não. Eu já moro aqui há décadas, meu avô que era posseiro veio pra cá, meu pai morou aqui, agora estou dando continuidade aos costumes que herdei dos meus antepassados.* As autoridades então exigiam documentos e escrituras que os lavradores não possuíam, mesmo morando uma vida inteira ali. *Quem não tem documento tem que vazar e dar espaço pras madeireiras, pras empresas gringas que estão vindo aqui investir na ferrovia.*

Os camponeses eram expulsos de sua terra, mas pensavam: "Isso não vai ficar assim, vai ter volta, nós vamos resistir". A primeira forma de reagir foi descarrilhando os trilhos do trem, depois tacaram fogo nas estações. Pensaram que dessa forma fariam as autoridades recuarem. Mas eis que, em outubro de 1912, a polícia do Paraná começou um ataque que matou um grupo de sertanejos, entre eles o monge José Maria. Os camponeses, vendo seu líder morto, partiram para o contra-ataque e conseguiram abater o coronel João Gualberto, que comandava a expedição.

Morreu o líder de um lado e morreu o líder do outro. O momento era de tristeza, mas os catarinenses sabiam que deviam se preparar, pois haveria uma nova investida das tropas militares. E eles estavam certos, já que em 1914 a tropa chegou com tudo na quebrada. Os sertanejos bateram em retirada para outra região e venceram outra batalha. *Vamos nos fortalecer, formular nossas ideias. Basta de coronelismo! Chega de concentração de terras! Queremos viver em paz, ter a nossa crença respeitada!*

Em 1915, as Forças Armadas fizeram uma nova ofensiva, só que dessa vez bem mais pesada. O governo chegou a usar uma tecnologia até então nova para a época, aviões de guerra. Foram utilizados 3 aviões para sobrevoar a região e mapear os pontos de fuga. A repressão chegou forte para cima dos sertanejos. As forças policiais já sabiam onde eles estavam. Foram enviados militares que se posicionaram em quatro partes: leste, oeste, norte e sul. Fim de jogo para os resistentes. Eles estavam cercados. Foram mortos e presos. Estima-se um número de 20 mil mortes.[48]

A Guerra do Contestado aconteceu praticamente 20 anos depois da Guerra de Canudos. Guardadas as devidas proporções, elas carregam algumas características muito semelhantes, como a luta por um estilo de vida autossustentável, a figura messiânica de um líder religioso, o genocídio da população rural e o autoritarismo e a violência do regime republicano.

31 INDÚSTRIA E GREVES

ADMIRÁVEL, OU NEM TANTO, MUNDO NOVO

Nos primeiros 40 anos da República no Brasil, muita gente de fora veio para cá. Estima-se que foram mais de 3,5 milhões[49] de imigrantes vindos das mais diversas partes do mundo, principalmente Itália, Portugal e Espanha. A maioria dessas pessoas foi para as grandes cidades, principalmente Rio de Janeiro e São Paulo, que começaram a crescer de forma descontrolada.

Muitas pessoas encarando uma vida nova, outras culturas, outros hábitos alimentares. Não só imigrantes que vinham de outros países, mas muitas pessoas que moravam no campo começaram a vir para as cidades em busca de oportunidades. Havia também a população negra que buscava condições mais dignas de moradia e emprego. A abolição da escravatura ainda era um episódio recente da nossa história.

Economicamente, o café ainda era o principal produto da nossa economia, seguido da borracha. Resultado do *boom* da produção do látex na Amazônia, e a cultura de cacau, algodão e tabaco também tinha certo destaque. Porém entre 1890 e 1930 começou a ganhar espaço a produção industrial, principalmente do setor têxtil e de alimentos, e o Brasil, que era basicamente um país de produção agrária, tinha que importar da Europa as máquinas para as fábricas.

TEM QUE CORRER, TEM QUE SE ADAPTAR

O aumento do movimento de industrialização foi lento, mas não linear. Houve um crescimento até 1914 que atingiu seu pico em 1918 e depois se manteve estável até 1930. Foi nesse período que as grandes cidades do Brasil receberam um contingente muito grande de pessoas que, na sua grande maioria, ia morar nas periferias dessas cidades, onde o custo de vida era mais barato. Quase sempre essas residências ficavam longe do local de trabalho, então não demorou muito para que começasse a se criar um clima de insatisfação com o estilo de vida que iam levando, acordando cedo para trabalhar, passando horas no trajeto do trabalho para casa e vice-versa.

Os trabalhadores, percebendo que a vida urbana estava ficando cada vez mais difícil, começaram a se organizar. Naquela época as pessoas não tinham direitos trabalhistas.

"FÉRIAS? NÃO TRABALHAMOS COM ISSO."

"VOCÊ SE MACHUCOU NO TRABALHO? PROBLEMA SEU, DO PATRÃO É QUE NÃO É."

"ESTÁ GRÁVIDA? TRABALHA DO MESMO JEITO."

"CRIANÇA PODE TRABALHAR? PODE, PODE, SIM. COLOCA AÍ UM RAPAZINHO DE 12, 13 ANOS QUE ELE JÁ TEM DISPOSIÇÃO E É ATÉ MELHOR PRA GENTE PORQUE GANHA MENOS."

Muitos trabalhadores dessas fábricas eram imigrantes, aliás, algumas fábricas tinham mais imigrantes que brasileiros propriamente ditos. Isso porque muitos donos de fábrica sabiam que esses caras já tinham experiência com o trabalho industrial na Europa. Afinal de contas, a industrialização na Europa já vinha de longa data, enquanto o Brasil ainda engatinhava nesse terreno.

Além da experiência no trabalho, os imigrantes também tinham trazido da Europa outro diferencial que não agradaria em nada a seus patrões: ideias consideradas, digamos, revolucionárias; ideias socialistas e até... anarquistas! *Vixi! Em São Paulo essas ideias se disseminaram mais rápido que corrente de WhatsApp. E rapidinho geral já estava avisada: o jeito de melhorar a vida é através da greve.*

**"GREVE? O QUE É ISSO, MALUCO?
QUE HISTÓRIA É ESSA QUE EU NUNCA OUVI FALAR?"**

"POIS É. NA EUROPA TÁ ROLANDO UMA PARADA ASSIM: OS EMPREGADOS DE UMA FÁBRICA AVISAM QUE NÃO VÃO TRABALHAR E O PATRÃO TEM QUE PARAR PARA ESCUTAR O QUE ELES QUEREM DIZER."

Chegou o ano de 1917. Ideias anarquistas pipocavam aqui e acolá. *Os jornalistas estavam ligados.* Começaram a publicar textos nos jornais *Terra Livre* e *A Plebe.* "Trabalhadores, uni-vos, são vocês que geram a riqueza do dono da fábrica. Se vocês pararem de produzir, ele para de lucrar".

Os trabalhadores começaram a ler aquelas notícias e pensaram: *Não é que esse jornal tem razão?* E dessa forma se uniram para discutir suas ideias. Queriam regulamentar o trabalho de mulheres e crianças e ganhar um aumento de pelo menos 20%. Essas discussões começaram a se disseminar e acabaram virando aglomerações que aconteciam com certa frequência, as chamadas "Ligas Operárias", que também eram conhecidas como "Ligas de Bairro", já que cada bairro tinha a sua. Eram formadas por trabalhadores humildes que dedicavam as poucas horas livres que tinham para pensar no bem comum dos seus colegas.

Em 10 de junho de 1917: *O bonde tá formado. Avisa lá que hoje ninguém vai trabalhar. Ou melhor, a gente mesmo vai dar o recado, vamo todo mundo pra frente da fábrica ficar de braços cruzados. A gente só volta pro batente quando nossas reivindicações forem atendidas.*

E assim foi. Os trabalhadores foram para a frente das fábricas para avisar que a partir daquele dia estavam em greve. O movimento, que começou numa empresa e em outra, de repente se alastrou. Mais e mais trabalhadores foram aderindo. Eles começaram a fazer assembleias para discutir os rumos da greve, iam para as ruas para protestar.

Porém, no dia 9 de julho, um trágico acontecimento marcaria a vida desses trabalhadores. O jovem José Martinez foi morto aos 21 anos de idade pela polícia de São Paulo, quando participava da greve no bairro do Brás. O episódio causou uma comoção gigantesca em todos que estavam ali, presentes, protestando de maneira pacífica. Três dias depois, praticamente todas as fábricas de São Paulo estavam paradas. Greve geral. Além disso, uma manifestação popular contou com a presença de aproximadamente 45 mil pessoas.[50] Para se ter uma ideia do tamanho da adesão, basta pensar que São Paulo tinha na época 500 mil habitantes. Ou seja, quase 10% da população foram para as ruas dar apoio aos grevistas.

O resultado de todo esse movimento foi uma resposta dos donos das fábricas. Eles estavam dispostos a negociar. Mas, como gato escaldado tem medo de água fria, os grevistas falaram: *Vocês querem negociar, beleza, mas nós queremos a imprensa junto pra publicar tudo o que vocês vão falar aí nesse acordo.* E assim foi. Os jornalistas marcaram presença e escreveram tudo o que os industriais falaram. Aumento de salários, crianças e mulheres não poderiam trabalhar mais de 12 horas por dia. A greve terminou ainda em julho.

PARA REFLETIR

O movimento de defesa dos trabalhadores da época era algo novo. Apesar dos mortos – José Martinez não foi o único, estima-se que mais 3 homens morreram no Brás –, houve uma vitória da classe operária. Esses homens e mulheres queriam uma vida digna. Por que será que hoje, quando olhamos para os grevistas do passado, nós os admiramos e apoiamos suas causas, mas quando olhamos para a reivindicação dos dias atuais, muitas vezes taxamos os manifestantes de vândalos ou vagabundos? Na época, os trabalhadores eram muito influenciados por ideias europeias de anarquismo e socialismo. A greve era para os trabalhadores uma maneira de se fazer escutar, uma boa forma de se conseguir o que queria, mesmo que esse movimento fosse visto como caso de polícia e os manifestantes fossem reprimidos à força de bala.

32 TENENTISMO E COLUNA PRESTES

18 DO FORTE

O ano é 1921. O mundo já assistiu à Primeira Grande Guerra e à Revolução Russa. Ideias novas, como anarquismo e comunismo, começaram a se proliferar. Aqui no Brasil até mesmo seria fundado no ano seguinte o Partido Comunista Brasileiro. A República ainda vivia sua fase oligárquica, comandada por poucos latifundiários.

O Exército brasileiro se sentia relegado a segundo plano. Acreditava que o país tinha uma dívida de gratidão com as Forças Armadas, com os heróis da Guerra do Paraguai, com a memória do Marechal Deodoro, por sinal, um general que proclamou a República. *Graças ao exército, o Brasil é uma República* era o pensamento recorrente dos militares.

O último presidente militar havia sido Hermes da Fonseca, que ocupou a cadeira máxima do executivo até o ano de 1914. O exército então começou a se movimentar para recuperar o prestígio que eles consideravam esquecido. Muitos valores eram propagados pelos tenentes, dentre eles, o de que não existia corrupção dentro das instituições militares.

Os tenentes, aliás, junto com os capitães foram as patentes das Forças Armadas mais engajadas nesse movimento que teria seu início em 1922 e terminaria em 1927. Eles acreditavam numa "salvação nacional", achavam que só o exército seria capaz de moralizar o Brasil. *No exército não existe coisa errada, vamos reformar a educação, centralizar a política, colocar o país na rédea.* Essas e outras ideias nacionalistas estavam muito em voga dentro da corporação militar.

Então, em 9 de outubro de 1921, o periódico carioca *Correio da Manhã* publicou uma carta hipoteticamente escrita pelo então "governador" de Minas Gerais Artur Bernardes, na qual a seriedade das Forças Armadas era questionada. Nela, o candidato à presidência se referia ao Marechal Hermes da Fonseca como "esse sargentão sem compostura". Artur Bernardes, posteriormente, desmentiu a autoria da missiva e o incidente ficou conhecido como "episódio das cartas falsas".

Mas já era tarde. Os militares já estavam com sangue no *zóio*, e, no dia 5 de julho de 1922, cerca de 300 militares se insurgiram contra o governo. Diversas unidades militares se organizaram para realizar um levante contra o presidente Epitácio Pessoa e seu sucessor Artur Bernardes. No entanto, apenas o Forte de Copacabana, comandado pelo capitão Euclides Hermes da Fonseca, filho de Hermes da Fonseca, e a Escola Militar em Realengo aderiram. O forte sofreu intenso bombardeio e foi sitiado por tropas fiéis ao governo.

Dos militares que estavam concentrados no forte, quase todos desistiram do combate. Restaram apenas 28, que seguiram firmes na decisão de não se render e marchar de Copacabana até o Palácio do Catete. Durante essa travessia, mais alguns fugiram. Outros foram presos. Teve ainda um engenheiro que não fazia parte do grupo e se juntou ao bando. O número de combatentes restantes é controverso, mas segundo a historiografia oficial, restaram apenas 18 homens que ficaram conhecidos como os "18 do forte". Foi então que começou um intenso tiroteio que culminou com a morte de quase todos os soldados. Sobreviveram apenas os tenentes Eduardo Gomes e Siqueira Campos.

Os 18 do forte tinham deixado uma mensagem para a população: a partir daquele momento, o Exército iria se organizar contra o governo. Dois anos depois, eles começaram a realizar outro movimento. No dia 5 de julho de 1924, vários integrantes das tropas do Exército começaram a marchar pelo interior do estado de São Paulo, numa campanha que ficou conhecida como "Coluna Paulista". Em outubro do mesmo ano, um movimento semelhante, comandado pelo militar Luís Carlos Prestes, partiu da cidade de Alegrete, no Rio Grande do Sul. Em abril de 1925, paulistas e gaúchos se encontraram no caminho e uniram-se com o mesmo objetivo: percorrer o interior do Brasil fomentando um levante popular contra o governo.

Essa caminhada ficou conhecida como "Coluna Prestes" e chegou a causar certo temor no governo. Eram algumas centenas de soldados em marcha chegando ao número de 1500 em alguns momentos.[51] Percorreram cerca de 25 mil quilômetros passando por vários estados do Brasil.[52] Porém esses soldados não tiveram uma boa receptividade popular e, depois de dois anos sendo perseguidos pelo exército legalista, tiveram que se refugiar na Bolívia e no Paraguai.

33
ERA
VARGAS

REPÚBLICA VELHA

A República no Brasil começa no ano de 1889. Os dois primeiros presidentes, Marechal Deodoro da Fonseca e Floriano Peixoto, são militares: esse é o período da República da Espada. Depois deles, entram mais onze presidentes, quase todos civis; a exceção foi o Marechal Hermes da Fonseca: esse é o período da República Oligárquica, em que as eleições acontecem na base do autoritarismo e da fraude e os presidenciáveis são representantes da elite latifundiária do país.

Esses primeiros 41 anos da República no Brasil são conhecidos como "Primeira República". Era uma época em que a política do café com leite exercia influência no cenário nacional. São Paulo, estado produtor de café, e Minas Gerais, estado produtor de derivados do leite, indicavam nomes de suas elites para o revezamento do cargo de presidente.

Algumas mudanças significativas passaram a ocorrer durante esse momento de formação da República. O Exército foi reformulado e o alistamento militar passou a ser obrigatório. Alguns gabinetes começaram a surgir, criaram-se ministérios para equipar a máquina administrativa.

Na economia não houve grandes mudanças. O Brasil ainda ganhava muito dinheiro com o café, mas estava começando a se industrializar. Novas fontes de trabalho começaram a aparecer e com elas uma nova classe operária, formada por muitos imigrantes, que vinham sobretudo da Europa. Muitos desses trabalhadores, que matutavam ideias anarquistas e comunistas, chegaram a organizar greves e manifestações por melhores condições no serviço. Esses protestos eram sempre repreendidos com muita violência pela força policial.

Oficialmente, o Brasil atual é laico, mas historicamente tem uma influência muito forte da doutrina católica, mas não é por isso que a gente vai deixar de se divertir. É claro que a galera curtia um samba, uma capoeira, mas quem estivesse de bobeira na rua aproveitando o *rolê* era preso por vadiagem ou assaltado. Então era melhor fazer uma roda de samba em casa mesmo e se divertir na maciota.

ALIANÇA LIBERAL

Em 1930, menos de 10% da população brasileira podiam votar, visto que o voto era restrito a homens com mais de 21 anos de idade e alfabetizados. Naquele momento, pouquíssimas pessoas do país sabiam ler e escrever. E dentre os que podiam votar, pouquíssimos de fato votavam conforme sua livre e expressa vontade, já que o voto era aberto. Ou seja, o sujeito entrava numa salinha para votar e ao lado de seu nome estaria registrado o voto em seu candidato que, na verdade, era o candidato de algum coronel que botava uns fiscais na sua cola para fiscalizar se ele estava fazendo tudo "direitinho".

Os acordos entre as elites eram uma maneira mais eficiente de se eleger um presidente do que através do voto propriamente. Washington Luís, que era o presidente no ano de 1930, sabia disso e tratou de convencer seus parceiros de que o nome da vez era o do advogado Júlio Prestes.

"Mas peraí", começaram a ruminar alguns de seus companheiros, "o esquema nosso não era dar uma revezada?". Sai paulista, entra mineiro. Sai, mineiro, entra paulista. Se você, Washington Luís, tá ligado aos paulistas, o próximo nome tem que ser ligado aos mineiros, e Júlio Prestes está do lado dos paulistas. Alguma coisa está errada nessa história, vai ter gritaria.

Mas Washington Luís deu de ombros. E, como ele era um político muito influente, conseguiu fazer acordo com a elite agrária que apoiaria seu candidato. Os mineiros ficaram ressentidos e começaram a pensar num jeito de derrotar Júlio Prestes.

Já sei! Vamos formar uma aliança liberal!, falou um.

Liberal? Você tá maluco, cumpádi? Ninguém aqui quer ser liberal, não! A gente quer manter as coisas como estão! A gente só quer tirar os paulistas do poder!, respondeu outro.

Calma, brother! Liberal é só um nome bonitinho que a gente vai dar pro nosso partido, é uma aliança entre aqueles traídos pelos paulistas.

Foi nesse momento que os fundadores desse novo grupo político começaram a olhar para os políticos de outros estados que não iam pegar cargo na gestão de Júlio Prestes, para os empresários que achavam que todo o investimento do governo ia para os barões do café, para alguns militares, principalmente tenentes, que estavam descontentes e conclamaram: "Vem pra Aliança Liberal você também! Vem!"

REVOLUÇÃO DE 1930

E assim esse novo partido começou a se formar com o apoio militar – não só tenentes, mas também oficiais da guarda pública – e a adesão de dois grandes políticos: João Pessoa, presidente do estado da Paraíba, e Getúlio Vargas, presidente do estado do Rio Grande do Sul. Este último começou a promover campanhas para dialogar diretamente com o povo, algo inédito para os políticos de então, que só conversavam com as elites.

No dia 2 de janeiro de 1930, Getúlio Vargas fez um comício para mais de 100 mil pessoas no Rio de Janeiro,[53] um mar de gente a perder de vista que não necessariamente seria revertido em votos, já que naquele momento pouco mais de 5% da população podiam votar. O resultado da eleição que aconteceu em março foi uma prova do que todo mundo já sabia: importante mesmo era dialogar com os donos do dinheiro. Júlio Prestes saiu vitorioso.

Pela regra eleitoral, o eleito em março assumiria em novembro. Oito meses era muito tempo, ainda mais num país em que a tensão política estava à flor da pele. Seriam oito meses em que os mais perversos ardis seriam maquinados. Alguns membros da Aliança Liberal queriam um papo mais reto. *Vamos tirar Washington Luís na marra, com tiro na cara.* Mas havia outra parcela do partido que dizia: "Deixa disso, vamos pensar num plano mais elaborado. O que é dele tá guardado, a batata tá assando".

Eis que, no dia 26 de julho de 1930, João Pessoa acordou feliz da vida e se dirigiu à Confeitaria Glória no Recife para degustar uma sobremesa acompanhado de uma bela xícara de chá. Porém, ao chegar num dos estabelecimentos mais badalados pela elite local, escutou alguém dizendo seu nome. Ao olhar para trás, foi alvejado por uma saraivada de tiros. Tá Tá Tá. Tomou os tiros à queima roupa, morreu na hora.

A notícia logo tomou conta da cidade, do estado, do país! "Mataram João Pessoa! Foram os paulistas! Vamos cair matando de pau em cima desses caras! Vingança!"

Mas não foram os paulistas. João Pessoa fora assassinado por João Dantas. *João quem?* Dantas, amigo do Zé Pereira. *Cuma? Quem são esses caras?*

A história toda é a seguinte:

João Pessoa queria aumentar a fiscalização em algumas regiões da Paraíba para aumentar a arrecadação de impostos. O coronel Zé Pereira, da cidade de Princesa, não queria pagar mais imposto. João Pessoa então retrucou: "Vai pagar nem que seja na marra, nem que eu tenha que mandar a polícia atrás de você". Dantas, e a turma do Zé Pereira, queriam pagar pra ver: "Tá achando o quê? Aqui ninguém manda polícia, não, porque aqui nós não reconhecemos sua autoridade. Declaramos, a partir deste momento, a cidade de Princesa como independente do resto do país, aqui nós fazemos nossas próprias regras".

João Pessoa, furioso, contratou espiões e os colocou no encalço de Dantas. *Algum podre ele há de ter.* E foi aí que ele teve acesso a cartas de amor eróticas que Dantas trocava com sua amante Anayde. O governador da Paraíba, num golpe baixo, publicou essas cartas num jornal. Para defender a honra de sua amada, Dantas não se fez de rogado. Foi lá e meteu tiro no cabra. Algumas semanas depois, a namorada, consumida de vergonha, se matou. Essa é a história por trás do assassinato, mas na época ninguém falava disso.

Este assassinato era um ótimo argumento para destituir Washington Luís do poder: "Você mandou matar nosso amigo". João Pessoa morreu no final de julho de 1930. Agosto e setembro foram dois meses de muitas reuniões. No dia 3 de outubro, começou a Revolução de 1930. Forças militares do Rio Grande do Sul, de Minas Gerais e da Paraíba partiram rumo ao Rio de Janeiro.

O negócio ficou tão feio que Washington Luís decretou feriado do dia 10 ao dia 21 de outubro. Enquanto isso, a Aliança Liberal seguia avançando. As tropas do Rio Grande do Sul chegaram à fronteira do Paraná com São Paulo, onde aconteceria a Batalha de Itararé. Aliança Liberal *versus* governistas. Estavam todos acampados. Pelo número de pessoas assentadas, a galera começou a pensar: *Vai ser uma treta gigantesca*. Não teve treta, desabou uma baita chuva. Só que, nesse ínterim, muitos soldados da base governista, vendo a força das tropas da Aliança Liberal, desertaram e passaram para o lado inimigo.

No dia 24 de outubro, as Forças Liberais, com um batalhão de milhares de homens e mulheres, chegaram ao Rio de Janeiro e prenderam Washington Luís. Foi o fim de seu governo. Ele foi exilado do Brasil e terminou sua vida na Europa. Mas e agora? Quem seria o novo presidente do país? Uma junta governativa foi formada para decidir quem ocuparia o cargo máximo do executivo e, no dia 3 de novembro de 1930, Getúlio Vargas assumiu o poder com a difícil missão de agradar gregos e troianos, militares e liberais.

GOVERNO CENTRALIZADOR E NACIONALISTA

Getúlio teria que governar para interesses opostos, mas ele começou a mexer seus pauzinhos. Deu cargos importantes para pessoas que faziam oposição a ele, sabia que era preciso agradar aos poderosos; racionalizou o sistema político, criou gabinetes para distribuir funções a quem poderia ser uma pedra em seu sapato.

Essa foi a primeira grande medida de Getúlio. Ele vinha da escola positivista, chegou ao poder através de um golpe militar, da força bruta. Não conseguiria governar se não tivesse pulso firme. Então substituiu os presidentes de província, deputados e senadores por pessoas de sua confiança. O governo foi ficando menos democrático e mais centralizado.

Outra medida tomada por Getúlio quando assumiu o poder foi reformular o exército e anistiar os tenentes. Ele também criou alguns ministérios que antes não existiam, como o do Trabalho, Indústria e Comércio e o da Educação e Saúde. Criou algumas escolas e universidades. Fez uma reforma religiosa também. As escolas passaram a ter ensino religioso, e o Cristo Redentor, grande símbolo do catolicismo no Brasil, foi inaugurado em 1931.

Um dos pontos mais importantes do governo de Getúlio foi sua política trabalhista. Ele criou leis de defesa para o trabalhador que trouxeram melhorias, mas impunham condições de não se fazerem mais greves. "Se quiser fazer greve, vai ter que falar com o sindicato." E os líderes de sindicato eram todos seus conhecidos, numa clara manobra de aparelhamento do Estado.

Com o tempo, o Brasil foi ficando mais urbano e industrial, mas Getúlio não se esqueceu da elite agrária. A elite do café continuava rica, mas Getúlio centralizou a administração e criou o Conselho Nacional do Café em 1931. A economia cafeeira, que antes era planejada pela aristocracia paulista, começou a ser acompanhada mais de perto pelo governo.

GETÚLIO VARGAS

Getúlio colocou uma mão de ferro no seu jeito de comandar. "Nós somos pelo Brasil. Quem é contra o nosso jeito de administrar é contra o Brasil." Usava o nacionalismo como argumento. Esse nacionalismo era aplicado em todos os setores, até mesmo na economia. Getúlio conseguiu renegociar a dívida externa de 237 milhões de libras com a Inglaterra.[54] No mercado de trabalho, a partir do final de 1930, qualquer empresa do Brasil teria que ter 2/3 dos funcionários compostos por brasileiros. Os empresários não gostaram nada dessa história, porque havia um preconceito generalizado na época de que os brasileiros eram funcionários piores que os estrangeiros.

VOCÊ SABIA?

Desde que chegou ao poder, Getúlio conviveu com a cobrança por uma nova Constituição. Porém ele sabia que, se fizesse uma nova Carta Magna, teria que necessariamente convocar novas eleições. E pensou: *Os paulistas sabem como bolar um esquema para ganhar as eleições, eu não. A menos quê... Pera... É isso!*

Getúlio então criou a justiça eleitoral, contratando juízes eleitorais através de concursos. Esses juízes seriam responsáveis por fiscalizar a lisura do processo eleitoral. As pessoas poderiam votar em quem elas bem entendessem, sem fraude. Foi implantado o voto secreto e a ampliação do número de eleitores. O voto seria numa cabine fechada: você entra, vota em quem quiser e vai embora. E a grande medida ainda estava por vir: o voto feminino. A partir de então, mulheres poderiam votar e se candidatar!

REVOLUÇÃO CONSTITUCIONALISTA

O ano é 1932. Getúlio Vargas entrou no governo e ainda não fez uma nova Constituição. A elite de São Paulo, ressentida porque acabou de perder o poder, ia se mobilizar. Getúlio, percebendo a insatisfação dos paulistas, também começou a se mexer. Colocou um interventor para governar o estado, a elite não gostou. Ele colocou outro; a elite, mesmo que a favor da troca, continua não indo com a cara do Getúlio. E assim a queda de braço entre Getúlio e os paulistas parecia não ter fim.

Pressionado, no dia 13 de maio, o presidente informou que promulgaria em breve uma nova Constituição. Porém, na madrugada do dia 23, houve uma tentativa de invasão de um prédio conhecido por ser local de apoiadores do governo. Para impedir a entrada dos manifestantes, foi usada uma força desmedida e 13 pessoas caíram mortas.[55]

A partir desse episódio, a coisa ficou séria. O 23 de maio deixou uma marca entre os paulistas. Muitos já vinham propagando ideias de que a cidade era a locomotiva do país, e depois dessa barbárie os jornais começaram a criar um entusiasmo em torno de concepções regionalistas e até mesmo xenófobas.

Os paulistas queriam, além de uma nova Constituição, uma liberdade administrativa estadual e representantes nos ministérios de Getúlio que, mesmo coagido, não acatava as reivindicações. Então, no dia 9 de julho, as tropas paulistas, com um contingente, naquele momento, de 20 mil homens,[56] mandaram informar que estavam se revoltando contra o governo federal por este não promulgar a Constituição.

Os paulistas avançavam e venceram as primeiras batalhas. Em agosto, Getúlio mandou reforços e começou a virar o jogo. Em setembro, depois de um bombardeio em Campinas que matou uma criança de 9 anos de idade,[57] a vitória do governo era dada como certa. Getúlio lançou um manifesto aos paulistas comprometendo-se a lançar uma data para promulgar a nova Constituição. Os paulistas ainda relutavam, não queriam fazer acordo. Mas não teve jeito, as tropas federais estavam cada vez mais fortes e, no início de outubro de 1932, aconteceu a rendição que deixou uma triste marca para o estado de São Paulo: 633 mortos e 15 mil feridos.[58]

Setenta e sete dos paulistas foram banidos pelo governo,[59] muitos foram presos. Como demonstração de força, Getúlio mandou retirar políticos de seus cargos públicos, mas, como prêmio de consolo aos derrotados, arcou com parte dos custos de guerra e trocou novamente o interventor de São Paulo, desta vez por um paulista e civil, como queriam, mas isso foi só em 1933. A Constituição também só começaria a ser feita em maio de 1933 e ficaria pronta em 1934.

CONSTITUIÇÃO DE 1934

Hitler chegou ao poder no ano de 1933. Na Itália, o governo fascista de Mussolini comandava o país. Em Portugal, imperava a ditadura de Salazar. E, no Brasil, Getúlio Vargas, um representante do totalitarismo ocupava a presidência. Depois da crise de 1929, uma grande parcela da população mundial se encontrava cética com relação à livre economia de mercado e se apegava à mão forte e centralizadora de estados nacionalistas.

Getúlio criou a Delegacia Especial de Segurança Política e Social, comandada por Filinto Müller, homem forte de seu governo, que já tinha visitado a Alemanha em missão oficial e se encontrara com o dirigente da Gestapo, a polícia nazista. Müller reprimia as oposições ao regime Vargas com pancadas, choques elétricos, até tortura.

No final de 1933, Getúlio viajou para o Nordeste e visitou algumas cidades, dentre elas Salvador, a qual encontrou em situação muito precária. No Ceará se deparou com verdadeiros campos de concentração, onde cerca de 70 mil sertanejos estavam trancados em cativeiros, vítimas de uma política de higienização social.[60] Esses espaços eram construídos para manter os flagelados longe da capital.

Enquanto acontecia essa viagem, um grupo era formado para compor a assembleia constituinte que redigiria a nova Constituição que só seria promulgada em julho de 1934, quando, enfim, terminaria o governo provisório de Getúlio Vargas. Foi a terceira Constituição do Brasil, e ficou conhecida como "precoce" por ter durado menos de três anos.

O momento agora é de governo constitucional. A Constituição de 1934 estabeleceu diversas mudanças políticas. As eleições continuariam sendo diretas, com exceção da primeira, depois de promulgada a Constituição, quando Getúlio foi eleito por uma Assembleia Constituinte para ficar quatro anos no poder, sem vice-presidente e não sendo possível a reeleição.

Outras mudanças significativas provenientes da nova Constituição:

- O Poder Legislativo teria poderes para investigar o Executivo, diminuindo assim o poder de Getúlio.
- Lei nacionalista dizia que os estrangeiros poderiam ser expulsos do país.
- O voto passou a ser permitido para qualquer pessoa alfabetizada com mais de 18 anos de idade, incluindo as mulheres.
- Getúlio tinha o poder de censurar qualquer tipo de material que achasse perigoso e podia também implantar o estado de sítio.
- Trabalho infantil proibido e trabalho de gestantes regulamentado.
- Carga horária máxima de 8 horas de trabalho por dia.
- Folga 1 ou 2 vezes por semana remunerada.
- Férias remunerada 1 vez por ano.

INTENTONA COMUNISTA

Nesse cenário, duas forças políticas ganharam destaque. A primeira delas foi um grupo formado por pessoas oriundas da Revolução Constitucionalista, que tinha como líder o escritor Plínio Salgado e se chamava Ação Integralista Brasileira. O lema do movimento era "Deus, Pátria e Família". Representavam a parcela mais tradicional da sociedade. Não queriam fazer a distribuição de riqueza, muito pelo contrário, almejavam um governo forte e totalitário para garantir a ordem social.

OS INTEGRALISTAS USAVAM ROUPAS VERDE--ESCURAS, NUMA ÓBVIA ALUSÃO AOS FASCISTAS QUE USAVAM CAMISAS PRETAS NA ITÁLIA. ELES ERAM ANTISSEMITAS, ULTRANACIONALISTAS E COM SINTOMAS DE INTOLERÂNCIA. PARA PARCELA DOS CATÓLICOS DA ÉPOCA, A AÇÃO INTEGRALISTA SERIA A PROMESSA DE UM BRASIL MELHOR.

Outro grupo que começou a ganhar influência foi o dos comunistas que compunham a Aliança Nacional Libertadora (ANL), cujo líder era Luís Carlos Prestes. Os comunistas tinham dentre seus objetivos políticos a suspensão do pagamento da dívida externa, a reforma agrária, o aumento dos salários dos trabalhadores.

Essas propostas incomodavam e muito boa parte da elite nacional. O latifundiário não queria nem ouvir falar dessa tal de reforma agrária. *O que é isso? Agora eles estão achando que eu vou pegar as minhas terras, que têm o tamanho de 20 campos de futebol e apenas uma parte produtiva, e dividir com outras pessoas? Não interessa se essas pessoas vão produzir alimentos, a terra é minha! Eu faço dela o que eu quiser!* Os banqueiros e empresários também não gostaram nadinha dos ideais comunistas. *Vou ter que tirar parte do meu lucro para aumentar o salário desses caras que estão trabalhando todos os dias? Mas nem pensar!*

Getúlio, vendo que a panela de pressão estava prestes a explodir, se reuniu com os militares no começo de 1935 e fez a Lei de Segurança Nacional, que foi promulgada em abril e deu ao governo o poder de punir criminosos políticos que fossem considerados um atentado à segurança pública e reprimir atividades subversivas.

Nesse clima de polarização ideológica, em que, de um lado, se encontravam os integralistas e seu desejo por mais tradição e, do outro, os comunistas com sua luta por mais transformação, Getúlio a tudo observava. E percebeu que seria preciso uma medida mais eficaz para controlar a opinião pública: o Departamento de Propaganda e Difusão Cultural. Ele era dividido em quatro partes: cinema e rádio; filmes educativos que só falariam bem do país; censura; educação física.

Mesmo com toda a repressão e a máquina do governo criando campanhas para distrair as massas, a ANL continuava crescendo. Na clandestinidade, conseguiam se comunicar com o povo através de vários núcleos – estima-se que eram por volta de 400 – espalhados pelo Brasil.[61] Em 1935, muitos soviéticos começaram a chegar ao Brasil por determinação da Internacional Comunista para apoiar a ANL. Muitos estrangeiros vieram para cá: pessoas da Áustria, da Bélgica, da Rússia e da Argentina. Eles viviam coagidos, ameaçados por leis que podiam expulsá-los do país a qualquer momento.

No dia 5 de julho de 1935, a ANL realizou um comício em que frases de Luís Carlos Prestes contra o governo Vargas foram lidas em público. Prestes, que estava exilado na União Soviética, tinha retornado havia pouco tempo para o Brasil na companhia de Olga Benário, que atuava como sua líder de segurança e seria sua futura esposa.

A ANL foi enquadrada pela Lei de Segurança Nacional três dias após essa manifestação. Considerada ilegal, foi fechada. A repressão continuou com a prisão e a tortura dos comunistas. A imprensa, aliada do governo, alardeava uma aura tenebrosa em torno dos integrantes do partido. O jornal *O Globo* publicou: "Soviéticos invadem o país". A população, lendo aquela notícia, ficava assustada, esse tipo de matéria ajudava a criar um clima de terror e xenofobia.

Outro jornal publicou que Luís Carlos Prestes havia escrito uma carta para Lampião e Maria Bonita. Enquanto isso, as articulações comunistas iam crescendo e, no dia 23 de novembro, elas colocaram em prática um plano ousado: invadiram o 21º Batalhão dos Caçadores em Natal.

Essa ação deu início a um episódio da história brasileira que ficou conhecido como Intentona Comunista. "Intentona" é o mesmo que "maquinação", "conluio", "conspiração". Por esse nome, dá para perceber que os comunistas não foram muito bem-sucedidos em seu objetivo, visto que todos seus esforços culminaram apenas numa tentativa de revolução. Mas que eles causaram no *rolê*, ah, isso eles causaram.

Durante quatro dias, o Brasil viveu a experiência de um governo local comunista. Depois de um levante militar ocorrido no Batalhão do Exército, a capital potiguar caiu nas mãos dos "subversivos" que destituíram o governador do Estado e os membros da assembleia de seus cargos e assumiram o poder. Montaram um governo revolucionário, sob o lema "Pão, terra e liberdade", cujos líderes eram um sapateiro, um funcionário dos Correios, um sargento, um policial civil e um secundarista.

No dia 24 de novembro, outra treta. O Partido Comunista distribuiu armas para a população de Jaboatão, no Pernambuco. No dia 25 de novembro, Getúlio, fazendo uso de uma prerrogativa constitucional, colocou o Brasil em estado de sítio durante noventa dias. Pessoas suspeitas poderiam ser presas e torturadas a qualquer momento, sem direito à defesa.

No dia 27 de novembro, a revolta rompeu no Rio de Janeiro na Escola de Aviação Militar. O levante promovido pela ANL tomou o controle da escola e mataram oficiais legalistas. Entretanto, uma rápida intervenção militar determinou a rendição dos rebeldes poucas horas depois. Essa foi a última tentativa da Intentona Comunista.

O governo reprimiu o movimento com artilharia pesada. Somente do lado das forças governistas mais de 20 pessoas morreram, a maioria no Rio de Janeiro. Os mortos do lado insurgente foram em número bem maior, mas nunca houve uma contagem exata. Getúlio aproveitou o momento para tirar vantagem e ameaçar os inimigos políticos com cassação e prisão. Aliás, todo mundo que era mal visto por ele começou a ser chamado de comunista. Foram 7056 prisões nos seis meses seguintes.[62]

Os espiões soviéticos foram presos. Alguns castigos cruéis foram aplicados. Teve um caso que ficou célebre na época pelo nível de perversidade: uma mulher foi estuprada na frente do marido dia após dia.[63] Olga Benário, de origem judia, que estava grávida na época, foi enviada para a Gestapo e morta na câmara de gás poucos anos depois. Luís Carlos Prestes ficou preso por 9 anos. Escritores como Graciliano Ramos e Jorge Amado também foram presos, acusados de serem comunistas.

Getúlio Vargas instaurou o Tribunal de Segurança Nacional. Foram julgadas cerca de 1.400 pessoas.[64] A maioria delas foi condenada porque tinha apenas 30 minutos para se defender, no que hoje é conhecido como um tribunal de exceção, já que dentro de um regime social-democrático o acusador é o responsável pelo ônus da prova, e não é o julgado quem deve provar sua inocência.

Em 1936, Getúlio recebeu a visita do presidente norte-americano Franklin Delano Roosevelt, numa tentativa de aproximação com os países de América Latina que ficou conhecida como "política da boa vizinhança". O fato é que os americanos também estavam preocupados com a "ameaça comunista". Getúlio mantinha boas relações com os Estados Unidos, mas seu estilo de governar se aproximava mais dos líderes totalitários da Europa, como Hitler e Mussolini. Getúlio havia até mesmo ajudado secretamente o ditador da Espanha, o general Franco, enviando para o país grandes quantidades de açúcar e café.

PLANO COHEN

Getúlio Vargas tomou o poder em 1930 e governou de forma provisória até 1934, quando foi feita uma nova Constituição e ele foi eleito de forma indireta. Por essa Carta Magna, ele não poderia se reeleger, mas alguns sinais de que ele continuaria como mandachuva da nação já estavam sendo emitidos.

Getúlio governava de uma forma bastante autoritária. Seu governo tinha uma comissão de repressão ao comunismo, além da Lei de Segurança Nacional e até um Tribunal de Segurança Nacional. Graças ao episódio da Intentona Comunista, ele havia angariado apoio da opinião pública para comandar o Brasil com mão de ferro. Era como se dissesse para a população: "O Brasil corre perigo de uma invasão comunista, precisamos fazer de tudo para controlá-la".

Desse modo, Getúlio instalou o estado de sítio no país. Pela Constituição, esse regime de exceção só poderia ser usado pelo período máximo de 90 dias, mas a cada vez que terminava o prazo, Getúlio o renovava. E nesse vaivém, o Brasil ficou um ano e meio nessa situação. Mas o que exatamente significa um "estado de sítio"?

Digamos que seja uma espécie de "pré-ditadura", em que o chefe do Executivo tem plenos poderes para tomar decisões sem consultar o Legislativo. É uma forma impositiva de governar. Durante esse tipo de regime, o presidente cria leis que aumentam a força policial e a repressão a quem for contra o governo.

Em 1937, Getúlio vivia numa atmosfera de indecisão entre duas candidaturas. Parte da elite paulista apoiava o governador de São Paulo Armando Salles, que deixou o cargo para se candidatar à presidência. Armando, juntamente ao jornal *O Estado de S. Paulo*, do qual era sócio, tinha apoiado a Revolução de 1930 que levou Getúlio ao poder. O outro candidato era Plínio Salgado, líder dos integralistas, movimento que clamava por um estado totalitário, anticomunista e fascista.

O futuro de Getúlio e do país era incerto. Eis que, entre agosto e setembro, o coronel integralista Olímpio Mourão Filho disse ter encontrado uma carta escrita por comunistas. Nessa carta estava escrito que os comunistas iriam sair matando geral, governantes e militares! Quando o coronel anunciou essa notícia, a galera arrepiou. "Nooooooooossa! Os comunistas estão vindo pra cima da gente!".

O que quase ninguém sabia é que essa carta não havia sido escrita pelos comunistas, e, sim, pelo próprio coronel Mourão para fortalecer a candidatura dos integralistas. Ainda faltava a cereja do bolo, ou o título da matéria. O coronel pensou, pensou e falou: "Bota aí, 'Plano Cohen'".

Plano Cohen? Mas o que é isso?

Muito simples, meu caro. "Cohen" é um sobrenome associado aos judeus. Nós estamos numa época de muita xenofobia. A galera tá com um preconceito muito grande pra cima dos judeus. Você escreve uma carta comunista, falando que vai tocar o terror, e ainda liga o conteúdo dessa carta aos judeus. Nooooossa! A galera vai querer proteção pesada! E é aí que os integralistas entram.

A população, obviamente, ficou assustada, mas não tanto quanto os militares, já que um dos "planos dos comunistas" era matá-los. Isso fez com que as forças armadas se aproximassem de Getúlio e deixassem claro: "Se você instaurar uma ditadura, a gente apoia".

Getúlio se animou com a proposta, mas ainda precisava de um grande elemento para conquistar o apoio irrestrito do povo. Ele então fez com que a carta fosse lida no rádio no dia 30 de setembro de 1937.

A multidão em choque agora estava do seu lado. Só faltava ele ter a permissão do ministro da Guerra, Eurico Gaspar Dutra, que consentiu. Estava tudo preparado. Um novo golpe de estado foi dado no dia 10 de novembro.

Getúlio fez um discurso para mostrar que continuava presidente, mas que os tempos eram outros. No entanto, se ele já era o governante, o que iria mudar exatamente? Antes havia um estado de sítio. Agora era um estado de guerra. Ou seja, o poder do presidente aumentaria um tanto. No estado de guerra, muitos decretos não precisavam passar pela aprovação dos parlamentares nem do judiciário.

Getúlio chamou essa nova fase de "Estado Novo" em homenagem ao regime político autoritário que vigorava em Portugal implantado por Salazar. Vinte mil integralistas se reuniram e marcharam em direção ao Palácio do Catete[65] para dar um recado claro para o presidente: "Nós apoiamos você, esperamos ser lembrados".

INTENTONA INTEGRALISTA

Nada melhor para marcar um Estado Novo que uma nova Constituição. E, no mesmo dia em que Getúlio anunciou "daqui não saio, daqui ninguém me tira", uma nova Carta Magna foi outorgada. Não demorou nem um dia para ser publicada. O costumeiro é que seja convocada uma assembleia constituinte para discutir sobre o novo conjunto de leis que irá vigorar no país, mas nada disso aconteceu.

A Constituição ganhou até um apelido pela agilidade com que foi feita. Muitas pessoas começaram a chamá-la de "a polaca". Explica-se: na época muitas mulheres vinham da Europa para se prostituir no Brasil; grande parte delas da Polônia. "Polaca" era o termo chulo para se referir a prostituta, e foi a forma que o brasileiro, com uma pitada de preconceito, encontrou para ofender a Carta Magna.

A Constituição de 1937 tinha 187 artigos. Entre eles, algumas leis chamavam a atenção. O Executivo tinha um poder maior que o

Legislativo. A partir do dia 10 de novembro, Getúlio teria um mandato de seis anos. Acontece que no meio do caminho tinha uma guerra. Então quando chegou 1943, Getúlio continuou no poder e um novo presidente só assumiria em 1945.

Alguns artigos dessa Constituição eram extremamente autoritários. Estava proibido fazer greve, a pena de morte passou a ser permitida, a criação de qualquer partido político passou a ser ilegal. Outro aspecto bastante acentuado foi o nacionalismo. Os estados não podiam mais ter bandeira e brasão, agora era tudo Brasil. O ensino de línguas estrangeiras nas escolas estava vedado. Por outro lado, o ensino religioso estava em alta, não o de todas as religiões, mas apenas a católica. Os judeus passaram a ser perseguidos. Se viessem para o Brasil, tinham que "provar" que eram católicos.

Cada vez mais a mão de ferro do presidente se impunha em todos os setores. Getúlio não chamava os deputados para trocar uma ideia. Escutava alguns poucos amigos e familiares. Seu conselho de economia era formado por alguns grandes empresários. Quem não gostou nada dessa história foram os integralistas. Como assim, Getulião? Nós apoiamos você e você não dá nenhum espaço pra gente no seu governo e tá até falando que é crime a gente ter um partido político?

Já ouviu aquele ditado "pimenta nos olhos dos outros é refresco"? Foi exatamente isso que aconteceu com os integralistas. Eles gostaram de ver os comunistas reprimidos em 1935. Só que, quando Getúlio começou a ditatura do Estado Novo, eles se sentiram traídos, já que nem partido político mais eles poderiam ter.

E então eles ficaram matutando. *Isso não vai ficar assim não, isso vai ter volta, Getúlio vai ver o que é bom pra tosse.* E eis que, no dia 10 de maio de 1938, cerca de 30 integralistas,[66] disfarçados de fuzileiros navais, começaram a rondar o Palácio da Guanabara. Estavam a poucos metros da residência oficial da presidência quando começaram a atirar.

Os oficiais legalistas contra-atacaram e começaram a atirar de volta, mas a munição deles acabou rapidamente, porque o chefe de segurança do dia estava mancomunado com os revoltosos e havia dado somente um pente de bala para os soldados que estavam a postos para defender Getúlio.

Um movimento de tensão se instalava: quase uma hora de tiroteio. A família de Getúlio, desprotegida, pegou em armas. Alzira, sua filha, correu até o telefone para ligar para Filinto Müller, o chefe da polícia, que demorou a mandar suas tropas, facilitando o cerco dos rebeldes perto da porta de entrada. *Vão tacar bomba, vão explodir tudo! Epa! Cadê a dinamite?*

Dizem que a sorte favorece os audaciosos. Então Getúlio devia ser muito ousado, porque os integralistas acabaram esquecendo a dinamite no carro. E nesse meio-tempo, o irmão de Getúlio, Bejo Vargas, conhecido por ter um estilo *vida loka*, chegou dirigindo um carro a toda velocidade, derrubou o portão e entrou na treta com estilo. Desceu do carro e saiu atirando para tudo quanto era lado. Logo em seguida, chegou a força policial. Alguns integralistas fugiram. Outros 9 foram capturados,[67] desarmados, levados para os fundos do palácio e os executaram ali mesmo.

UMA IMAGEM VALE MAIS DO QUE MIL PALAVRAS

Durante o Estado Novo, Getúlio Vargas criou o Departamento Administrativo de Serviço Público, também conhecido como Dasp. Além de fornecer elementos para melhorar o funcionamento da máquina pública, o Dasp prestava assessoria técnica ao presidente da República e elaborava a proposta orçamentária. Todas essas atribuições fizeram com que o governo realizasse concursos públicos para o acesso aos cargos federais. O Dasp foi também responsável pelo primeiro estatuto dos funcionários públicos do Brasil, com a fixação de deveres e direitos dos servidores. Era o início do processo de modernização da administração pública no país.

Outra questão importante para Getúlio naquele momento era convencer os trabalhadores de que ele era um bom presidente. Ele estava preocupado em conversar com as massas e, por isso, aproveitando a comemoração do cinquentenário da Abolição da Escravatura, fez um comício para anunciar o aumento do salário mínimo. O aviso foi dado em 1938, e o salário só aumentaria efetivamente dois anos depois. Além do acréscimo na renda do assalariado, foi criada a Consolidação das Leis do Trabalho, a CLT, de 1943, que garantia vários direitos aos empregados, como descanso semanal, férias, licença-maternidade e proibição de trabalho infantil. O trabalhador passou a ter mais proteção.

Vargas também estava mais preocupado com sua imagem. A imprensa ganhava força no país, as pessoas estavam mais interessadas na imagem do presidente. Em 1939, o governo já possuía um departamento de propaganda, mas Getúlio achou por bem criar uma instituição novinha para cuidar desse assunto, dando origem ao Departamento de Imprensa e Propaganda (DIP).

O DIP era dividido em seis partes: divulgação, radiodifusão, cinema e teatro, turismo, imprensa e serviços gerais. O povão só leria coisas boas sobre o governo. Getúlio foi o primeiro brasileiro a sair na capa da *Times*. As escolas começaram a receber cartilhas que enalteciam a administração pública. Foram impressos retratos de Getúlio e revistas com informações positivas de sua gestão. Até uma moeda com o seu rosto começou a circular! Getúlio apenas sai do poder por conta da intensa pressão por redemocratização no contexto do final da Segunda Guerra Mundial em 1945.

PARA REFLETIR

Havia uma revista em quadrinhos no Brasil chamada *Tico-Tico*. Em certa data, essa revista lançou um concurso. Venceria quem fizesse a melhor frase sobre o presidente Getúlio Vargas. A frase que ficou em terceiro lugar dizia: "Getúlio é maior que o Tarzan da floresta". A que ficou em segundo lugar foi: "Getúlio Vargas é o Papai Noel das crianças do Brasil". E por fim, a que alcançou o primeiríssimo lugar e levou um monte de revista *Tico-Tico* pra casa foi: "Getúlio Vargas é o despertador do nosso gigante". Vargas chamava isso de promoção da cultura moral e cívica e, assim, criava um culto à sua personalidade. O nome dado a esse tipo de ação é personalismo e muitos políticos fazem uso dele até hoje. Quantas vezes já ouvimos alguém dizer algo como "vou votar em fulano porque ele é bonito, tem cara de rico e até poesia ele escreve". Isso quando não é aproveitada a imagem da família do político para mostrar como ele é um homem de bem, casado com uma mulher bela, recatada e do lar. Na prática esse tipo de ação se aproveita do seguinte raciocínio: *Meu partido é ruim, meu governo foi ruim, mas eu sou bonito e legal, você gosta de me ver na TV, então vai acabar votando em mim mais pela minha imagem do que pelas minhas propostas.*

34 GOVERNO DUTRA

GUERRA FRIA

A Segunda Guerra Mundial foi o maior conflito armado da história da humanidade. A União Soviética e os Estados Unidos foram os grandes vencedores desse confronto. Mesmo assim, ambos saíram da guerra muito traumatizados. Estima-se que 25 milhões de soviéticos, entre militares e civis, foram mortos em consequência das batalhas.[68]

Os Estados Unidos saíram fortalecidos econômica e politicamente. O Brasil, desde o Estado Novo, já estava percebendo todo esse poderio e aproximava-se do Tio Sam. Aliás, quando Getúlio saiu do governo, não era só o Brasil que estava sob influência dos norte-americanos, mas praticamente todo o mundo. Sua cultura – através da música e do cinema – já estava amplamente disseminada ao redor do globo.

Diferentemente do que pode parecer, depois da Segunda Guerra não começou um período de paz. Os Estados Unidos, que haviam lutado contra os fascistas e nazistas, iriam combater outro inimigo, que até aquele momento era seu aliado: a União Soviética. O presidente americano Harry Truman começou portanto a cobrar um posicionamento dos países com os quais mantinha relações. Eurico Gaspar Dutra, presidente do país desde janeiro de 1946, se colocou do lado dos Estados Unidos, passando assim a fazer parte do "lado capitalista da força", até porque Truman havia prometido ajuda financeira para o governo brasileiro.

Dutra havia se tornado presidente pelo Partido Social Democrático (PSD), que figurava no centro do espectro político. Chegou ao poder com o apoio de Getúlio, que criara havia pouco tempo o Partido Trabalhista Brasileiro (PTB), de esquerda. À direita estava a União Democrática Nacional (UDN), que era o partido que representava boa parte dos militares e da classe média, encabeçado pelo jornalista Carlos Lacerda. A partir do governo Dutra, outro partido pequeno voltou a ser legalizado, o Partido Comunista do Brasil, também conhecido como Partidão, que aliás havia conseguido eleger 17 deputados e um senador na eleição recente,[69] um número muito expressivo para a época. Vargas havia sido eleito senador por dois estados: Rio Grande do Sul, pelo PSD, e São Paulo, pelo PTB. Escolheu representar sua terra natal.

Dutra assumiu no dia 31 de janeiro de 1946. Ele começou então a compor uma assembleia constituinte para escrever uma nova Carta Magna e formou sua equipe de governo com maioria dos membros do PSD, mas também muitos integrantes da UDN. O novo presidente tinha um estilo de governar um pouco diferente de seu antecessor, mas ainda carregava características bastante despóticas.

Sob a alegação de que os jogos de azar eram degradantes, Dutra os proibiu no Brasil e mandou fechar todos os cassinos. Dizem as más línguas que ele havia sofrido uma forte influência de sua esposa Carmela, uma devota religiosa, para tomar essa decisão.

Além da jogatina, Dutra proibiu também as greves. No dia 1º de maio, que é uma data notoriamente conhecida por manifestações trabalhistas, tinha tanta polícia na rua que ninguém se atreveu a se expressar. Dia 23, membros do Partido Comunista foram comemorar um ano de militância na legalidade e algumas pessoas foram para a rua. Mas Dutra mandou a polícia conter os rebelados. O resultado: 50 feridos e 2 mortos.[70]

Getúlio havia criado o DIP para controlar a opinião pública. Foram 420 jornais e 346 revistas censuradas durante o Estado Novo. Com Dutra, o órgão mudou de nome e passou a se chamar Departamento Nacional de Informação (DNI).[71]

Em setembro de 1946, saiu a nova Carta Magna. Foi a quinta Constituição do Brasil desde a independência. Ironicamente, o texto de lei não proibia a greve, contanto que não se criassem eventos que perturbassem a ordem pública. A pena de morte voltou a ser impedida. Todas as pessoas com mais de 18 anos de idade e alfabetizadas poderiam votar. O mandato do presidente valia por cinco anos.

Cada vez mais influenciado pela atmosfera da Guerra Fria e alinhado às políticas imperialistas norte-americanas, o governo brasileiro fechou o cerco contra o Partido Comunista. Dutra só precisava de um motivo para tirar o partido da jogada. E o motivo apareceu. Em maio de 1947, os comunistas se reuniram para debater uma ordem que haviam recebido da União Soviética.

Como não era permitido um partido estrangeiro atuar no Brasil, aí estava a carta que Dutra tinha na manga. O PCB teve seu registro cassado. Além disso, em outubro, o governo rompeu relações diplomáticas com a União Soviética. Mais uma vez, os comunistas passaram a agir na ilegalidade. Em 1948, muitos dos comunistas que se elegeram democraticamente tiveram seus mandatos cassados.

POLÍTICA LIBERAL

Dutra fez algumas obras importantes no seu governo, dentre as quais o estádio do Maracanã e o Hospital dos Servidores do Estado, no Rio de Janeiro; o Hospital do Subúrbio, em Salvador; e participou da construção da Hidrelétrica de Paulo Afonso, também na Bahia. Além disso, fez um planejamento para o petróleo brasileiro e criou três instituições econômicas: o Centro de Estudos e Defesa do Petróleo e da Economia Nacional (Cedpen), o Tribunal Federal de Recursos e o Conselho Nacional de Economia.

Seu governo teve maior abertura econômica que o governo Vargas. Getúlio era nacionalista, dava mais atenção para as empresas brasileiras. Dutra era desenvolvimentista, acreditava que não dava para esperar só pelo investimento interno, era preciso trazer o capital estrangeiro para o país. Porém, nesse intuito, ele abriu o mercado brasileiro para a importação de produtos dos Estados Unidos e foi muito criticado por isso.

Muitos especialistas diziam que os Estados Unidos empurravam para o Brasil produtos que eram sobras de guerra. Dutra não deu ouvidos a essa conversa, indicando que havia certa submissão do Brasil nessa relação. De maneira resumida, o governo Dutra optou por uma política relativamente liberal, na qual houve incentivo às importações como forma de combater a inflação, porém essa medida não deu muito certo. As importações sem regulamentação fizeram com que as reservas cambiais do país fossem reduzidas de 708 milhões de dólares (1945) para 92 milhões de dólares (1947)[72] e a dívida externa voltasse a crescer.

35 SEGUNDO GOVERNO DE VARGAS

GOVERNO NACIONALISTA

Depois de 15 anos na presidência, Getúlio foi deposto pelo Alto Comando do Exército, no dia 29 de outubro de 1945. Ele então se retirou para São Borja, sua cidade natal. No dia seguinte, o presidente do Supremo Tribunal Federal assumiu a presidência da República, passando o cargo para Eurico Gaspar Dutra, eleito pelo voto democrático em janeiro de 1946.

Getúlio se tornou presidente pela segunda vez, agora pelo voto direto, tomando posse no dia 31 de janeiro de 1951. Ele começou a montar sua equipe de governo dentro de um cenário político bastante dividido. De um lado, tinha o apoio do PTB, do PSD, dos industriais e dos operários. Do outro, a UDN, partido conservador que representava boa parcela das classes média e alta, fazia uma oposição acirrada a seu governo.

Existia uma atmosfera de polarização política. Getúlio precisava fazer uma política conciliadora. Diferentemente de sua primeira gestão, em que o cenário era de maior autoritarismo e centralização, dessa vez, ele precisaria da aprovação dos parlamentares para comandar o país.

No campo econômico, havia pelo menos duas correntes ideológicas diferentes. Uma delas, adotada por Getúlio, dizia que o governo deveria interferir na economia, incentivando empresas brasileiras; havia uma desconfiança com os países ricos que queriam investir no Brasil para levar o lucro para fora. A opinião era de que o dinheiro investido por multinacionais não gerava crescimento econômico para o país, por isso o capital externo não era bem visto. Na outra ponta, os liberais econômicos acreditavam que, quanto mais investimento de fora chegasse por essas bandas, mais empregos, tecnologia e desenvolvimento seriam gerados. Nas ruas, o povão estava mais pro lado do Getúlio, que era nacionalista. "Isso aqui é coisa nossa, não somos entreguistas."

Apesar da aprovação popular, o presidente recém-eleito não teria uma vida fácil. O momento era de tensão. A Guerra Fria estava acontecendo. Os Estados Unidos temiam a expansão do comunismo e não queriam perder a influência política e econômica sobre o Brasil.

A oposição estava em cima de Getúlio. Além da UDN e das classes média e alta, havia a imprensa, que ocupava boa parte das páginas dos jornais com críticas ao "ditador, déspota, totalitário Vargas".

Getúlio começou a arrancar os poucos cabelos que ainda tinha na cabeça.

Como é que eu vou governar desse jeito? Se eu colocar os ministros que eu quero, vão chamar o Exército para me tirar. Tenho que chamar ministros de partidos com ideias diferentes, vou ter que fornecer cargos para partidos de que eu não gosto. Sou progressista, mas, no fim das contas, vou acabar montando um ministério conservador.

Então, quando Getúlio assumiu em 1951, ele montou uma equipe política de conciliação. O ministro da Fazenda, Horácio Lafer, apresentou um plano de desenvolvimento a ser implementado com a cooperação financeira dos Estados Unidos. O Plano Lafer tinha como objetivo a criação de novas fontes de energia elétrica, a ampliação das indústrias e a introdução de novas técnicas à agricultura.

No final de 1951, Getúlio envia ao legislativo o projeto de criação da Petrobras, empresa que viria a controlar a atividade de extração e refino de petróleo no país. Como os custos com essa empresa seriam muito altos, Getúlio enviou para o Congresso um Projeto de Lei em que 51% do capital da empresa seriam nacionais e os 49% restantes teriam origem estrangeira. A oposição, contrariada, devolveu o projeto e disse que a Petrobras deveria ser 100% brasilcira, e desse modo ela começou a funcionar.

Há quem diga que Getúlio, raposa velha e político nacionalista, já sabia que sua proposta seria contestada de qualquer maneira pela oposição. Então enviou aquela que ele não desejava, e assim a Petrobras veio ao mundo conforme seu desejo: um monopólio 100% brasileiro. Isso deixou o governo norte-americano profundamente desgostoso e fez com que o presidente da época, Harry Truman, "convidasse" o governo brasileiro a participar da Guerra da Coreia.

Vargas, mais uma vez, bancou o durão. Agradeceu pelo convite, mas falou: "Não vou mandar ninguém". Ele estava numa onda muito nacionalista e, para enfatizar esse crescente vigor patriótico, resolveu aumentar o salário dos trabalhadores de São Paulo e do Rio de Janeiro em quase 300%.[73] E, para completar, instaurou uma medida que dizia que as empresas estrangeiras poderiam atuar no Brasil, contanto que só retirassem 8% do lucro obtido por aqui.[74] O bagulho foi tão *loko* que até o embaixador Herschel dos Estados Unidos se manifestou: "Desse jeito, esse Getúlio não vai terminar o mandato".

ATENTADO DA RUA TONELEROS

Um novo jornal surge no cenário nacional, o carioca *Última Hora,* fundado pelo jornalista Samuel Wainer. Desde sua origem, o periódico colocou-se claramente como uma instituição pró-Vargas.

Para os padrões da época, o *Última Hora* foi, de certo modo, revolucionário do ponto de vista gráfico e, de conteúdo e também salarial. Os repórteres de Samuel eram bem pagos, o que acabou despertando o ódio de alguns donos de outros jornais, que pagavam pouco a seus funcionários, e ainda havia a aproximação cada vez mais evidente com Getúlio.

Depois de uma investigação, descobriu-se que o jornal havia recebido cerca de 63 milhões de cruzeiros como investimento inicial, desse total, 26 milhões haviam vindo de empréstimo do Banco do Brasil.[75] Era muito dinheiro vindo de um banco público! Os opositores do governo ficaram com a pulga atrás da orelha.

Enquanto isso, Getúlio tentava passar suas propostas no Congresso. Muitas foram negadas. Outras, como a construção do Banco Nacional de Desenvolvimento Econômico (BNDE), que era uma proposta da UDN, foram aprovadas. Mas Getúlio precisava aprovar um bom plano econômico, a inflação estava muito alta, entre 12% e 13%, e o país estava com o saldo negativo de 280 milhões de dólares.[76] O povo, vendo seu custo de vida aumentar e passando por dificuldades, começou a perguntar: "Pai dos pobres, cadê você?".

E então veio 1953, com inflação alta e muitos conflitos na rua. Em março, São Paulo vivenciou uma greve gigantesca: 300 mil trabalhadores aderiram ao movimento.[77] Iniciada nas indústrias têxteis, rapidamente se espalhou para outros setores industriais. Percebendo que a situação estava ficando feia, Getúlio, através do ministro do Trabalho, aumentou o salário em 32%.[78]

A oposição ficou fula da vida. "Getúlio, será que você não tá percebendo? Quando você dá aumento para uma categoria, tem que dar para todas!"

E ela estava coberta pelo manto da razão. Passadas algumas semanas, começou a greve dos marítimos: 100 mil trabalhadores da marinha mercante entraram em greve.[79] Getúlio decidiu então trocar o ministro do Trabalho. *Vou chamar aqui meu* brother *João Goulart. Ele sabe trocar uma ideia com os trabalhadores.* "Jango, vem aqui, vai lá e resolve essa parada pra mim." João Goulart fez uma conciliação com os portuários do cais, aumentou o salário deles e a greve chegou ao fim.

Mas os problemas estavam só começando. Além da crise política, havia a crise econômica e social para resolver. A UDN continuava ganhando força. O Plano Lafer, a proposta econômica do governo, não deu certo. Getúlio trocou o ministro da Fazenda. Tira Lafer, põe Oswaldo Aranha. No ministério da Justiça, ele colocou Tancredo Neves.

Além de todos os problemas administrativos, Getúlio tinha que lidar com sua complicada relação com a imprensa. O *Última Hora* foi alvo de uma CPI. A televisão começou a ganhar poder. Na TV Tupi, o jornalista Carlos Lacerda, o inimigo número um, o maior *hater* de Getúlio, tinha um programa em que se dedicava dia após dia a mostrar o quão corrupto era o jornal de Samuel Wainer.

Mesmo com todas essas dificuldades, em outubro de 1953 a Petrobras foi fundada. Além disso, outras indústrias foram feitas durante a gestão de Getúlio. Ele avançou na construção da segunda Usina Siderúrgica de Volta Redonda, amplificou a Vale do Rio Doce e criou o Banco do Nordeste do Brasil (BNB). O governo ainda reestruturou a Fábrica Nacional de Motores e criou um segundo plano econômico, o Plano Aranha, que iria elaborar políticas de eletrificação e seria responsável pelo projeto da Eletrobras. No entanto, a economia continuava *flopando*. A inflação chegou à casa dos 20%.[80]

Em novembro de 1953, a CPI do *Última Hora* chegou ao fim e concluiu o favorecimento do Banco do Brasil ao jornal, mas, para o desapontamento dos *haters* de Getúlio, não foi possível provar qualquer interferência do presidente na execução de tais operações.

Em fevereiro de 1954, Getúlio decidiu fazer um comício para os trabalhadores, mas, ao chegar à praça onde seria realizada a manifestação, percebeu que as pessoas estavam com sangue no *zoio*, um monte de comunista infiltrado, todo mundo gritando "cadê meu aumento?".

Getúlio e João Goulart, seu ministro do Trabalho, então pensaram: "É aumento que o povo quer? Então é aumento que vão ter! 100% tá bom?".

E, no dia 1º de maio de 1954, Getúlio anunciou o aumento de 100% do salário mínimo.[81] Os poderosos ficaram uma fera. "Esse cara tá maluco? Onde é que já se viu fazer uma coisa dessas! Isso é populismo! Vargas tá querendo formar uma República peronista! Do jeito que está, não dá mais pra continuar! Vamos derrubar esse cara!"

Dois dias depois do anúncio, o parlamento iniciou uma CPI para investigar Getúlio. O motivo declarado era de investigá-lo por corrupção, mas o interesse evidente era enfraquecê-lo politicamente e quiçá depô-lo pela força militar. Alguns indícios já apontavam nesse caminho, sendo que o mais claro deles havia sido um manifesto assinado há poucos meses por 82 coronéis pedindo a destituição de Vargas.[82] Acuado, o presidente demitiu João Goulart.

Em junho, a CPI chegou ao fim e Getúlio foi inocentado. Mas a investigação havia surtido um efeito negativo nos ânimos do estadista. Acossado, extenuado, depauperado, tal qual uma personagem almodovariana, Vargas estava à beira de um ataque de nervos. Em casa, ele só sabia reclamar da perseguição da oposição, dos jornais e do seu *hater* Carlos Lacerda.

Todo mundo que morava ou passava pelos corredores do Palácio do Catete já sabia do ódio, da gana, da vontade de Getúlio de apertar a goela de Carlos Lacerda até ele pedir por clemência. Todo mundo, sobretudo o chefe da guarda do presidente Gregório Fortunato, também conhecido como "Anjo Negro", que segundo a história oficial, hoje já contestada, começou a armar uma das suas e chamou num canto dois sujeitos para fazer um servicinho sujo.

"Climério, Alcino, chega aí, gurizada. Vocês já ouviram falar num tal de Carlos Lacerda? O cara é um almofadinha que tá tirando seu Getúlio do sério. Eu vou dar uma grana pra vocês irem lá na rua Toneleros, 180... Vocês anotaram o endereço? Não! Não é pra anotar nada! Não deixem rastros. Então, continuando, vocês vão lá na casa do cara e acabam com a vida desse desgramento. Não esqueçam o mais importante: sem rastros."

Parece que Alcino e Climério não eram bons entendedores. Para começo de conversa, eles pegaram um táxi para ir até a casa do Carlos Lacerda. E não era um táxi qualquer, mas um que ficava em frente ao Palácio do Catete, a residência oficial da presidência à época.

Os dois pistoleiros chegaram ao endereço indicado e ficaram de tocaia. Eles tinham recebido uma informação de que Lacerda estava voltando de um comício. O jornalista então voltava para casa, acompanhado de seu filho Sérgio e do major-aviador Rubens Florentino Vaz, que fazia sua segurança. Os três saltaram do veículo, Alcino surgiu das sombras e saiu metendo o pipoco. Pá! Pá! Pá! O major estava desarmado. Não teve jeito. Caiu morto ali mesmo.

Nisso, pai e filho ganharam tempo e entraram na garagem do prédio. Alcino estava no encalço do sujeito. Apontou. Repetiu para si mesmo: *Não posso errar, não posso errar, não posso errar*. E acertou! Acertou... o pé do Lacerda. Sálvio Romeiro, um guarda municipal que estava nas proximidades, ouviu os disparos e chegou correndo pra ver o que que tava pegando, se aproximou dos suspeitos, mas tomou um tiro na perna e, ainda assim, conseguiu anotar a placa do veículo antes de os criminosos fugirem.

Rubens Vaz morto. Carlos Lacerda no hospital. A notícia se espalhou mais rápido que corrente de WhatsApp. Naquela mesma madrugada, a imprensa começou a divulgar os detalhes do crime. Rapidinho Getúlio ficou sabendo do reboliço. Sua primeira providência: acabar com sua guarda pessoal. O motorista do táxi, Alcino e Climério foram presos. As investigações, operadas de modo polêmico, chegaram a Gregório Fortunato. Foram muitas versões para o atentado e até hoje ninguém sabe exatamente o que aconteceu.

COMOÇÃO NACIONAL

Quando Getúlio ficou sabendo que o governo dele estava envolvido no atentado, pensou estar atolado num mar de lama. Chamou a atenção da polícia o fato de Gregório ser dono de uma fazenda que valia milhões. Ele havia comprado essa fazenda de ninguém menos que Manuel Antônio Vargas, o Maneco, o filho do presidente.

Maneco estava com problemas financeiros e, para honrar seus compromissos, vendeu a Gregório duas propriedades, a partir de um empréstimo bancário avalizado por João Goulart. A revelação de que um homem de confiança de Vargas havia afiançado um empréstimo numa instituição financeira em nome do chefe de segurança do palácio para cobrir uma dívida pessoal do filho do presidente pegou muito mal. Getúlio ficou perplexo e mandou o filho que estava em Paris voltar imediatamente para o Brasil.

"Você vendeu a casa, Maneco?"

"Vendi, pai."

"Maneco do céu! Agora meu governo acabou de vez!"

Café Filho, o vice-presidente, jogou a real. "Renuncie que é melhor." Getúlio não quis renunciar. No dia 22 de agosto, foi publicado o manifesto dos oficiais da aeronáutica, que pedia a deposição de Vargas. A marinha e o exército apoiaram o manifesto e estavam prontos para um golpe de estado. No dia 23 de agosto, a foto de Getúlio saiu estampada nos jornais com os dizeres: "Só morto sairei do palácio".

O momento era de decisão. Getúlio chamou todos os seus ministros para uma reunião de emergência que começaria às 2h da manhã do dia 24. O ministro da Guerra avisou: "O clima está feio, é de insegurança geral, mas se você quiser resistir, eu estarei a seu lado, eu o defenderei". Tancredo Neves, Oswaldo Aranha, a filha Alzira, todo mundo começou a opinar.

Quase cinco da manhã. A reunião terminou. Getúlio já tomara uma decisão. Iria tirar uma licença. Escreveu uma carta comunicando sua medida, entregou-a para Tancredo. Pediu que ele a levasse para os militares. Tancredo voltou com a carta nas mãos. "Deu ruim, os militares não aceitaram sua licença."

Getúlio se retirou. Foi para o quarto. Oito e meia da manhã. O presidente dispensou o serviço do camareiro. Cinco minutos depois, o disparo.

Corre-corre. Entraram no quarto de Getúlio. Tarde demais. Ele havia se matado com um tiro no peito. O suicídio deixou a nação perplexa, e a comoção pela perda do estadista se estendeu por anos. Cem mil pessoas foram acompanhar o velório, 3 mil passaram mal e precisaram receber atendimento médico.[83]

Pessoas partiram para cima de inimigos de Vargas, como Carlos Lacerda e outros políticos da UDN. Outros indignados, invadiram jornais e promoveram quebra-quebra nas redações do *O Globo* e da *Tribuna da Imprensa*.

Na carta de suicídio de Getúlio, estava escrita a célebre frase: "Saio da vida para entrar na história". Não se sabe se essa carta foi mesmo escrita por Getúlio. Há indícios de que foi escrita por um redator, mas o símbolo que ela representa é importante. Outros três presidentes, amigos de Getúlio, seriam presidentes mais tarde: Juscelino Kubitschek, Jânio Quadros e João Goulart. Os militares, que já queriam dar um golpe naquele momento, tiveram que se conter, pois a população estava ensandecida. Tiveram que esperar mais dez anos pelo momento em que tomariam o poder.

36

GOVERNO JUSCELINO KUBITSCHEK

50 ANOS EM 5

Getúlio Vargas se matou com um tiro no peito em 24 de agosto de 1954. Nesse meio-tempo, a República passou por um período turbulento. Café Filho, o vice de Vargas, assumiu seu posto, mas, como era cardíaco, ficou apenas três meses no comando da presidência e foi afastado por motivos de saúde.

No seu lugar, entrou o presidente da Câmara dos Deputados, Carlos Luz, que governou por apenas três dias, e recebeu uma acusação por parte do Exército, capitaneada pelo general Henrique Teixeira Lott, de conspirar para impedir a posse do futuro presidente Juscelino Kubitschek. Dessa forma, ele foi impedido de continuar no cargo.

O general Lott, através de um golpe protetor do pleito de Juscelino, junto com o Congresso, conduziu à presidência do Brasil o então presidente do senado Nereu Ramos, que ficou no poder sob estado de sítio durante 81 dias para completar o quinquênio presidencial.

Juscelino Kubitschek, também conhecido como JK, recebeu a faixa presidencial no dia 31 de janeiro de 1956. Tancredo Neves declarou que a bala que matou Getúlio elegeu JK presidente da República, já que o político do PSD era um parceiro de Vargas. João Goulart, o vice-presidente eleito – naquela época, havia um sistema diferente de votação em que se votava no presidente e no vice, não estando este último atrelado ao primeiro – também era ligado a Getúlio, tendo até mesmo sido seu ministro do Trabalho. João Goulart, ou Jango, como ficou popularmente conhecido, era do PTB, partido associado às causas trabalhistas e considerado radical por uma ala do Exército. Por tudo isso, JK e Jango eram vistos com desconfiança pelas forças armadas e, num período de grande instabilidade política, isso não era nada bom.

Porém certa tranquilidade parecia pairar sobre o Brasil nos anos JK. Algumas notícias boas do Brasil começaram a despontar no cenário internacional, trazendo autoestima para o povo. No esporte, o Brasil ganhou a Copa do Mundo de 1958, a tenista Maria Esther Bueno venceu vários torneios internacionais. Na música, surgia a bossa-nova, gênero musical inovador criado por João Gilberto, Tom Jobim e Vinicius de Moraes. Eram os anos dourados... Existia uma euforia no ar, o Brasil, enfim, poderia dar certo. A população estava confiante.

O país, que já tinha começado seu processo de industrialização com Getúlio, avançou ainda mais nesse setor com JK. Empresas de automóveis começaram a vir para cá. O lema do governo era "50 anos em 5". Existia uma promessa de progresso, de modernização. E, para cumprir essa promessa, Juscelino criou um plano de metas para o governo, em que daria destaque para seis segmentos principais: energia, indústria de base, transporte, alimentação, educação e a construção de Brasília.

No setor energético, começaram a ser construídas as barragens de Furnas e Três Marias. No espectro industrial, muitas indústrias automobilísticas foram trazidas para o país, o que visava, dentre outros objetivos, à redução planejada e gradativa da importação de veículos. Houve também investimentos em empresas de metalurgia; o aço para os automóveis começou a ser produzido aqui.

Como esse processo de industrialização requisitava uma maior integração territorial, Juscelino promoveu a construção de várias rodovias importantes, gastando quase todo o orçamento destinado a transportes terrestres. Essa escolha de JK deveu-se ao investimento na indústria automobilística e indica por que o país hoje em dia é conhecido por uma extensa malha rodoviária e a carência de ferrovias para promover o transporte de cargas e pessoas.

No campo da alimentação, JK investiu nas técnicas de armazenagem e silos, sobretudo para o trigo; nos matadouros; e em tecnologia no campo com a introdução de fertilizantes para as plantações. Na educação, houve um investimento mais tímido, focado em formação de pessoal técnico.

A grande menina dos olhos do plano de metas de JK era a construção de Brasília, a cidade que mudou de maneira definitiva o cenário político nacional. Juscelino não foi o primeiro a falar sobre a possibilidade de transferência da capital do Brasil. Aliás, a Constituição Federal de 1891, no seu artigo 3º, já ansiava pela construção de uma nova capital, no centro, no coração do território brasileiro.

A ideia de levar a capital do Rio de Janeiro para Goiás foi considerada uma ousadia. Muitos funcionários públicos ficaram indignados com o fato de terem de se mudar de uma cidade bem estruturada para outra que estava começando a se formar. Para JK foi um desafio e tanto. Chamou os mais arrojados arquitetos da época – Niemeyer, Lúcio Costa –, que inventaram uma cidade em formato de avião. Segundo o presidente, Brasília seria a metassíntese de seu governo!

VOCÊ SABIA?

JK quis construir muita coisa. O cara construiu até uma nova capital. Mas e a grana para investir em tudo isso? De onde veio? Ele descobriu um novo jeito de governar. Getúlio era nacionalista demais; na sua gestão, poucas empresas dos Estados Unidos investiram no Brasil. JK não abandonou por completo esse modelo do Getúlio, grande parte dos investimentos de sua administração era paga pelo próprio governo. Mas outra parte começou a ser paga por empresas de fora, principalmente as automobilísticas, como a Ford e a General Motors. É o que chamamos de jeito nacional desenvolvimentista de governar. As empresas estrangeiras começaram a lucrar mais nos anos JK, o governo cedeu terrenos para essas empresas, fez acordo, cobrou menos impostos. Por outro lado, não abriu mão da ideia nacionalista de Brasil. Algumas empresas continuaram sendo 100% nacionais, como a Petrobras. Com algumas ressalvas, esse novo modelo de política perdura até os dias de hoje.

BRASIL MAIS MODERNO E COM MAIOR DÍVIDA EXTERNA

Como a industrialização foi o ponto forte do governo JK, um novo grupo social começou a surgir, visto que a maior parte das pessoas trabalhava dentro das fábricas. O resultado disso é que essa nova classe trabalhadora começou a se organizar de forma sindical.

Muitas ameaças de greve passaram a acontecer, mas o governo conseguiu contê-las. Isso porque as empresas que vinham dos Estados Unidos traziam um novo tipo de proposta. O salário podia não ser tão alto, mas havia benefícios até então inéditos para os trabalhadores brasileiros. Vale-transporte e vale-alimentação eram alguns dos proveitos aos quais os operários ainda não estavam acostumados, além da possibilidade de uma carteira assinada e uma promessa maior de estabilidade. Tudo isso seduzia o funcionário que sonhava com uma vida mais digna e um planejamento para criar seus filhos.

Porém, em novembro de 1960, quase no final do mandato de JK, uma baita greve assolou seu governo. Muitos funcionários públicos ficaram insatisfeitos porque os militares receberam aumento, e eles não. Os sindicatos que já estavam se unindo criaram o Comando Geral dos Trabalhadores (CGT). Foi uma greve de repercussão nacional, e Juscelino concedeu o aumento pedido.

Nem tudo foram flores no seu governo. Apesar de ter sido um presidente conciliador que agradou parte dos militares, dos nacionalistas e do capital estrangeiro, JK comprou algumas brigas, sendo uma das mais notórias com o Fundo Monetário Internacional (FMI), que exigia que o governo brasileiro pusesse em prática medidas drásticas, como a contenção de salários, o desaquecimento da economia, cortes significativos nos gastos públicos e a redução da inflação. Em contrapartida, seria liberado para o Brasil um empréstimo de 300 milhões de dólares.[84]

Entre acelerar a construção de Brasília e cumprir a orientação do FMI, Juscelino escolheu Brasília e iria cortar relações com o fundo, o que o fez angariar a simpatia de parte da opinião pública, principalmente entre as pessoas de esquerda, e a antipatia do empresariado, que ficou preocupado, sem saber de onde viria o dinheiro para investimento nas empresas internas.

A industrialização dos anos JK gerou muito dinheiro para o Brasil, mas não conseguiu conter a inflação. Muitos trabalhadores não gostavam de Juscelino, pois não se viam beneficiados por sua política, muito pelo contrário, viam seu custo de vida aumentar cada vez mais. Boa parte das Forças Armadas também não o via com bons olhos, já que ele era visto como populista. Por fim, ele deixou o governo com alguns grandes méritos: uma capital nova, o Brasil mais moderno e industrializado, a construção de inúmeras rodovias. Por outro lado, a inflação foi lá nas alturas, foi de 7% em 1957 para 39,4% em 1959[85] e a dívida externa também aumentou.

37
GOVERNO JÂNIO QUADROS

VARRE, VARRE, VASSOURINHA

Jânio Quadros assumiu a presidência do Brasil no dia 31 de janeiro de 1961. Ele já havia sido eleito prefeito da cidade de São Paulo e governador do estado de São Paulo. Conseguiu ser eleito presidente, defendendo questões conservadoras e prometendo controlar a inflação e diminuir a dívida externa. Seu jingle de campanha era: "Varre, varre, vassourinha, varre, varre a bandalheira".

A coligação que o levou à vitória era formada por seu partido, o Partido Trabalhista Nacional (PTN), e o Partido Democrata Cristão (PDC). No total lhe foram confiados 5,6 milhões de votos tornando-o o presidente mais votado da história do Brasil até aquele momento. Ele conseguiu o voto das pessoas mais simples e também dos mais ricos, dos mais conservadores (ala da UDN) e também dos liberais. O que parecia ser bom, a princípio, na prática se tornou um problema, porque ele teria que governar para pessoas de diferentes tipos e não conseguiria agradar a todos.

Para vice-presidente, havia sido eleito um cara de outro partido, já nosso velho conhecido: João Goulart do PTB. O país estava vivendo um novo momento. Era a primeira vez que um presidente era empossado em Brasília. O país estava com mais indústrias e também com mais inflação. A Guerra Fria dividia o mundo entre dois grandes polos: capitalista e socialista. O Brasil até aquele momento já tinha adotado uma posição a favor de um dos lados, que era o que se mostrava mais vantajoso economicamente: o lado dos Estados Unidos.

Jânio Quadros, com seu jeitão personalista, pensou: *Que Guerra Fria, que nada, conversando a gente se entende, eu não tenho nada contra os Estados Unidos nem contra a União Soviética. Vou fazer negócio com os dois.*

Só que as coisas não eram tão simples assim. O conflito entre essas duas nações estava muito acirrado. Em 1959, apenas dois anos antes de Jânio chegar ao poder, havia acontecido a Revolução Cubana, movimento armado e guerrilheiro comandado por Fidel Castro e Che Guevara que culminou com a destituição do ditador Fulgencio Batista e colocou Cuba e Estados Unidos em lados opostos do campo político e militar. A partir desse momento, os Estados Unidos cortaram relações diplomáticas e comerciais com o país insular.

A QUEDA

Jânio Quadros tinha um lado conservador. Aliás, essa foi uma de suas premissas de campanha, a de que ia moralizar o Brasil. E quando ele assumiu, realmente encampou uma onda conservadora, proibindo os desfiles de candidatas a *miss* com maiôs cavados e até o uso de biquínis nas praias. O governo também proibiu a fabricação, o comércio e o uso de lança-perfume no Carnaval, o famoso loló.

O presidente vetou também a realização de corridas de cavalo durante a semana, restringindo-as a domingos e feriados, bem como as brigas de galo em todo o território nacional, além de quaisquer outros espetáculos que tinham como divertimento principal a luta entre dois animais. Por essas e outras medidas, foi extremamente criticado por sua conduta moralista.

Na política econômica interna, o Brasil subsidiava a importação do trigo e do petróleo, pois isso fazia com que esses produtos chegassem mais baratos ao consumidor final. Porém essa medida aumentava a inflação e, por conta disso, Jânio cortou esse gasto. Só que alguém teria que arcar com o alto custo desses produtos a partir de agora. O importador que começou a pagar mais caro no trigo e no petróleo jogou a conta para o povo pagar. Resultado: gasolina e pãozinho aumentaram 100%![86] É óbvio que as pessoas não gostaram nadinha disso.

Jânio assumiu o país com inflação de 30% ao ano e dívida externa de 3,8 bilhões de dólares.[87] Fez acordo e protelou a dívida externa para que ela fosse paga ao longo dos próximos governos.

Na política externa, um episódio deixou marcado seu estilo personalista. Em 1961, algumas pessoas que viviam em Cuba e não aceitavam o novo governo de Fidel e Che eram enviadas para o paredão de fuzilamento. Alguns padres estavam nesse grupo para serem assassinados. A Igreja pediu para lideranças da América Latina intercederem perante as autoridades cubanas. Jânio então enviou uma carta para o governo cubano.

Che Guevara, que na época era um ministro de Cuba, atendeu ao apelo de Jânio e ordenou a libertação dos sacerdotes, exilando-os na Espanha. Em agradecimento, o presidente condecorou o revolucionário com a Grã Cruz da Ordem Nacional do Cruzeiro do Sul, numa visita relâmpago que ele fez ao Brasil.

A entrega da medalha não teria a menor importância se o Brasil não fosse um país capitalista, Che Guevara não simbolizasse uma influência do comunismo e o mundo não estivesse vivendo a Guerra Fria. Para a oposição, incluindo os militares, que receava que o Brasil estreitasse vínculos com o bloco comunista, a cessão da honraria a um líder comunista foi um tapa na cara.

Não bastasse esse incidente, o governo brasileiro voltou a ter relações diplomáticas com a União Soviética e a China. Inclusive o vice-presidente do Brasil, João Goulart, estava de passagem pela China comunista!

Todas essas ações em conjunto foram o estopim para que uma crise política se deflagrasse. Os aliados de antes se tornaram os inimigos de agora. Os mais conservadores deixaram de apoiar o governo, os mais liberais também. Jânio conseguiu a proeza de unir seus inimigos em prol de uma única causa: sua renúncia. E foi tanta a pressão que, na última semana de agosto de 1961, ele renunciou.

"Forças terríveis levantam-se contra mim, e me intrigam ou infamam, até com a desculpa da colaboração", dizia um dos trechos da carta de renúncia de Jânio. Muito se fala hoje em dia sobre esse ato. Alguns historiadores dizem que o presidente realmente tinha um temperamento intempestivo que culminou nessa decisão. Mas há a versão mais recorrente, que diz que a renúncia fazia parte de um golpe político de Jânio.

Como ele tinha uma relação extremamente conturbada com o Congresso, acreditou que, após sua declaração de que estaria deixando a presidência, os deputados e senadores fossem clamar por sua permanência e assim ele teria mais poderes para continuar governando. Mas os membros da Casa Legislativa deram de ombros. Já vai tarde.

QUEDA DE BRAÇO

Jânio não aguentou as forças terríveis e saiu fora. Renunciou. João Goulart, o vice, estava na China. E agora, José? Quem assumiria? Ranieri Mazzilli, político do PSD ligado aos militares, ocupou a cadeira presidencial por duas semanas. E até sondou com o ministro da Guerra e da Aeronáutica um jeito de impedir João Goulart de assumir. "Esse vice aí boa coisa não é, tá lá na China com os comunistas. O Brasil vai virar uma República comunista, nós temos que impedir isso."

Mas no Rio Grande do Sul tinha um cara que estava ligadão nessa tentativa de golpe. Seu nome: Leonel Brizola, governador da época. Ele então iniciou um movimento de resistência, apregoando que a legalidade deveria ser respeitada, ou seja, Jango deveria tomar a posse.

Fazendo uso de um programa de rádio, Brizola falou ao povo pela Rádio Guaíba e iniciou um movimento que ficou conhecido como "Rede de Legalidade". Mesmo tendo o poder de influência desses meios de comunicação, não foi nada fácil lutar contra a tomada do poder pelos militares.

A situação se agravou. O alto comando das Forças Armadas recebeu ordens para atacar o Palácio Piratini, sede do governo gaúcho, e assassinar Brizola. Porém o governador distribuiu armas para alguns funcionários e convocou milhares de pessoas para irem às ruas e garantir a posse do presidente de direito. Reuniu cerca de 30 mil voluntários.[88] E, nessa queda de braço, venceu a democracia. Jango voltou da China e assumiu a presidência em setembro de 1961.

38

GOVERNO JOÃO GOULART

POLARIZAÇÃO POLÍTICA

Em 1961, o planeta estava dividido. Dando uma generalizada de leve, os Estados Unidos controlavam a metade do globo, a União Soviética controlava a outra metade. O Brasil mantinha relações mais próximas com os Estados Unidos que, depois da Revolução Cubana em 1959, começaram a prestar mais atenção na América Latina.

Era um momento de grande concentração urbana nas grandes cidades brasileiras. Muitos nordestinos estavam deixando suas terras para trás e indo buscar oportunidade nas grandes capitais e nos centros urbanos. O presidente Jânio Quadros acabara de renunciar. Ficou conhecido como um governante conservador que queria proibir as mulheres de usarem biquíni cavado na praia.

Quando Jânio renunciou, João Goulart, seu vice, estava na China comunista. Imagina o que os Estados Unidos pensaram desse país gigantesco chamado Brasil, cujo próximo presidente – que deveria assumir em poucos dias – estava na China? *É óbvio que eles não gostaram nadinha* dessa ideia e influenciaram, pelo menos indiretamente, setores sociais como o Exército, veículos de imprensa e empresários para criar um clima social contra Goulart que favorecesse o golpe e sua futura destituição.

A maior parte da esquerda e das classes sociais mais baixas queriam que João Goulart assumisse. Por sua vez, a maioria das classes mais ricas – empresários, fazendeiros, banqueiros – eram contra. O exército já estava mobilizado, articulando um possível golpe, que não aconteceu graças ao apoio popular e também ao movimento legalista no qual se destacou Leonel Brizola no Rio Grande do Sul.

JANGO ASSUME

Com a eventualidade do golpe militar descartada, o Congresso Nacional aprovou arbitrariamente, antes mesmo de Jango assumir o poder, a mudança do regime político nacional para o parlamentarismo, restringindo, desse modo, o poder do presidente recém-empossado. Em 1963, através de um plebiscito, a população escolheu novamente o presidencialismo como regime, dando mais poderes a João Goulart.

O crescimento econômico dava sinais de desgaste, e a inflação estava chegando 51,6% em 1962 (chegaria a 79,9% em 1964).[89] A dívida externa já passava dos 3 bilhões de dólares.[90] Goulart tentou renegociar essa dívida, mas não houve diálogo com os Estados Unidos, que possuíam uma certa má vontade com o presidente brasileiro por considerá-lo próximo aos comunistas.

Jango fez um governo relativamente próximo às classes baixas, aos os trabalhadores do campo e da cidade. Segundo intelectuais de seu próprio partido, o nacional desenvolvimentismo levado a cabo por JK dava sinais de esgotamento. Seria necessário fazer reformas sociais capazes de diversificar a produção para controlar a inflação e desenvolver o mercado interno para retomar o crescimento.

Foi dessa discussão que ganharam forças as chamadas reformas de base, que incluiriam reformas agrárias, urbanas, educacionais e tributárias. Tal programa teve uma excelente recepção pelos mais diversos campos da esquerda, porém não seria nada fácil para Jango conseguir o meio para executá-lo. Isso porque, se essas reformas, por um lado, iam de encontro à vontade da população mais pobre do Brasil, por outro, contrariavam, e muito, o interesse dos mais poderosos.

Jango sabia que era preciso primeiro agradar a elite para, só depois, entrar nas reformas de base. Para isso, era preciso primeiro conter a inflação e depois conseguir o apoio para as mudanças políticas que lhe eram caras: divisão de terras, distribuição de renda, concessão de votos para os analfabetos, reformas tributárias que fariam com que os mais ricos pagassem mais impostos, limitação do lucro das empresas externas.

Porém o plano de controle da inflação de João Goulart, conhecido como "Plano Trienal", fracassou, e a inflação não baixava nem com reza. Jango perdeu assim sua carta na manga. Já não tinha mais nenhum trunfo para negociar com as elites que, havia algum tempo, estavam incomodadas com suas propostas de reforma. O presidente viu-se num imbróglio. Ele tinha um alto índice de popularidade, as camadas mais pobres gostavam dele, mas a imprensa, os poderosos e os militares já estavam *à espreita*. Sua queda era questão de tempo.

FOI GOLPE

No dia 13 de março de 1964, Goulart fez um grande comício na Central do Brasil para mais de 150 mil pessoas.[91] Com a presença de Leonel Brizola no palco, o presidente discursou sobre suas reformas, que previam, dentre outras medidas, as mudanças nos impostos temidas pelas classes mais altas. Faixas pedindo a reforma agrária e a legalização do Partido Comunista passaram na TV.

Aliás, nesse momento, praticamente todos os jornais, TVs e revistas tinham seus editoriais padronizados numa clara oposição a João Goulart, o grande mal do Brasil, o comunista, o corrupto, o ateu. No dia 19 de março de 1964, 500 mil pessoas marcharam em São Paulo numa caminhada que ficou conhecida como Marcha da Família com Deus pela Liberdade[92] e é vista por muitos historiadores como uma resposta ao comício da Central do Brasil.

A situação já estava para lá de crítica quando, no dia 31 de março de 1964, milhares de militares foram às ruas para depor o presidente. O primeiro levante partiu de Juiz de Fora, em Minas Gerais. Logo em seguida, militares de vários estados aderiram ao golpe.

No dia 1º de abril de 1964, Jango voou para Porto Alegre, alguns dias depois partiu para o Uruguai, onde viveu em exílio. No dia 2 de abril, o Congresso Nacional declarou a vacância da presidência da República. O presidente da Câmara dos Deputados Ranieri Mazzili novamente assumiu o cargo de chefe da nação.

Foi um golpe porque foi realizado por órgãos do próprio Estado, como em 1889 na Proclamação da República ou em 1930 com a tomada de poder pela Aliança Liberal de Getúlio Vargas. Classificar como golpe não implica que tenha sido bom ou ruim, mas remete a um processo que se valeu do uso da força com pouca participação popular. João Goulart teve seus direitos políticos cassados por 10 anos, após publicação do Ato Institucional Número Um. Morreu na Argentina em 1976, vítima de um ataque cardíaco. Há fortes suspeitas de envenenamento.

39

REGIME MILITAR

CASTELLO BRANCO

Os militares estavam se sentindo desprestigiados e inseguros. Tinham a ordem e a disciplina como expressão máxima da profissão, e por isso achavam que o presidente João Goulart não tinha o pulso firme que o cargo exigia. Dentre vários acontecimentos, houve um especificamente que é considerado a *gota d'água para o golpe de 1964*. Na última semana de março, poucos dias antes da tomada do poder pelas Forças Armadas, eclodiu uma revolta na Marinha, e Goulart, em vez de punir os insubordinados, fez acordo com eles. Para o Exército aquilo foi o fim da picada.

Existem relatos de que, quando percebeu que um golpe militar era incontornável, Jango trocou uma ideia com Brizola, ex-governador gaúcho e seu cunhado, que lhe sugeriu um novo movimento de resistência, mas *ele não acatou. Tinha receio de* que acontecesse um grande derramamento de sangue e preferiu evitar tamanha barbárie.

Goulart ainda estava no Rio Grande do Sul quando o presidente do Senado, Auro de Moura Andrade, declarou que seu cargo estava vago. Sendo assim, o presidente da Câmara dos Deputados, Ranieri Mazzilli, assumiu a presidência. Mas ainda faltava uma justificativa, algo que fizesse com que os fardados do exército ficassem bem na fita com a população. Desse modo, a grande ameaça comunista caiu como uma luva. O presidente vermelho, junto das forças malignas, implantaria um regime socialista no Brasil, e, antes que isso acontecesse, eles, os militares, os salvadores da pátria, entraram em ação. Foi o *início do regime militar* que iria durar 21 anos.

Os militares também tinham o apoio dos empresários e da imprensa. Contra o regime ditatorial, estavam os camponeses, que perderam a chance de serem beneficiados por uma reforma agrária – um dos tópicos das reformas de base do Jango – e muitos trabalhadores que iriam ver seus salários diminuídos.

Do povão, da galerona mesmo, é difícil mapear as ideias, mas o que se sabe é da dificuldade do dia a dia, que muitas vezes limita ou até impede a participação popular nos assuntos políticos.

Já os estudantes, principalmente os universitários, não gostaram muito do novo regime, visto que suas liberdades eram extremamente cerceadas. O ambiente acadêmico que, em tese, deveria ser um espaço de reflexão, acabou sendo vítima do autoritarismo dos militares. Havia sempre um espião por perto para saber o que era discutido nos meios estudantis. Política era assunto perigoso.

No dia 9 de abril de 1964, foi criado o Ato Institucional Número Um, ou AI-1, por uma junta de militares conhecida como Comando Supremo da Revolução. A partir desse ato, vários outros seriam criados, todos eles com algo em comum: fortalecer o regime militar. O AI-1 tinha como objetivo evitar uma articulação de políticos contrários ao novo regime. Qualquer cidadão – congressistas, governadores e até militares – que fosse visto como um político de tendências esquerdistas poderia ser deposto através de uma suspensão dos seus direitos políticos que duraria 10 anos.

Para terminar, o AI-1 instituiu a eleição indireta para presidente da República. O colégio eleitoral, formado pelas juntas militares, se reuniu para escolher o novo presidente. O voto era nominal e aberto. Havia uma pressão na escolha do chefe do executivo. O primeiro a ganhar foi o general Humberto de Alencar Castello Branco.

A primeira atitude que Castello Branco tomou no seu governo foi criar o "monstro da ditadura", segundo palavras do general Golbery, que o

ajudou a desenvolver o Serviço Nacional de Informação (SNI), o serviço de inteligência militar que era composto por uma rede de espionagem feita para encontrar opositores do regime nas universidades, nos sindicatos e em qualquer lugar considerado subversivo. Identificados, os inimigos da pátria poderiam ser exilados, torturados e mortos.

Em 27 de outubro de 1965, foi baixado pelo regime militar o Ato Institucional Número Dois, AI-2, que determinava em definitivo que o presidente e o vice-presidente deveriam ser eleitos indiretamente por maioria absoluta do Congresso Nacional, em sessão pública e votação nominal. O pluripartidarismo foi extinto e todos os partidos políticos foram desativados. Ficaram permitidos apenas dois novos partidos, a Aliança Renovadora Nacional (Arena) e o Movimento Democrático Brasileiro (MDB), partido de oposição. Criado para dar uma aparência democrática para o cenário de militarismo, o MDB era no início uma oposição bem "café com leite", mas servia para dar legitimidade ao regime.

Em fevereiro de 1966, Castello Branco baixou o Ato Institucional Número Três, o AI-3, que modificava o regime eleitoral também para eleições estaduais e municipais, determinando que governadores e vice-governadores fossem eleitos de forma indireta pela maioria absoluta da Assembleia Legislativa. Os prefeitos das capitais passaram a ser indicados pelos governadores. Era a ditadura distanciando cada vez mais o povo dos seus direitos políticos.

Para levantar a economia do país, Castello Branco e sua equipe criaram o Plano de Ação Econômica do Governo (Paeg), que tinha dentre os seus objetivos uma maior entrada de capital estrangeiro no país, a qual tinha sido limitada pela política externa de João Goulart, que restringia a remessa de lucro para o exterior ao teto de 10%. No novo plano, essa regra foi suprimida. Com a medida, o mercado consumidor aumentou, mas só a classe média e os mais ricos eram favorecidos pelo consumo de bens duráveis. Castello Branco, arquiteto do regime militar, atendia prioritariamente aos interesses da burguesia industrial e das elites rurais.

Uma nova política anti-inflacionária foi aplicada, causando desemprego e diminuição dos salários. Entre 1964 e 1966, o salário mínimo real tem uma queda de 25%.[93] Greves estavam proibidas. Foi um período em que centenas de pequenas empresas decretaram falência. Trabalhadores que antes possuíam estabilidade assegurada após dez anos de serviço na mesma empresa perderam esse direito. Foi nesse momento que entrou em cena o Fundo de Garantia do Tempo de Serviço (FGTS), que era a taxa correspondente a 8% retirada do salário do funcionário todos os meses. Com a demissão imotivada, ele passou a ter direito de resgatar esse fundo. O Ato Institucional de número 4, ou AI-4, foi decretado no finalzinho de 1966 e se baseava na produção de uma nova constituição, que entrou em vigor a partir de março de 1967. A pena de morte para crimes de segurança nacional estava de volta. O poder executivo se sobrepôs ainda mais sobre os outros poderes. Castello Branco conseguiu institucionalizar o regime autoritário.

PARA REFLETIR

No governo João Goulart, as empresas estrangeiras tinham um limite para enviar remessas de lucro para fora. No governo Castello Branco, essa regra não existia mais. Imagina se você fosse um empresário com milhões de dólares nos Estados Unidos e ficasse sabendo que tem um país chamado Brasil, que você pode ir para esse país, instalar uma fábrica, pagar um salário baixo e mandar o trabalhador embora quando bem entender. Não seria um bom negócio? Com a vinda das empresas estrangeiras para cá, a economia aqueceu. O Produto Interno Bruto (PIB), um dos medidores econômicos do país, cresceu e chegou a cerca de 10% ao ano.[94] Mas nem todo mundo estava se dando bem. O dinheiro estava cada vez mais concentrado: em 1960, os 80% mais pobres detinham 45,5% de participação na renda nacional; em 1970, o índice caiu para 36,8% da renda nacional.[95]

COSTA E SILVA

Em outubro de 1966, Artur da Costa e Silva foi eleito presidente da República pelo Congresso Nacional. Ele tomou posse no dia 15 de março de 1967. Costa e Silva já havia sido comandante do IV Exército do governo João Goulart. Foi um dos militares que participaram ativamente da conspiração que derrubou Jango e assumiu o Ministério da Guerra assim que o golpe de 1964 foi consolidado.

Já haviam se passado alguns anos desde o golpe, e o regime militar perdera muito de seus apoiadores iniciais, dentre eles o ex-governador da Guanabara Carlos Lacerda, que se juntara com Juscelino Kubitschek e João Goulart para criar a Frente Ampla, um grupo político que fazia oposição à ditadura.

A repressão das forças policiais crescia cada dia mais. No dia 28 de março de 1968, o estudante secundarista Edson Luís de Lima e Souto foi morto no restaurante estudantil Calabouço enquanto protestava contra o aumento do valor das refeições. A morte de Edson, somada a de outros manifestantes de diferentes lugares, causou uma enorme comoção no país inteiro e mais de 100 mil pessoas foram para a rua em junho protestar contra o governo.[96]

Parte dos estudantes percebeu que não havia como dialogar com os generais. Em todos os protestos, eram violentamente acossados. Muitos decidiram que também iriam se armar para se proteger e combater o regime. Surgiram alguns movimentos armados e revolucionários: Aliança Libertadora Nacional (ALN), Vanguarda Popular Revolucionária (VPR), Movimento Revolucionário 8 de Outubro (MR-8), Política Operária (Polop), Comando de Libertação Nacional (Colina), Vanguarda Armada Revolucionária Palmares (VAR-Palmares).

Os integrantes desses movimentos ficaram conhecidos como radicais de esquerda. Reuniam-se clandestinamente e traçavam planos para derrubar o regime, estavam dispostos a matar e a morrer. Obtiveram sucesso em várias de suas empreitadas, como nos assaltos a bancos e sequestros de diplomatas. Um episódio especificamente ficou marcado na luta armada. Em setembro de 1969, o embaixador norte-americano Charles Elbrick foi sequestrado por integrantes do MR-8 que trocaram a liberdade dele pela de 15 presos políticos.[97]

Os excessos se repetiam com maior frequência desde dezembro de 1968, quando o governo Costa e Silva lançou o Ato Institucional Número Cinco, o AI-5, que ficou conhecido como o mais duro de todos os atos institucionais, responsável por apertar ainda mais o cerco a todos que fossem contra o regime. A censura chegou com tudo, artistas passaram a ser perseguidos, suas obras agora deveriam passar por uma aprovação prévia, muitos shows e peças de teatro eram interrompidos por agentes infiltrados. Até mesmo cantores conhecidos nacionalmente, como Chico Buarque, Caetano Veloso, Gilberto Gil e Tom Zé, sofreram represálias.

O direito ao habeas corpus foi suspenso. Os presos políticos não podiam mais pedir ajuda aos advogados. O suspeito era considerado culpado até que se provasse o contrário. Os tipos mais cruéis de tortura foram sistematizados: pau de arara, choque elétrico, afogamento, além de torturas psicológicas, com ameaças e perseguições a familiares e entes queridos da vítima.

MÉDICI

No dia 30 de outubro de 1969, o general Emílio Garrastazu Médici tomou posse como presidente do Brasil. Eleito de forma indireta pelo Congresso, Médici é considerado um dos mais tenebrosos presidentes do Brasil. Seu governo usou a tortura de modo sistemático para destruir qualquer tipo de oposição aos generais. Os métodos de ação dos agentes dos órgãos de repressão eram bem cruéis: dor, medo, trauma, morte.

Em São Paulo, o Departamento de Ordem Política e Social (Dops) era usado para combate, captura, interrogatório e também para a prática de tortura, com instalações e equipamentos apropriados para tal fim. Isso significa que quem organizava o sistema de repressão e tortura era o próprio aparelho civil-militar do Estado.

O cerco estava se fechando contra os revolucionários. Marighella, guerrilheiro comunista e fundador da Aliança Libertadora Nacional, foi morto em uma emboscada em 1969. Eram aproximadamente 500 presos políticos no Brasil em 1970.[98] Depois de meses fugindo da polícia, o guerrilheiro Carlos Lamarca foi morto no sertão da Bahia em 1971.

Em 1974, forças militares governistas acabaram de vez com a Guerrilha do Araguaia, matando praticamente todos os envolvidos que haviam iniciado o movimento no final da década anterior. Reunidos na região paraense da bacia hidrográfica do rio Araguaia, vários guerrilheiros do Partido Comunista do Brasil tinham por objetivo promover uma revolução socialista com base nas experiências da Revolução Cubana e da Revolução Chinesa.

O regime militar tinha todos os serviços aparelhados para que absolutamente tudo fosse "mantido em ordem". Legislativo, Judiciário e imprensa jogavam no mesmo time. A repressão não era bem vista pelo povo, mas quando você liga a TV vê a propaganda do milagre econômico, do PIB a uma média de 11%, comemora a boa fase do Brasil com o tricampeonato na Copa do Mundo com o gênio da bola, Pelé. Quarenta por cento das residências urbanas já tinham uma TV pra alegrar a família.[99] O desenvolvimento econômico gerou novas oportunidades de trabalho entre os que possuíam ensino superior, na maioria das vezes, membros da classe média. Entretanto, o chamado Milagre Econômico também teve seus custos, como a maior dependência ao capital internacional, que explica em partes o próprio fim do milagre em 1973 com uma crise internacional conhecida como Crise do Petróleo. O mesmo regime militar do Milagre Econômico fecharia o ano de 1984 com a inflação de 223,9%.[100]

PARA REFLETIR

Muitas pessoas que lutavam contra a repressão eram denunciadas por civis. O cidadão comum que ficava sabendo que seu vizinho tinha assaltado um banco o delatava para a polícia. Na TV, as notícias diziam que o governo era benévolo e quem lutava contra o sistema instituído era vândalo, marginal, subversivo. Imagina você, se não ia ficar morrendo de medo, vendo o cara do seu lado armado com fuzis e metralhadoras. O que você pensaria? *Esse cara é bandido, é perigoso. Vou chamar a polícia*. E assim, com a ajuda de pessoas de "bem" junto do Serviço de Inteligência Nacional, muitos dos estudantes que integravam os movimentos revolucionários foram sendo pegos um a um. Eram torturados, expatriados, assassinados. Alguns morreriam e ficariam desaparecidos para sempre, não dando a chance para a família de sequer enterrar um ente querido.

GEISEL

Ernesto Geisel tomou posse no dia 15 de março de 1974. Foi o quarto presidente do regime militar. Sua indicação para presidente do Brasil foi uma vitória para a ala militar dos castelistas (termo originado do primeiro presidente do regime militar, Castello Branco, que tinha um estilo mais brando de governar), portanto, uma derrota para os militares linhas-duras.

Com a inflação voltando a subir, uma onda de descontentamento começava a crescer dentro de vários setores da sociedade brasileira. Nas fábricas, no comércio, nas repartições públicas e até nas próprias Forças Armadas, pois muitos estavam sentindo na mesa de suas casas o alto preço dos alimentos e do custo de vida de uma maneira geral. Geisel prometeu então iniciar uma abertura política institucional que, segundo suas próprias palavras, seria "lenta, gradual e segura".

Nas eleições de 1974 a oposição, representada pelo MDB, infligiu um forte revés à Arena, conseguindo eleger um número expressivo de deputados, alguns dos quais haviam feito campanha clamando pela volta do regime democrático no Brasil. Em decorrência desse fato, o governo procurou aumentar o controle sobre o processo de abertura, a repressão não iria diminuir tão cedo. Em julho de 1976, o ministro Armando Falcão criou uma lei que foi sancionada por Geisel e que ficou conhecida como Lei Falcão.

Pela nova legislação, durante a propaganda eleitoral gratuita, os políticos podiam apenas divulgar as suas fotografias, currículos e informações triviais como nome, legenda e número de registro. As regras, primordialmente válidas para eleições municipais em 1976, foram amplificadas mais tarde para os que disputavam uma vaga para deputado estadual e federal.

O que se percebe na prática é que, apesar do discurso de abertura política, o governo Geisel continuou com os velhos hábitos de repressão e violência. A derrota nas urnas trouxe de volta o fantasma do comunismo - um espírito que vira e mexe assombra as autoridades brasileiras e o Centro de Informações do Exército fechou o cerco contra o Partido Comunista do Brasil que, na época, vivia na clandestinidade.

O diretor de jornalismo da TV Cultura Vladimir Herzog foi informado em outubro de 1975 de que seria preso, sendo acusado de ligações com o PCB,[101] mas, em vez de fugir, compareceu ao DOI-Codi espontaneamente para prestar esclarecimentos à justiça e, a partir daí, não foi mais visto com vida.

Vlado, como era conhecido o jornalista, foi torturado até a morte, porém a informação dada pelos órgãos oficiais foi a de que ele havia cometido suicídio. Era de praxe na época o governo difundir a notícia de que as vítimas de torturas e assassinatos haviam morrido por "suicídio", "fuga" ou "atropelamento". Três meses depois do assassinato de Herzog, o operário Manoel Fiel Filho foi morto em circunstâncias idênticas. Preso pelo crime de receber volumes do jornal *Voz Operária*, foi torturado até não mais suportar. Causa mortis oficial: suicídio.

Esses dois trágicos acontecimentos abalaram significativamente a estrutura do regime militar. A população já estava cansada de tamanha repressão. Algumas forças do campo progressista começaram a se unir. Como resposta, Geisel apenas trocou o comandante do II exército.

Em 1977, Geisel deu outro passo atrás no processo de abertura política que ele mesmo havia proposto. Em abril, ele fechou temporariamente o Congresso para aprovar algumas medidas, que ficaram conhecidas como "Pacotes de Abril". Essas medidas alterariam significativamente as regras para as eleições de 1978, o que foi visto pelo campo progressista como um retrocesso. São elas:

- Colégios eleitorais estaduais elegem 1/3 dos senadores. Esses senadores ganharam até o apelido de "senadores biônicos"; graças aos "superpoderes" a eles outorgados.
- Extensão do próximo mandato presidencial de 5 para 6 anos.
- Manutenção das eleições indiretas para governadores estaduais.
- O quórum para a aprovação de emendas constitucionais passou de 2/3 para maioria simples.
- Aumento da representatividade de estados menores no Congresso Nacional, principalmente no Norte e no Nordeste, onde o Arena, partido da base governista, era mais forte.

FIGUEIREDO

Se você nasceu na década de 1980, parabéns... para seus pais, que conseguiram sustentar você, já que essa foi a década do perrengue pra muita gente. João Baptista Figueiredo assumiu a presidência do Brasil em 15 de março de 1979. Durante sua gestão, a inflação atingiu níveis estratosféricos. *Em 1980, chegou a 110%, em 1981 caiu para 95%, em 1982 foi para 99,7%, em 1983 subiu para 211% e em 1984 chegou à inacreditável marca de 223,9%.*[102] *A dívida externa saltou de 43,5 bilhões de dólares em 1978 para 91 bilhões de dólares em 1985.*[103]

Em 1979, sentindo a pressão popular, Figueiredo – que, assim como Castello Branco e Geisel, fazia parte da ala dos militares mais brandos – encaminhou para o Congresso Nacional a Lei da Anistia, que foi aprovada no dia 28 de agosto. O Brasil, nesse momento, possuía cerca de 7 mil exilados e aproximadamente 800 presos políticos que foram beneficiados pela nova lei.[104] Muitos expatriados retornaram para o país, dentre eles líderes de esquerda como Luís Carlos Prestes e Leonel Brizola. Por outro lado, a Lei da Anistia também perdoou os crimes, como tortura por exemplo, executados por integrantes das Forças Armadas.

Em decorrência da anistia, muitos grupos militares e paramilitares radicais que eram contra a abertura política que se anunciava começaram a praticar atentados terroristas. Somente de janeiro a agosto de 1980 foram registrados 46 atentados.[105] Vivia-se um período de muita tensão. No país inteiro, crescia o número de ligações anônimas com ameaças e falsos alarmes de bomba. Prédios inteiros eram evacuados. No Rio de Janeiro, uma bomba que deveria ser detonada durante um show no Riocentro explodiu dentro do carro dos militares que a conduziam.

Num cenário em que a truculência era vista cada vez mais com olhos atravessados, a Arena, partido da base governista e historicamente ligado aos militares e à repressão, começou a ficar com o filme queimado. Pensando numa maneira de levantar e sacudir a poeira, no finalzinho de 1979 foi criada a nova lei orgânica dos partidos políticos.

Pela nova legislação, o pluripartidarismo voltou a valer. Novos partidos surgiram a partir desse momento, mas uma nova regra deveria ser respeitada: todos os nomes das novas agremiações políticas passaram obrigatoriamente a começar com a palavra "partido". Muitos acreditavam que essa seria uma maneira de enfraquecer o MDB, o partido que fazia oposição ao regime militar e estava cada vez mais forte, porém o MDB virou PMDB, e a Arena, que já estava para lá de combalida, desapareceu, dando lugar ao PDS. O partido do governo conseguiu ocupar 235 das 479 cadeiras no Congresso nas eleições de 1982,[106] porém, em âmbito nacional, o PMDB se fortaleceu muito elegendo governadores em estados como São Paulo e Minas Gerais. A eleição direta para governadores estava de volta e a oposição ao regime crescia cada vez mais.

Nessa nova onda de pluripartidarismo, vários partidos começaram a aparecer, dentre eles o PTB, o PDT e o PT. O PMDB, que era o partido de oposição mais parrudo do momento, lançou a campanha por eleições diretas, que já era discutida pela sociedade e outros partidos. Fez a fama e deitou na cama. Começou então um dos maiores movimentos de rua do Brasil, o Diretas Já.

Pressionado, o Congresso teve que colocar a pauta das eleições diretas na ordem do dia. Foram milhões de pessoas indo pras ruas pedir pelo direito ao voto presidencial.[107] Então, em 25 de abril de 1984, foi votado o Projeto de Lei que devolveria a escolha dos principais governantes para a população. Eram 479 deputados. Para a proposta vencer, eram necessários 320 votos. Porém os que votaram a favor da democracia foram 298.[108] A proposta não passou pela Câmara.

Paulo Maluf, político filiado ao PDS, foi indicado pelo partido para ser governador de São Paulo a partir de 1979, mas Maluf queria, na real, ser presidente do Brasil. E, para isso, meteu o louco para conquistar o apoio de um monte de gente do próprio partido para que sua indicação à vaga de candidato fosse conquistada. Resultado: ele conseguiu rachar o partido em 1984. Os caras que saíram fora do PDS criaram o PFL, cujo líder era José Sarney.

Então o cenário político apresentava a seguinte configuração, dividindo-se em três grandes forças: Tancredo Neves (PMDB), Paulo Maluf

(PDS) e José Sarney (PFL), este último um grande cabo eleitoral. E foi justamente por saber de seu poder de barganha que Sarney pressionou o PMDB. "Ou vocês me deixam ser vice na chapa do Tancredo ou eu vou apoiar o Maluf. E, se eu apoiar o Maluf, ele ganha."

Tancredo até pensou duas vezes. *Se eu deixar o Sarney ser meu vice, eu vou queimar o meu filme, mas não tem outro jeito, né? Eu quero ser presidente da República. Ah, quer saber, Sarney, meu chapa, chega junto.* E assim começava a se desenhar um novo capítulo da história do Brasil.

40

GOVERNO SARNEY

INFLAÇÃO NAS ALTURAS

José Sarney, ou José Ribamar para os íntimos, assumiu a presidência no dia 15 de março de 1985. O regime militar brasileiro havia ficado para trás, porém o presidente ainda era eleito pelo voto dos congressistas, que indicaram Tancredo Neves ao cargo máximo do poder executivo. No entanto, Tancredo teve problemas de saúde e morreu antes de tomar posse. Sarney, o vice, até deve ter duvidado que fossem deixá-lo assumir. Afinal de contas, ele representava estruturas políticas do passado, era do partido da ditadura e havia se unido a Tancredo por conveniência política.

O novo presidente tinha dois grandes desafios políticos: estabilizar a economia e levar o Brasil a uma nova democracia. Tentar conter a inflação não seria uma tarefa fácil, visto que, em 1985, o aumento sistemático dos preços atingiu picos de 235,5% ao ano.[109] Sarney fez algumas políticas econômicas. A primeira delas foi lançar o Plano Cruzado em 1986. A moeda que antes se chamava cruzeiro passaria a se chamar cruzado.

A proposta era de que essa nova moeda valeria muito mais dinheiro. Para isso, o governo começou enxugando a máquina pública e cortando 10% do próprio orçamento.[110] Os preços foram congelados. Os consumidores ficaram felizes ao saber que chegariam ao mercado e encontrariam o preço do salgadinho pelo mesmo valor do dia anterior. A lógica era simples: "Já que o preço não pode subir, eu vou poder comprar".

Porém alguém saía perdendo nessa história. Os produtores e fornecedores, ou seja, os caras que eram responsáveis por fazer os produtos chegarem até as prateleiras dos mercados, não gostaram nada do novo plano. Afinal de contas, eles tinham suas despesas de produção e ficava inviável manter o preço sugerido pelo governo. Os mercados passaram a sofrer com a falta de mercadorias. Alguns produtores davam um jeito de fazer essa venda de maneira independente, cobrando o preço mais adequado.

O Plano Cruzado não deu certo. Então veio o Plano Cruzado 2. O objetivo era o mesmo, estabilizar a economia, entretanto isso não aconteceu. Em 1987, o Brasil não conseguia pagar a dívida externa e Sarney declarou moratória, que é algo mais ou menos assim: "Desculpa aí, você investidor externo, eu peguei um dinheiro emprestado, mas não tô conseguindo pagar". O Brasil ficou com a imagem de mau pagador. Outros planos se sucederam durante a gestão Sarney. Plano Bresser, Plano Verão. Nenhum deles conseguiu resolver a questão da inflação. Sarney chegou ao final do governo cabisbaixo. Ele queria resolver a crise econômica, mas não foi dessa vez. "Brasil, fica para a próxima."

CONSTITUIÇÃO DE 1988

Porém, em outros setores, o governo conseguiu avançar, ainda que de maneira lenta e gradual. Era um novo momento da história do Brasil. Os anos de chumbo tinham ficado para trás, mas ainda havia uma mescla entre o velho e o novo. Sarney ainda manteve o Serviço Nacional de Informação (SNI), que era o serviço de inteligência, mas também de repressão da ditadura. Por outro lado, se no regime militar o único partido que podia criticar o governo era o MDB, agora os partidos políticos de oposição ganhavam força.

Nesse novo cenário, o PMDB ficava cada vez mais influente. Depois das eleições de 1986, quase todos os governadores eram do PMDB. Ocupariam também 261 de 487 cadeiras na Câmara.[111] Já o presidente, que era do PFL, não tinha tanta autonomia assim. Diferentemente de um ditador, agora Sarney precisava negociar com o Congresso. As decisões não aconteciam mais de forma autoritária.

Para marcar definitivamente o começo de uma nova era na política nacional, uma nova Constituição começou a ser formulada. Em fevereiro de 1987, começaram as reuniões da Assembleia Constituinte, que era composta por 487 deputados e 72 senadores. Ao longo dos trabalhos, a assembleia esteve aberta à proposta de emendas populares. Tais propostas deveriam ser enviadas por intermédio de associações civis. Foram ao todo 122 emendas populares, com mais de 12 milhões de assinaturas.[112]

O Centrão, como era conhecido o grupo mais forte dentro da Assembleia Constituinte, formado por parlamentares do PMDB, PFL, PDS e PTB, conseguiu decidir sobre questões importantes, como a reforma agrária, mantendo a distribuição desigual de terras.

PARA REFLETIR

O texto final da Constituição foi construído de maneira a agradar diferentes interesses da sociedade. Pela primeira vez, numa Carta Magna brasileira, é discutido o tema do meio ambiente. A ditadura ficou para trás, e, para deixar isso claro, alguns artigos enfatizam questões caras aos novos tempos. A liberdade de expressão está garantida. A tortura passa a ser crime inafiançável. Minorias são lembradas no texto de lei, que fala dos indígenas e quilombolas.

A nova Constituição abrange interesses diversos, enaltece a soberania do Estado, a construção de uma sociedade livre, justa e solidária; a erradicação da pobreza; a promoção do bem de todos sem preconceitos de origem, raça, sexo, cor, idade e quaisquer outras formas de discriminação. É uma pena que essas leis não tenham o alcance esperado.

Na teoria, temos um ideal de sociedade muito bonito.

Mas na prática ainda temos muito a conquistar.

41

GOVERNO COLLOR E ITAMAR FRANCO

O CAÇADOR DE MARAJÁS

Fernando Collor de Mello assumiu a presidência do Brasil no dia 15 de março de 1990. Oriundo do PDS, o partido de situação do último período do regime militar, Collor teve passagem pelo PMDB, quando foi governador de Alagoas. Para a eleição de 1990, filiou-se ao pequeno Partido da Renovação Nacional (PRN).

Collor foi vendido pela grande imprensa como um fenômeno, um "caçador de marajás", graças a um de seus motes de campanha, que dizia que ele acabaria com as regalias dos altos funcionários do Estado. Com um discurso agressivo contra o governo Sarney e uma política de marketing que destacava a imagem do jovem político empreendedor, tornou-se um fenômeno eleitoral.

O Brasil vivia momentos de euforia política em 1989. Depois de trinta anos sem poder eleger um presidente, o brasileiro sentia que reconquistava seus direitos políticos que haviam sido suspensos pelo regime militar. Muitas pessoas estavam, inclusive, votando pela primeira vez para escolher um líder de Estado.

Nesse contexto, é muito relevante entender o poder da mídia na campanha presidencial. Aliás, a Rede Globo, assim como outros veículos de imprensa escrita e televisionada, teve uma influência determinante para a vitória de Collor. José Bonifácio Sobrinho, mais conhecido como Boni, diretor de programação da Globo na época, chegou a admitir numa entrevista ao jornalista Geneton Moraes, 22 anos depois, que a emissora manipulou o debate que aconteceu entre Collor e Lula dias antes da eleição que definiria os rumos do país.

NEOLIBERALISMO E PRIVATIZAÇÕES

Quando Collor assumiu a presidência, ele lançou o Plano Brasil Novo, mais conhecido como Plano Collor. O presidente recém-empossado decretou seu plano econômico através de uma Medida Provisória. Isso quer dizer que não houve um debate prévio nem votação no Congresso.

A medida mais polêmica do plano retinha os depósitos acima de 50 mil cruzeiros novos, para devolvê-los em dezoito meses com correção de 6% de juros ao ano. Com isso, o governo visava financiar seus projetos econômicos. Porém a população não gostou nem um pouco dessa regra e rapidamente passou a chamá-la de "confisco". "Vem mexer no meu dinheiro? Tá maluco?".

O Brasil entrava na década de 1990 daquele jeito, população pra variar desamparada. As periferias urbanas teriam de aturar a violência em seu cotidiano, mas não ficariam em silêncio. Entre as manifestações culturais que pipocavam aqui e ali, se destacou o RAP nacional, com um som que misturava música, poesia e denúncia. Na política externa, o cenário econômico não era dos melhores. Um novo fenômeno, conhecido como neoliberalismo, havia se tornado regra em países como Estados Unidos e Reino Unido. A privatização estava na ordem do dia. A ideia do novo presidente era abrir o Brasil para o mundo exterior.

Até o governo Collor, o Estado era o dono das empresas consideradas estratégicas, principalmente as indústrias petroquímicas e siderúrgicas. Collor começou a privatizar essas empresas e muito dinheiro começou a entrar na administração pública. O Estado brasileiro ficou menor, com menos patrimônio para gerir. Foi Collor quem lançou uma nova tendência que seria adotada por seus futuros sucessores: a política das privatizações.

IMPEACHMENT

Em 1992, Collor entrava no seu terceiro ano de presidência. Apesar dos revezes na política econômica, parecia que as coisas seguiriam seu curso natural até a conclusão do mandato que lhe foi incumbido pelo voto popular. Porém, surgiu um novo personagem que causaria uma verdadeira turbulência na vida da República brasileira. Seu nome: Pedro Affonso Collor de Mello. Soa familiar?

Ninguém menos que o irmão de Collor chegou para botar fogo no parquinho. Pedro fez várias denúncias sobre as relações para lá de suspeitas entre o então presidente do Brasil e o empresário PC Farias, o chefe da campanha de Collor, o Fernando.

As denúncias tomaram uma proporção gigantesca. Ainda no ano de 1992, milhares de estudantes com as caras pintadas – aliás, esse foi o nome pelo qual ficou conhecido o movimento – foram para as ruas para pedir o afastamento do presidente. O mito, o super-herói, o queridinho da mídia, eleito por um partido nanico, de repente se viu acuado, sem apoio.

Não bastasse tudo isso, no meio do caminho ainda tinha uma pedra, ou melhor, um automóvel Fiat Elba zerinho, no qual Collor começou a dar uns rolezinhos por Brasília. Até aí nada de mais, né? Só que esse Fiat Elba havia sido comprado com dinheiro que vinha de uma conta fantasma de PC Farias. O veículo era só a ponta do *iceberg*. Ao todo, eram muitos milhões de dólares desviados,[113] até hoje nem existe um número exato. Aí já era. A casa caiu!

Collor propôs renunciar, mas não teve jeito. Foi "impichado" pelo Congresso e teve seus direitos políticos suspensos por oito anos.

GOVERNO ITAMAR FRANCO

Itamar Franco, o vice de Collor, assumiu a presidência no finalzinho de 1992. Seu governo foi marcado por acontecimentos importantes.

Na área política, foi aplicado o dispositivo constitucional que previa a efetivação de um plebiscito em que os eleitores deveriam escolher qual forma de governo – monarquia ou República – e qual sistema de governo – parlamentarismo ou presidencialismo – deveriam ser adotados. A consulta aconteceu em abril de 1993, e o resultado assegurou a continuidade de uma República presidencialista.

Itamar continuou com os processos de privatizações iniciados por Collor. Sob sua tutela, a Companhia Siderúrgica Nacional e a Embraer, símbolo da indústria aeronáutica brasileira, foram privatizadas.

Para ministro da Fazenda, Itamar convidou um sociólogo da USP, um tal de Fernando Henrique Cardoso, também conhecido como FHC. Sua principal missão nesse ministério – para variar – era controlar o temível monstro da inflação. Para isso, ele elaborou com a ajuda de um grupo de economistas um plano de estabilização monetária gradual. Em março de 1994, foi criada a Unidade Real de Valor (URV), que era uma espécie de moeda que teria seu preço corrigido diariamente.

Durante quatro meses, o valor em cruzeiros-reais foi sendo convertido em URV. Foi uma troca mais gradual. Até que, em 1º de julho de 1994, uma nova medida de unidade foi criada: o real. Com o novo plano econômico, a inflação foi finalmente controlada, pelo menos por um tempinho. Novamente se criou uma euforia no Brasil. O Plano Real é um *case de sucesso.*

Historicamente o Brasil entrou numa nova etapa econômica. A repercussão foi tão boa que FHC nem esperou o Plano Real se firmar e já se lançou candidato a presidente.

42

GOVERNO FHC

PAI DO REAL?

Fernando Henrique Cardoso, sociólogo, formado pela USP, se candidatou à presidência em 1994, já com um certo apelo em torno de seu nome, que estava muito vinculado ao Plano Real, o plano econômico do governo Itamar Franco que tinha conseguido controlar a hiperinflação que, nota-se, não aconteceu da noite para o dia. Mesmo antes de Itamar assumir o governo, uma equipe de economistas, políticos, acadêmicos e intelectuais já vinha se reunindo para desenhar o plano de estabilização monetária.

Quando FHC se lançou candidato, o país passava por um momento de euforia. Depois de décadas de desvalorização monetária, parecia enfim que o brasileiro teria poder de compra e que a economia deslancharia. Quem ficou com quase todo o crédito foi o Fernando Henrique: *É, não vou mentir, algumas pessoas me ajudaram, mas se quiserem me chamar de pai do real, fiquem à vontade.*

Fernando Henrique saiu candidato pelo PSDB, que, na época, era um partido novo. Para vice, fez coalisão com o PFL, colocando Marco Maciel, um dos líderes do partido, como vice. Com amplo apoio das classes políticas e laureado com as honras de uma política econômica eficaz, derrotou Luiz Inácio Lula da Silva e assumiu a presidência no primeiro dia de 1995.

OS ESTRANGEIROS, EU SEI QUE ELES VÃO GOSTAR

Estava todo mundo empolgado com o real. FHC era o novo governo e tinha o desafio de estabilizar a economia de vez. Seu governo continuava com uma tendência iniciada nos anos Collor: a abertura econômica para outros países. Porém FHC não estava de brincadeira, no seu governo ele não promoveu uma simples abertura econômica, ele fez uma baita abertura. Seu pensamento era o seguinte:

"Vamos vender parte do governo que não vai alterar drasticamente a soberania do Estado". E assim ele ficou conhecido como o presidente das privatizações.

Seu governo ficou marcado por diminuir as atribuições do Estado com relação à prestação de serviços. Existiam duas justificativas para essa medida: "Vamos parar de gastar dinheiro com empresa que não funciona"; "Se um investidor privado compra uma empresa do Brasil, ele vai querer ter lucro, então vai investir nessa empresa e fazê-la funcionar". *Esta é a teoria. Na prática, as coisas parecem um pouco mais complexas.*

No ano de 1994, a Embraer foi privatizada e trouxe resultados positivos. Em maio de 1997, o governo Fernando Henrique leiloou a Companhia Vale do Rio Doce. Foi uma venda muito polêmica, celebrada por alguns e muito contestada por outros. Os críticos dessa operação dizem que a Vale foi vendida a preço de banana, 3,3 bilhões de reais.[114] O valor seria considerado muito abaixo do real valor das reservas minerais da empresa.

Depois da compra da Vale, seu processo de trabalho e produção ficou mais dinâmico. Mas grande parte do dinheiro que era investido na empresa vinha do BNDES, e isso desagradou em cheio quem já não apoiava a privatização, visto que mais dinheiro público estava sendo injetado numa empresa que agora pertencia à iniciativa privada.

FHC também vendeu uma grande empresa do setor de telecomunicações, a Telebras. A privatização aconteceu por meio de um leilão em junho de 1998. Foi a maior privatização ocorrida no Brasil até então e arrecadou 22 bilhões de reais,[115] a priori, para pagar a dívida pública.

O serviço de telefonia melhorou após o processo, a posse de linhas fixas ou móveis se universalizou. Porém houve um aumento expressivo nas tarifas, e explodiram reclamações de usuários com relação aos serviços prestados pelas operadoras.

Além da telefonia e da mineração, FHC fez várias outras privatizações – passando pelo setor de petróleo, gás, portos, rodovias e até bancos – que faziam parte da Política Nacional de Desestatização (PND). Em 2001, o setor energético, uma parcela do pacote de concessões do governo, sofreu um forte desgaste, que ficou conhecido como "Crise do Apagão".

Os brasileiros tiveram que racionar energia. A partir do dia 1º de julho de 2001, os consumidores tiveram que reduzir "voluntariamente" 20% do consumo de eletricidade, caso contrário teriam um aumento no valor da conta ou até a luz cortada como forma de penalidade.

SEGUNDO GOVERNO

Em 1997, o Senado aprovou a emenda constitucional que permitia a reeleição para presidente da República, governador e prefeito. Essa era uma grande alteração para o cenário político brasileiro.

Chegaram as eleições de 1998. Lula se candidatou de novo. Dessa vez, daria certo. Lula estava na frente nas pesquisas. Mas FHC mandou um recado para a galera: "Uma crise se anuncia no horizonte, todo mundo vai passar por um perrengue, eu vou saber lidar com a crise porque eu sou o cara, sociólogo, formado pela USP, a melhor universidade pública do país". E assim, mais uma vez, FHC levou a melhor. Foi eleito no primeiro turno, novamente.

O segundo mandato de Fernando Henrique não começou de uma maneira muito tranquila. Como ele mesmo havia dito, estava rolando uma crise internacional, principalmente em alguns países da Ásia e na Rússia. Esta última chegou a declarar moratória. Como o Brasil tinha algumas características muito parecidas com o país da vodca, muitos investidores começaram a pensar que nosso país também poderia oferecer riscos e retiraram investimentos daqui. A moeda forte já não era mais tão forte assim. A coisa estava russa.

Em 2000, o governo lançou a Lei de Responsabilidade Fiscal, que pretendia estabelecer o controle de gastos da União, dos estados e dos municípios, condicionando-os à capacidade de arrecadação de tributos. Outra medida nesse campo também foi criada: a meta de inflação, que era o teto máximo que deveria ser atingido pelo aumento dos preços naquele ano. Tanto a Lei de Responsabilidade Fiscal quanto as metas de inflação são características que acabaram tornando-se comuns nesse e nos futuros governos.

Durante o governo FHC, muitas empresas pequenas foram fechadas graças à abertura de mercado. Muitos produtores e comerciantes não conseguiam competir com os produtos de fora, que tinham boa qualidade e eram vendidos a preços menores dos que os produzidos aqui. O agronegócio se expandiu. A agricultura e a pecuária passaram a fazer uso intensivo de tecnologia, e o Brasil se tornou referência na produção e na exportação de carne e soja. Houve significativa entrada de investimentos estrangeiros. Mais de 100 bilhões de dólares foram adquiridos como resultado de todas as privatizações desse governo,[116] mesmo assim, áreas sociais receberam modesto investimento. O PIB cresceu em média 2,4% ao ano de 1995 a 2002,[117] porém a estabilidade econômica não impactou na redução da desigualdade social. O custo de vida aumentou. A carga tributária subiu de 26% para 35% do PIB durante o governo de Fernando Henrique, e a dívida pública foi de 30% do PIB para 50%.[118] Por fim, em seu último ano de mandato, FHC negociou um empréstimo com o FMI de 30 bilhões de dólares.[119]

43

GOVERNO LULA

LULINHA PAZ E AMOR

Lula assume a presidência do Brasil no dia 1º de janeiro de 2003. Com um longo histórico de líder sindical, Lula era filiado ao Sindicato de Metalúrgicos de São Bernardo do Campo e Diadema desde 1968. Em 1975, foi eleito presidente do sindicato. Em 1986, elegeu-se deputado federal por São Paulo. Em 1989, disputou a presidência e perdeu para Collor. Em 1994, disputou novamente e perdeu para Fernando Henrique Cardoso no primeiro turno, derrota que seria repetida também em 1998. Muita gente deve ter pensado: "O cara já perdeu tantas vezes, ele vai desistir". Mas Luiz Inácio Lula da Silva provou que é brasileiro e não desiste nunca, e em 2002 venceu as eleições contra o ex-ministro da Saúde José Serra.

Mas afinal de contas, o que mudou do Lula de 1989 para o Lula de 2002? Pode-se dizer que o Lula de 1989 assustava muitas pessoas da classe média e boa parcela dos investidores internacionais. O Lula de 2002 passou por uma reformulação inclusive visual. Antes chamado por Leonel Brizola de "sapo barbudo", agora o candidato a presidente desfilava pelos salões da elite paulistana vestindo ternos de grife.

"Meu partido é vermelho, nasceu com ideias socialistas, mas eu não estou aqui para dividir nada. Você, fazendeiro, vai continuar com suas terras. Você, rentista, vai continuar ganhando dinheiro com juros. Você, banqueiro, vai lucrar mais do que nunca. Eu só quero distribuir um pouquinho mais a renda desse país."

Essa era a nova imagem de Lula, disseminada até mesmo na sua campanha à presidência. Saía de cena o sindicalista agressivo e entrava o Lulinha paz e amor, que chamou para ser seu vice um empresário brasileiro respeitado pelas mais altas esferas do poder, José Alencar, filiado ao PL, um partido conservador. Luiz Inácio estava dando o recado: "Poderosos, votem em mim, que eu não vou mexer na estrutura de vocês".

E Lula realmente cumpriu sua promessa, tanto que indicou para ocupar o cargo de presidente do Banco Central do Brasil um cara do PSDB. Henrique Meirelles tinha acabado de conquistar uma vaga para deputado federal por Goiás. O político renunciou ao cargo para assumir a presidência do Banco Central, adotando uma política relativamente liberal durante sua gestão.

Uma das preocupações do novo presidente era manter a estabilidade econômica do governo de seu antecessor, além de abaixar a inflação, diminuir o desemprego e fazer o Brasil crescer mais. Para isso, Lula apostou no agronegócio, multiplicando o volume de créditos para o setor, que cresceu de maneira assombrosa, fazendo o país figurar como o maior produtor de grãos do mundo.

Outro mérito conquistado por Lula foi o pagamento da dívida externa com o FMI. Essa façanha fez com que o Brasil ficasse benzão na fita com o mundo inteiro. Com uma imagem de país confiável, começou a atrair mais e mais investidores estrangeiros. Porém o dinheiro para quitar esse compromisso fez com que a dívida pública federal saltasse de 823 bilhões de reais no começo de seu mandato para 1,69 trilhão de reais quando ele deixou o cargo de presidente.[120]

O aumento do consumo do mercado interno se explica por uma combinação de fatores: política de facilidade de crédito, aumento dos parcelamentos, crescimento econômico, geração de 10 milhões de empregos,[121] aumento dos salários, câmbio valorizado e inflação controlada. Nesse cenário, cerca de 30 milhões de pessoas migraram da classe baixa para a classe média,[122] a chamada classe C, que se consolidou de maneira definitiva a partir de 2005.

O governo também desenvolveu uma política de auxílio à população miserável, reciclando um programa que já estava em vigor desde os anos FHC, chamado Bolsa Escola, que na gestão Lula passou a se chamar Bolsa Família. Alcançando 12 milhões de famílias em situação de pobreza ou extrema pobreza.[123]

Em 2004, o Ministério da Educação criou o Programa Universidade para Todos (ProUni), que oferece bolsa de estudo integral e parcial em universidades particulares.

Além do ProUni, foram criadas novas universidades federais em pequenas e médias cidades, como parte de um programa que foi chamado pelo PT de interiorização do ensino superior. Essas medidas, em conjunto, provocaram maior acesso ao ingresso de jovens às universidades.

MENSALÃO E PRÉ-SAL

Em 2005, estourou uma grande notícia. Um esquema de corrupção no governo Lula foi denunciado por Roberto Jefferson, deputado do PTB que estava sendo acusado de envolvimento em processos de licitações fraudulentas dos Correios. Segundo Jefferson, vários parlamentares recebiam uma mesada para votarem de acordo com as orientações do PT.

O esquema, conhecido como "Mensalão", teria parlamentares do Partido Liberal (PL), do Partido Progressista (PP), do Partido do Movimento Democrático Brasileiro (PMDB) e do próprio Partido Trabalhista Brasileiro (PTB), numa clara amostra de que a tal política de coalisão alardeada por Lula como a base de sua governabilidade não era tão harmoniosa quanto parecia ser.

Muitos interesses escusos estavam por trás dos apoios que a base governista vinha recebendo. Foi um episódio que manchou muito a imagem do presidente e do Partido dos Trabalhadores. Alguns dos citados no processo eram homens fortes do governo Lula e foram afastados de seus cargos, inclusive o ministro da Fazenda Antonio Palocci.

Mas eis que, num momento de extrema turbulência política, uma notícia despontou e colocou o Brasil num lugar de destaque mundial: a descoberta do pré-sal na região sudeste, lá nas profundezas do mar que fica perto dos estados de Espírito Santo, Rio de Janeiro e São Paulo. Era tanto petróleo, mas tanto petróleo, que se estima que fosse o equivalente a cerca de 36 bilhões de barris.[124]

Lula se candidatou à reeleição e venceu o ex-governador de São Paulo, Geraldo Alckmin, no segundo turno. A essa altura, ele já tinha uma história de feitos políticos para contar. O Bolsa Família e o ProUni eram programas de sucesso. Mas era preciso investir em infraestrutura. Surgiu então o Programa de Aceleração do Crescimento (PAC) e a construção de usinas, estradas e outras grandes obras. A dívida pública só aumentou.

Em 2008 uma grande crise financeira global acontecia, impulsionada pela falência do tradicional banco de investimento estadunidense Lehman Brothers. Num efeito dominó, várias outras instituições financeiras fecharam suas portas, o que deixou o mundo todo em alerta com relação à economia.

O Brasil não foi tão afetado durante a crise de 2008, graças a uma série de medidas decididas pelo Banco Central e por Guido Mantega, o ministro da Fazenda. Porém, apesar de alguns avanços, o governo de Lula não foi suficiente para resolver problemas de infraestrutura do país.

Lula, detentor de carisma e popularidade, deixou o governo com 87% de aprovação[125] e conseguiu eleger sua sucessora, Dilma Rousseff.

44 GOVERNOS DILMA E TEMER

PROGRAMAS SOCIAIS E CONCESSÕES

Dilma Vana Rousseff foi a primeira mulher a tomar posse como presidente da República. Sua posse ocorreu no dia 1º de janeiro de 2011. Antes de assumir a presidência, havia passado pelos cargos de secretária estadual de Energia, Minas e Comunicações do Rio Grande do Sul, ministra de Minas e Energia e ministra-chefe da Casa Civil, essas duas últimas funções durante o governo Lula.

Dilma assume a presidência e já chega chegando. Tentou manter a estabilidade do país e melhorar o consumo interno, ou seja, dar continuidade às políticas públicas de Lula. Para isso, ela manteve o mesmo ministro da Fazenda, Guido Mantega, e até o nome do seu programa econômico era idêntico ao de seu antecessor. Se antes era PAC, agora passou a ser PAC 2. Esse programa tinha a proposta de maximizar o primeiro PAC, mas a oposição achava que era muita propaganda e nem tanta ação. Fato é que a crise econômica internacional que não abalou tanto o governo Lula deu de cara com o governo Dilma, e boa parte das obras não foram concluídas dentro dos prazos previstos.[126]

Se durante os anos Lula o Bolsa Família foi a menina dos olhos do governo, com Dilma o programa vitrine passou a ser o Minha Casa Minha Vida, cuja plataforma era o financiamento de casas populares com uma taxa de juros mais baixa, o que possibilitou a compra de imóveis por mais de 1 milhão de pessoas.[127]

Dilma continuou com a política de concessões e privatizações praticada durante o governo Lula, arrecadando 24,5 bilhões de reais com o leilão dos aeroportos de Brasília, Guarulhos e Viracopos,[128] que passaram a ser geridos por empresas privadas.

NOVO CÓDIGO FLORESTAL E COMISSÃO NACIONAL DA VERDADE

Na área do meio ambiente, um novo código florestal foi aprovado: a lei 12.651.

Esse novo código florestal foi muito contestado por ambientalistas que apontaram a gestão de Dilma como a que menos demarcou terras indígenas desde a ditadura militar.[129] Além disso, as estreitas relações entre a base governista e a bancada ruralista geraram inúmeras críticas ao governo, que, segundo ativistas e defensores do meio ambiente, fazia vista grossa para as invasões de terra e o aumento de violência contra os povos indígenas.

Uma parada polêmica operada pelo governo foi a criação da Comissão Nacional da Verdade em novembro de 2011 para investigar as violações de direitos humanos cometidas entre 18 de setembro de 1946 e 5 de outubro de 1988 por agentes do Estado.

Durante três anos, vários profissionais de diversas áreas, indicados por Dilma, fizeram um levantamento que listou o nome de funcionários públicos – dos quais vários ainda estavam vivos – acusados de crimes contra os direitos humanos. O relatório entregue à presidente – um documento com quase 2 mil páginas – esmiúça alguns métodos de tortura, execuções, ocultação de cadáveres, detenções ilegais e desaparecimentos.

Para Dilma, com a conclusão dos trabalhos da comissão em 2014, o Brasil passava por uma etapa que os seus vizinhos Argentina e Chile, que também passaram por regimes militares, já haviam concluído. Se por um lado foi um avanço na política de reparação de vítimas, por outro, não houve condenação de nenhum dos pertencentes às forças de repressão do Estado que foram culpados por crimes como homicídio ou tortura.[130] Só para citar uns exemplos bem pesados.

JORNADAS DE JUNHO

Dilma entrou no ano de 2013 com situação política e econômica desfavorável. A balança comercial estava caindo, os casos de corrupção continuaram aparecendo e atingindo pessoas do seu governo; alguns ministros foram afastados.

Em junho de 2013, estudantes se reuniram em diferentes estados do país. Em São Paulo, protestavam contra o aumento da tarifa de 20 centavos dos transportes públicos, mas foram repreendidos de forma muito violenta pela polícia do estado. Balas de borracha e gás lacrimogêneo foram disparados contra manifestantes, detenções arbitrárias foram realizadas. As pessoas que viram de perto as agressões pediam: "Sem violência". A galera, vendo aquilo de casa, ficou revoltada e decidiu se juntar ao protesto. Muita gente apoiava de dentro de casa mesmo, acenando pros que estavam na rua, que por sua vez, cantavam palavras de ordem, como: "Vem, vem, vem pra rua! Vem, contra o aumento!"

Porém não era apenas um protesto. Eram vários, em várias cidades, num movimento que ficou conhecido como "Jornadas de Junho". E já não era mais pelos 20 centavos. Era por tudo. Geral tava indignada com a situação do país, com o poder de compra, que tinha diminuído, com a violência, com a corrupção. Vários assuntos entraram na pauta. As manifestações envolveram aproximadamente 2 milhões de pessoas em mais de 400 cidades.[131] O Brasil estava pedindo mudança.

Dilma, sentindo a pressão, foi para a TV falar "vou fazer reforma política".[132] Porém o PMDB deu a grita: "Tá maluca? Não vai fazer reforma política coisa nenhuma". E o partido, que até então era seu aliado, se voltou contra ela.[133] A lua de mel da tal governabilidade tinha chegado ao fim. Dilma se candidatou à reeleição e passou raspando com 51% dos votos contra Aécio Neves do PSDB. Ela conseguiu se reeleger, mas a opinião pública, impulsionada pela imprensa, estava contra ela.

IMPEACHMENT

Dilma começou o segundo mandato com uma situação nada boa. Sua popularidade caiu muito desde 2013. Parte da classe médica se voltou contra ela por causa do programa Mais Médicos, que havia trazido médicos cubanos para trabalhar no Brasil. Em 2014, último ano do seu primeiro mandato, aconteceu a Copa do Mundo no Brasil. Dilma foi vaiada na abertura. O evento em si foi um sucesso, mas seus bastidores foram muito criticados, acusados de fraude e corrupção. E, para piorar, o Brasil ainda tomou de 7 a 1 da Alemanha na semifinal.

De 2015 para 2016, o quadro econômico do Brasil *deu uma boa piorada*. O governo fez mais um ajuste fiscal, mandou cortar mais gastos, e começou a pegar dinheiro emprestado para pagar as contas. Segurava o dinheiro e atrasava os repasses para o banco, numa manobra conhecida como "pedalada fiscal". Crise econômica, sem apoio no

Congresso, sem popularidade, imprensa jogando contra. A pedalada era o que faltava para o pedido de abertura de *impeachment*.

Uma polarização política muito grande tomou conta do país. Quem era a favor da Dilma alegou que FHC já havia utilizado do mesmo método de atraso dos repasses da verba pública. Quem queria a destituição da presidenta alegou que ela tinha ultrapassado os limites.

"FHC pedalou, mas não pedalou tanto quanto a Dilma. Ele pedalava com pouco mais de 400 milhões. Dilma pedalou com 33 bilhões,[134] isso é irresponsabilidade fiscal", diziam seus detratores.

"Mas não existe uma alíquota para o atraso do repasse, o *impeachment* é inconstitucional", retrucavam seus apoiadores.

No dia 31 de agosto de 2016, depois de um processo que durou meses, Dilma Rousseff foi afastada definitivamente da presidência. Depois de quase seis anos, seu mandato foi interrompido. De 31 de agosto de 2016 até o último dia de 2018, Michel Temer, do MDB, governou o Brasil. Ele era o vice de Dilma Rousseff, e assumiu prometendo regular a economia nacional, porém denúncias de corrupção, sua falta de carisma e os cortes nos gastos públicos através da chamada "PEC do Teto de Gastos", ou PEC 241, fizeram de Temer um dos presidentes menos queridos da nossa História.

O PT SE TORNOU FOCO DE TODAS AS ATENÇÕES NOS ÚLTIMOS ANOS. O PARTIDO QUE FOI ENVOLVIDO EM CASOS DE CORRUPÇÃO É O MESMO QUE PARTICIPOU DA ASCENSÃO SOCIAL DE APROXIMADAMENTE 30 MILHÕES DE PESSOAS DURANTE SEUS GOVERNOS.[135]

45 BALANÇO DO BRASIL CONTEMPORÂNEO

FIM DA GUERRA FRIA

Em 1985 o Brasil dava um grande passo rumo ao processo de abertura política. Tancredo Neves era eleito, de forma indireta, pelo Congresso para ser o primeiro presidente civil, depois de uma leva de presidentes militares. O país se inseriu em um contexto de economia mundial globalizada, recebendo mais empresas multinacionais atraídas por mão de obra barata, matéria-prima abundante, e até isenção de impostos.

Em 1989, a queda do muro de Berlim anunciava o fim da Guerra Fria, um conflito que já durava mais de quarenta anos. O socialismo ruiu, o capitalismo se sobrepôs com os Estados Unidos como única grande superpotência atual. Os blocos dos países europeus e emergentes também se destacavam.

Os políticos são cobrados nos últimos anos para que hajam garantias à população em relação a poder de compra, custo de vida baixo, inflação controlada. Foi nesse cenário que, no Brasil, em 1994, foi eleito o sociólogo Fernando Henrique Cardoso, visto por muitos como o pai do real, o plano econômico que reverteu um quadro de décadas de hiperinflação e devolveu a estabilidade econômica para o país. Lula e Dilma, os presidentes que vieram depois dele, também tiveram que se comprometer a assumir uma política econômica forte, que não "assustasse o mercado".

DIREITOS HUMANOS

Uma nova Constituição foi promulgada em 1988. *É considerada a Constituição da liberdade, visto que, no seu texto, vários artigos abrangem matérias relativas ao direito de liberdade:* de expressão, de ir e vir, liberdades individuais e coletivas. Também nessa Constituição está presente a defesa de minorias indígenas e quilombolas, do voto aos analfabetos. Na teoria, os direitos humanos são bastante valorizados. Mas, na prática, o sistema dificulta que eles sejam vividos plenamente.

ECONOMIA

Desde o final dos anos 1980, mais precisamente a partir do governo Collor, o Brasil passava por uma abertura de mercados para o mundo, que muitos chamam de "neoliberalismo" ou "internacionalização". O Brasil, que até então tinha sua economia bastante fechada, começou a ter múltiplas relações com países tão diversos como China, Estados Unidos, Rússia e Índia. Nesse caminho de se internacionalizar, o setor que mais cresceu foi o do agronegócio. Daí você pensa: "Mas já não era assim desde o tempo do Brasil colônia, com a cana-de-açúcar, depois com o café e tals?". Sim e não. A economia do Brasil sempre teve a agricultura e a pecuária como base. Porém o agronegócio chegou para modernizar a parada, com muita tecnologia e a maior produtividade possível. Com o agronegócio, o Brasil passou a vender mais e melhor seus produtos, principalmente a soja, o milho e a carne bovina, porém também existem efeitos negativos, como os impactos ambientais e os conflitos sociais por causa de disputas pela ocupação da terra.

ECONOMIA INFORMAL

Os juros no Brasil são muito altos. Nós temos uma das maiores cargas tributárias do mundo. Paga-se muito caro para se viver aqui. Talvez por esse motivo o país tenha um quadro de economia informal muito grande. Para o governo, a economia informal é ruim, já que essas pessoas estão trabalhando sem registro, sem pagar ou recolher impostos. Por outro lado, é uma amostra de que muita gente não está conseguindo encontrar um emprego registrado, com benefícios. Segundo levantamento do IBGE, a taxa de desemprego do primeiro trimestre de 2018 atingiu 13,1% da população economicamente ativa, ou um total de 13,7 milhões de brasileiros.[136]

DESIGUALDADE SOCIAL E VIOLÊNCIA

Nos últimos anos, o Brasil tem ficado mais pobre. Segundo dados do IBGE, a pobreza atingiu 54,8 milhões de pessoas no Brasil, no ano de 2017.[137]

A DESIGUALDADE SOCIAL É UM FATO. DEZ POR CENTO DOS BRASILEIROS MAIS RICOS DETÊM O EQUIVALENTE A 43,3% DA MASSA DE RENDIMENTOS DO PAÍS. OS 10% MAIS POBRES DETÊM 0,7% DESSA MASSA DE RENDIMENTOS AÍ.[138] ENQUANTO ISSO, MAIS DA METADE DOS MUNICÍPIOS NÃO POSSUÍAM NEM MESMO UM PLANO DE SANEAMENTO BÁSICO EM 2017![139]

Com relação à violência, o Brasil também apresenta números desanimadores. Segundo o Atlas da Violência 2018, o país chegou a uma taxa de 30 homicídios por 100 mil habitantes.[140] É uma quantidade aproximadamente 30 vezes maior que a da Europa.

EDUCAÇÃO

A educação no Brasil também é bem complicada. Até 2015, 8% da população era analfabeta.[141] A gente praticamente universalizou o acesso ao ensino fundamental, mas no ensino médio a evasão escolar é problema, atingindo 13%.[142] Muita gente não vai pra escola, e quem vai também passa por uns perrengues, ainda mais se a escola for pública. A doideira é que as universidades consideradas de melhor qualidade são justamente as públicas, mas elas não têm vagas para todos. Além disso, essas universidades acabam recebendo uma grande leva de alunos das escolas particulares, que tiveram melhores oportunidades de ensino.

Já os alunos mais carentes, que sempre estudaram em escolas públicas, geralmente não conseguem entrar numa universidade pública por ter tido um estudo deficitário. Então acaba ocorrendo uma inversão nas instituições de ensino. O rico não paga pelo curso superior enquanto o pobre, muitas vezes, tem que trabalhar o dia todo para custear uma faculdade privada. Há alguns anos, principalmente de 2003 para cá, algumas medidas vem sendo adotadas – como o programa de cotas sociais e raciais, além do ProUni – para diminuir essas disparidades, mas ainda faltam vagas, falta estrutura, faltam investimentos em educação, falta valorização dos professores e funcionários do setor, enfim, o bagulho tá louco, mas pelo menos agora você tá ligado em muita história cabulosa que aconteceu no nosso país. Boa sorte pra *nóis*!

REFERÊNCIAS BIBLIOGRÁFICAS

1. ATHAIDE, Guilherme. Quantos habitantes havia no Brasil na época do Descobrimento. *Superinteressante*, [S.L], jul. 2018. Disponível em: <https://super.abril.com.br/mundo-estranho/quantos-habitantes-havia-no-brasil-na-epoca-do-descobrimento/>. Acesso em: 25 fev. 2019. | FUNDAÇÃO NACIONAL DO ÍNDIO. *Índios no brasil - quem são*. Disponível em: <http://www.funai.gov.br/index.php/indios-no-brasil/quem-sao>. Acesso em: 25 fev. 2019.
2. CARNEIRO DA CUNHA, Manuela. *Índios no Brasil, história, direitos e cidadania*. São Paulo: Claroenigma, 2012. Pág. 36.
3. OXFAM. *No Brasil, 1% das propriedades detém metade da área rural*. Disponível em: <https://www.oxfam.org.br/noticias/no-brasil-1-das-propriedades-detem-metade-da-area-rural>. Acesso em: 25 fev. 2019.
4. POVOS INDÍGENAS NO BRASIL. *Localização e extensão das TIs*. Disponível em: <https://pib.socioambiental.org/pt/Localiza%C3%A7%C3%A3o_e_extens%C3%A3o_das_TIs>. Acesso em: 25 fev. 2019.
5. MARANHÃO, Ricardo. *Diário de navegação:* Pero Lopes e a expedição de Martim Afonso de Sousa. São Paulo: Terceiro Nome, 2011.
6. SCHWARCZ, Lilia M; Starling, Heloísa. *Brasil: uma biografia*. São Paulo: Companhia das Letras. São Paulo, 2016. Pág. 30.
7. VASCONCELOS, Pedro De Almeida. *Salvador:* transformações e permanências (1549-1999). Salvador: Edufba, 2017. Pág. 45.
8. PRADO JUNIOR, Caio. *Formação do Brasil contemporâneo*. São Paulo: Brasiliense, 1942. Pág. 308.
9. PRADO JUNIOR, Caio. *Formação do Brasil contemporâneo*. São Paulo: Brasiliense, 1942. Pág. 312.
10. PRADO JUNIOR, Caio. *Formação do Brasil contemporâneo*. São Paulo: Brasiliense, 1942. Pág. 319.
11. SCHWARCZ, Lilia M; Starling, Heloísa. *Brasil: uma biografia*. São Paulo: Companhia das Letras, 2016. Pág. 77.
12. SLAVE VOYAGES. *A extensão total de tempo coberto pelas estimativas é 1501-1866*. Disponível em: <http://www.slavevoyages.org/assessment/estimates.>. Acesso em: 25 fev. 2019.
13. SLAVE VOYAGES. *A extensão total de tempo coberto pelas estimativas é 1501-1866*. Disponível em: <http://www.slavevoyages.org/assessment/estimates.>. Acesso em: 25 fev. 2019.
14. ANDERSON, Perry. *Linhagens do Estado Absolutista*. São Paulo: Brasiliense, 2004. Pág. 81.
15. SCHWARCZ, Lilia M; Starling, Heloísa. *Brasil: uma biografia*. São Paulo: Companhia das Letras. 2016. Pág. 59.

16. MELLO, Evaldo Cabral de. *Olinda Restaurada, Guerra e Açúcar no Nordeste, 1630 - 1645*. São Paulo: Editora 34, 2007. Pág. 62.
17. MELLO, Evaldo Cabral de. *Olinda Restaurada, Guerra e Açúcar no Nordeste, 1630 - 1645*. São Paulo: Editora 34, 2007. Pág.362.
18. FAUSTO, Boris. *História do Brasil*. São Paulo: Edusp, 2015. Pág. 85.
19. SCHWARCZ, Lilia M; Starling, Heloísa. *Brasil: uma biografia*. São Paulo: Companhia das Letras, 2016. Pág. 135.
20. SCHWARCZ, Lilia M; Starling, Heloísa. *Brasil: uma biografia*. São Paulo: Companhia das Letras, 2016. Pág. 117.
21. SCHWARCZ, Lilia M; Starling, Heloísa. *Brasil: uma biografia*. São Paulo: Companhia das Letras, 2016. Pág. 123.
22. FAUSTO, Boris. *História do Brasil*. São Paulo: Edusp, 2015. Pág. 89.
23. FAUSTO, Boris. *História do Brasil*. São Paulo: Edusp, 2015. Pág. 92.
24. SCHWARCZ, Lilia M; Starling, Heloísa. *Brasil: uma biografia*. São Paulo: Companhia das Letras, 2016. Pág. 196.
25. SCHWARCZ, Lilia M; Starling, Heloísa. *Brasil: uma biografia*. São Paulo: Companhia das Letras, 2016. Pág. 206.
26. SCHWARCZ, Lilia M; *A longa viagem da biblioteca dos reis. Do terremoto de Lisboa à Independência do Brasil*. São Paulo: Companhia das Letras, 2002. Pág. 362.
27. PANDOLFI, Fernanda Cláudia. *A abdicação de D. Pedro I: espaço público da política e opinião pública no final do primeiro reinado*. 2007. Tese (Doutorado em História) - Universidade Estadual Paulista, Assis - São Paulo, 2007. Pág. 17. Disponível em: <https://repositorio.unesp.br/bitstream/handle/11449/103162/pandolfi_fc_dr_assis.pdf?sequence=1&isAllowed=y>. Acesso em: 25 fev. 2019.
28. SCHWARCZ, Lilia M; Starling, Heloísa. *Brasil: uma biografia*. São Paulo: Companhia das Letras, 2016. Pág. 247.
29. SCHWARCZ, Lilia M; Starling, Heloísa. *Brasil: uma biografia*. São Paulo: Companhia das Letras, 2016. Pág. 257.
30. SCHWARCZ, Lilia M; Starling, Heloísa. *Brasil: uma biografia*. São Paulo: Companhia das Letras, 2016. Pág. 259.
31. SCHWARCZ, Lilia M; Starling, Heloísa. *Brasil: uma biografia*. São Paulo: Companhia das Letras, 2016. Pág. 265.
32. RICCI, Magda. *Cabanagem, cidadania e identidade revolucionária*: o problema do patriotismo na Amazônia entre 1835 e 1840. Scielo, [S.L], out./fev. 2019. Disponível em: <http://www.scielo.br/pdf/tem/v11n22/v11n22a02.pdf>. Acesso em: 25 fev. 2019.
33. SCHWARCZ, Lilia M. *As barbas do Imperador, D. Pedro II, um monarca nos trópicos*. São Paulo: Companhia das Letras, 2015. Pág. 83.
34. SCHWARCZ, Lilia M. *As barbas do Imperador, D. Pedro II, um monarca nos trópicos*. São Paulo: Companhia das Letras, 2015. Pág. 175.
35. FAUSTO, Boris. *História do Brasil*. São Paulo: Edusp, 2015. Pág. 168.
36. FAUSTO, Boris. *História do Brasil*. São Paulo: Edusp, 2015. Pág. 160.
37. FAUSTO, Boris. *História do Brasil*. São Paulo: Edusp, 2015. Pág. 250.
38. FAUSTO, Boris. *História do Brasil*. São Paulo: Edusp, 2015. Pág. 182.

39. FUNDAÇÃO BIBLIOTECA NACIONAL. Coleção Documentos Históricos. *Diário do Tenente Coronel Albuquerque Bello*: notas extraídas do caderno de lembrança do autor sobre sua passagem na Guerra do Paraguai. Rio de Janeiro: Fundação Biblioteca Nacional, 2011.
40. FAUSTO, Boris. *História do Brasil*. São Paulo: Edusp, 2015. Pág. 186.
41. SCHWARCZ, Lilia M; Starling, Heloísa. *Brasil: uma biografia*. São Paulo: Companhia das Letras,2016. Pág. 310.
42. SCHWARCZ, Lilia M; Starling, Heloísa. *Brasil: uma biografia*. São Paulo: Companhia das Letras, 2016. | FAUSTO, Boris. *História do Brasil*. São Paulo: Edusp, 2015. Pág. 237.
43. JUNQUEIRA, Marili Peres. *Artigo os imigrantes italianos e o jornal local l'operaio italiano*: a formação social e econômica de São Carlos-SP no final do século XIX. Crítica e sociedade. São Paulo, v. 6, n. 1, nov. 2016. Pág. 143.
44. FAUSTO, Boris. *História do Brasil*. São Paulo: Edusp, 2015. Pág. 239.
45. FAUSTO, Boris. *História do Brasil*. São Paulo: Edusp, 2015. Pág. 202.
46. SCHWARCZ, Lilia M; Starling, Heloísa. *Brasil: uma biografia*. São Paulo: Companhia das Letras, 2016. Pág. 33.
47. NAPOLITANO, Marcos. *História do Brasil República, da queda da Monarquia ao fim do Estado Novo*. São Paulo: Contexto, 2016. Pág. 33.
48. NAPOLITANO, Marcos. *História do Brasil República, da queda da Monarquia ao fim do Estado Novo*. São Paulo: Contexto, 2016. Pág. 36.
49. NAPOLITANO, Marcos. *História do Brasil República, da queda da Monarquia ao fim do Estado Novo*. São Paulo: Contexto, 2016. Pág.19.
50. NAPOLITANO, Marcos. *História do Brasil República, da queda da Monarquia ao fim do Estado Novo*. São Paulo: Contexto, 2016. Pág. 78.
51. SCHWARCZ, Lilia M; Starling, Heloísa. *Brasil: uma biografia*. São Paulo: Companhia das Letras, 2016. Pág. 348.
52. NAPOLITANO, Marcos. *História do Brasil República, da queda da Monarquia ao fim do Estado Novo*. São Paulo: Contexto, 2016. Pág. 85.
53. SCHWARCZ, Lilia M; Starling, Heloísa. *Brasil: uma biografia*. São Paulo: Companhia das Letras, 2016. Pág. 355.
54. NETO, Lira. *Getúlio, 1930-1945, Do Governo Provisório à Ditadura do Estado Novo*. São Paulo: Companhia das Letras, 2013. Pág. 45.
55. NETO, Lira. *Getúlio, 1930-1945, Do Governo Provisório à Ditadura do Estado Novo*. São Paulo: Companhia das Letras, 2013. Pág. 61.
56. SCHWARCZ, Lilia M; Starling, Heloísa. *Brasil: uma biografia*. São Paulo: Companhia das Letras, 2016. Pág. 364.
57. NETO, Lira. *Getúlio, 1930-1945, Do Governo Provisório à Ditadura do Estado Novo*. São Paulo: Companhia das Letras, 2013. Pág. 117.
58. NETO, Lira. *Getúlio, 1930-1945, Do Governo Provisório à Ditadura do Estado Novo*. São Paulo: Companhia das Letras, 2013. Pág. 125.
59. NAPOLITANO, Marcos. *História do Brasil República, da queda da Monarquia ao fim do Estado Novo*. São Paulo: Contexto, 2016. Pág. 98.
60. NETO, Lira. *Getúlio, 1930-1945, Do Governo Provisório à Ditadura do Estado Novo*. São Paulo: Companhia das Letras, 2013. Pág. 98.

61. SCHWARCZ, Lilia M; Starling, Heloísa. *Brasil: uma biografia*. São Paulo: Companhia das Letras, 2016. Pág. 370.
62. NETO, Lira. *Getúlio, 1930-1945, Do Governo Provisório à Ditadura do Estado Novo*. São Paulo: Companhia das Letras, 2013. Pág. 258.
63. NETO, Lira. *Getúlio, 1930-1945, Do Governo Provisório à Ditadura do Estado Novo*. São Paulo: Companhia das Letras, 2013. Pág. 258.
64. NAPOLITANO, Marcos. *História do Brasil República, da queda da Monarquia ao fim do Estado Novo*. São Paulo: Contexto, 2016. Pág. 109.
65. NETO, Lira. *Getúlio, 1930-1945, Do Governo Provisório à Ditadura do Estado Novo*. São Paulo: Companhia das Letras, 2013. Pág. 308.
66. NETO, Lira. *Getúlio, 1930-1945, Do Governo Provisório à Ditadura do Estado Novo*. São Paulo: Companhia das Letras, 2013. Pág. 335.
67. NETO, Lira. *Getúlio, 1930-1945, Do Governo Provisório à Ditadura do Estado Novo*. São Paulo: Companhia das Letras, 2013. Pág. 338.
68. FERGUSON, Niall. *A guerra do mundo, a era de ódio na história*. São Paulo: Planeta, 2015. Pág. 766.
69. FAUSTO, Boris. *História do Brasil*. São Paulo: Edusp, 2015. Pág. 343.
70. NETO, Lira. *Getúlio, 1945-1954, Da volta pela consagração popular ao suicídio*. São Paulo: Companhia das Letras, 2014. Pág. 766.
71. NETO, Lira. *Getúlio, 1945-1954, Da volta pela consagração popular ao suicídio*. São Paulo: Companhia das Letras, 2014. Pág. 86.
72. SKIDMORE, Thomas E. *Brasil: de Getúlio a Castello (1930-64)*. São Paulo: Companhia das Letras, 2010. Pág. 103.
73. NETO, Lira. *Getúlio, 1945-1954, Da volta pela consagração popular ao suicídio*. São Paulo: Companhia das Letras, 2014. Pág. 218.
74. NETO, Lira. *Getúlio, 1945-1954, Da volta pela consagração popular ao suicídio*. São Paulo: Companhia das Letras, 2014. Pág. 223.
75. NETO, Lira. *Getúlio, 1945-1954, Da volta pela consagração popular ao suicídio*. São Paulo: Companhia das Letras, 2014. Pág. 223.
76. NETO, Lira. *Getúlio, 1945-1954, Da volta pela consagração popular ao suicídio*. São Paulo: Companhia das Letras, 2014. Pág. 236.
77. FAUSTO, Boris. *História do Brasil*. São Paulo: Edusp, 2015. Pág. 352.
78. NETO, Lira. *Getúlio, 1945-1954, Da volta pela consagração popular ao suicídio*. São Paulo: Companhia das Letras, 2014. Pág. 240.
79. FAUSTO, Boris. *História do Brasil*. São Paulo: Edusp, 2015. Pág. 352.
80. NETO, Lira. *Getúlio, 1945-1954, Da volta pela consagração popular ao suicídio*. São Paulo: Companhia das Letras, 2014. Pág. 267.
81. FAUSTO, Boris. *História do Brasil*. São Paulo: Edusp, 2015. Pág. 355.
82. NETO, Lira. *Getúlio, 1945-1954, Da volta pela consagração popular ao suicídio*. São Paulo: Companhia das Letras, 2014. Pág. 274.
83. NETO, Lira. *Getúlio, 1945-1954, Da volta pela consagração popular ao suicídio*. São Paulo: Companhia das Letras, 2014. Pág. 345.
84. FAUSTO, Boris. *História do Brasil*. São Paulo: Edusp, 2015. Pág. 371

85. MUNHOZ, Dercio Garcia. *Inflação brasileira os ensinamentos desde a crise dos anos 30*. Economia contemporânea, [S. l.], 1997. Pág. 61. Disponível em: <http://www.ie.ufrj.br/images/pesquisa/publicacoes/rec/REC%201/REC_1.1_03_Inflacao_brasileira_os_ensinamentos_desde_a_crise_dos_anos_30.pdf>. Acesso em: 25 fev. 2019.
86. FAUSTO, Boris. *História do Brasil*. São Paulo: Edusp, 2015. Pág. 375.
87. FAUSTO, Boris. *História do Brasil*. São Paulo: Edusp, 2015. Pág. 374.
88. SCHWARCZ, Lilia M; Starling, Heloísa. *Brasil: uma biografia*. São Paulo:Companhia das Letras, 2016. Pág. 435.
89. SCHWARCZ, Lilia M; Starling, Heloísa. *Brasil: uma biografia*. São Paulo: Companhia das Letras, 2016. Pág. 439.
90. IPEADATA. *Dívida externa bruta*. Disponível em: <http://www.ipeadata.gov.br/exibeserie.aspx?serid=38367>. Acesso em: 25 fev. 2019.
91. SCHWARCZ, Lilia M; Starling, Heloísa. *Brasil: uma biografia*. São Paulo: Companhia das Letras, 2016. Pág. 444.
92. SCHWARCZ, Lilia M; Starling, Heloísa. *Brasil: uma biografia*. São Paulo: Companhia das Letras,2016. Pág. 444.
93. NAPOLITANO, Marcos. *História do Regime Militar Brasileiro*. São Paulo: Contexto, 2016. Pág. 149.
94. NAPOLITANO, Marcos. *História do Regime Militar Brasileiro*. São Paulo: Contexto, 2016. Pág. 172.
95. NAPOLITANO, Marcos. *História do Regime Militar Brasileiro*. São Paulo: Contexto, 2016. Pág. 164.
96. FAUSTO, Boris. *História do Brasil*. São Paulo: Edusp, 2015. Pág. 408.
97. NAPOLITANO, Marcos. *História do Regime Militar Brasileiro*. São Paulo: Contexto, 2016. Pág. 125.
98. NAPOLITANO, Marcos. *História do Regime Militar Brasileiro*. São Paulo:Contexto, 2016. Pág. 164.
99. FAUSTO, Boris. *História do Brasil*. São Paulo: Edusp, 2015. Pág. 413.
100. NAPOLITANO, Marcos. *História do Regime Militar Brasileiro*. São Paulo:Contexto, 2016. Pág. 172.
101. COMISSÃO DA VERDADE. *Vladimir Herzog*. Disponível em: <http://comissaodaverdade.al.sp.gov.br/mortos-desaparecidos/vladimir-herzog>. Acesso em: 25 fev. 2019.
102. NAPOLITANO, Marcos. *História do Regime Militar Brasileiro*. São Paulo: Contexto, 2016. Pág. 172.
103. FAUSTO, Boris. História do Brasil. São Paulo: Edusp, 2015. Pág. 429.
104. SCHWARCZ, Lilia M; Starling, Heloísa. *Brasil: uma biografia*. São Paulo: Companhia das Letras, 2016. Pág. 478.
105. SCHWARCZ, Lilia M; Starling, Heloísa. *Brasil: uma biografia*. São Paulo: Companhia das Letras, 2016. Pág. 481.
106. NAPOLITANO, Marcos. *História do Regime Militar Brasileiro*. São Paulo: Contexto, 2016. Pág. 303.
107. NAPOLITANO, Marcos. *História do Regime Militar Brasileiro*. São Paulo: Contexto, 2016. Pág. 308.
108. FAUSTO, Boris. *História do Brasil*. São Paulo: Edusp, 2015. Pág. 434.
109. FAUSTO, Boris. *História do Brasil*. São Paulo: Edusp, São Paulo, 2015. Pág. 442.
110. FAUSTO, Boris. *História do Brasil*. São Paulo: Edusp, 2015. Pág. 442.
111. FAUSTO, Boris. *História do Brasil*. São Paulo: Edusp, 2015. Pág. 445.
112. SCHWARCZ, Lilia M; Starling, Heloísa. *Brasil: uma biografia*. São Paulo: Companhia das Letras, 2016. Pág. 488.

113. RODRIGUES, Danilo. Como foi o impeachment de Collor? *Superinteressante*, [S.L], jul. 2018. Disponível em: <https://super.abril.com.br/mundo-estranho/como-foi-o-impeachment-de-collor/>. Acesso em: 25 fev. 2019. Pág. 495.

114. CBN. *1997: vale do rio doce é privatizada*. Disponível em: <https://cbn.globoradio.globo.com/institucional/historia/aniversario/cbn-25-anos/boletins/2016/10/27/1997-vale-do-rio-doce-e-privatizada.htm>. Acesso em: 25 fev. 2019.

115. FAUSTO, Boris. *História do Brasil*. São Paulo:Edusp, 2015. Pág. 487.

116. FAUSTO, Boris. *História do Brasil*. São Paulo: Edusp, 2015. Pág. 519.

117. FAUSTO, Boris. *História do Brasil*. São Paulo: Edusp, 2015. Pág. 492.

118. FAUSTO, Boris. *História do Brasil*. São Paulo: Edusp2015. Pág. 520.

119. FAUSTO, Boris. *História do Brasil*. São Paulo: Edusp, 2015. Pág. 527.

120. FERNANDES, Adriana. Dívida pública cresceu 105% com Lula. *Estado de S. Paulo*, [S.L], fev. 2011. Disponível em: <https://economia.estadao.com.br/noticias/geral,divida-publica-cresceu-105-com-lula-imp-,674086>. Acesso em: 25 fev. 2019.

121. FAUSTO, Boris. *História do Brasil*. São Paulo:Edusp, 2015. Pág. 529.

122. FAUSTO, Boris. *História do Brasil*. São Paulo:Edusp, 2015. Pág. 529.

123. FAUSTO, Boris. *História do Brasil*. São Paulo:Edusp, 2015. Pág. 534.

124. FAUSTO, Boris. *História do Brasil*. São Paulo: Edusp, 2015. Pág. 541.

125. G1. *Popularidade de lula bate recorde e chega a 87%, diz Ibope*. Disponível em: <http://g1.globo.com/politica/noticia/2010/12/popularidade-de-lula-bate-recorde-e-chega-87-diz-ibope.html>. Acesso em: 25 fev. 2019.

126. PAC. *Publicações nacionais*. Disponível em: <http://www.pac.gov.br/sobre-o-pac/publicacoesnacionais>. Acesso em: 25 fev. 2019.

127. PAC. *7º balanço*. Pág. 151. Disponível em: <http://www.pac.gov.br/pub/up/relatorio/abb2d5344a73a631071ba0a5481668d5.pdf.>. Acesso em: 25 fev. 2019.

128. G1. *Privatização de três aeroportos brasileiros rende r$ 24,5 bilhões*. Disponível em: <http://g1.globo.com/jornal-nacional/noticia/2012/02/privatizacao-de-tres-aeroportos-brasileiros-rende-r-245-bilhoes.html>. Acesso em: 25 fev. 2019.

129. MATAIS, Andreza. Dilma é presidente que menos demarcou terras indígenas no Brasil. *Estado de S. Paulo*, (Coluna do Estadão), abr. 2016. Disponível em: <https://politica.estadao.com.br/blogs/coluna-do-estadao/dilma-e-presidente-que-menos-demarcou-terras-indigenas-na-democracia/>. Acesso em: 25 fev. 2019.

130. JORNAL DO ESTADO DE MINAS. *Comissão da verdade completa dois anos sem punições entrega do relatório da comissão nacional da verdade completa 24 meses sem que citados por crimes durante o regime militar no país sejam submetidos a qualquer tipo de julgamento mf marcelo da fonseca*. Disponível em: <https://www.em.com.br/app/noticia/politica/2016/12/19/interna_politica,833640/comissao-da-verdade-completa-dois-anos-sem-punicoes.shtml>. Acesso em: 25 fev. 2019.

131. CONFEDERAÇÃO NACIONAL DE MUNICÍPIOS. *Pesquisa da CNM mostra que manifestações ocorreram em mais de 430 municípios*. Disponível em: <https://www.cnm.org.br/comunicacao/noticias/pesquisa-da-cnm-mostra-que-manifesta%c3%a7%c3%b5es-ocorreram-em-mais-de-430-munic%c3%adpios>. Acesso em: 25 fev. 2019.

132. G1. *Dilma anuncia cinco medidas em resposta às manifestações*. Disponível em: <http://g1.globo.com/jornal-nacional/noticia/2013/06/dilma-anuncia-cinco-medidas-em-resposta-manifestacoes.html>. Acesso em: 25 fev. 2019.

133. FOLHA DE S.PAULO. *PMDB resiste à proposta de Dilma para reforma política*. Disponível em: <https://www1.folha.uol.com.br/poder/2014/10/1539358-pmdb-resiste-a-proposta-de-dilma-para-reforma-politica.shtml>. Acesso em: 25 fev. 2019.

134. VEJA. *Entenda por que Dilma cometeu o crime das "pedaladas fiscais" – e FHC e Lula, não*. Disponível em: <https://veja.abril.com.br/blog/felipe-moura-brasil/entenda-por-que-dilma-cometeu-o-crime-das-8220-pedaladas-fiscais-8221-8211-e-fhc-e-lula-nao/>. Acesso em: 25 fev. 2019.

135. FAUSTO, Boris. *História do Brasil*. São Paulo: Edusp, 2015. Pág. 529.

136. AGÊNCIA DE NOTÍCIAS - IBGE. *Desemprego volta a crescer no primeiro trimestre de 2018*. Disponível em: <https://agenciadenoticias.ibge.gov.br/agencia-noticias/2012-agencia-de-noticias/noticias/20995-desemprego-volta-a-crescer-no-primeiro-trimestre-de-2018>. Acesso em: 25 fev. 2019.

137. AGÊNCIA DE NOTÍCIAS - IBGE. *Pobreza aumenta e atinge 54,8 milhões de pessoas em 2017*. Disponível em: <https://agenciadenoticias.ibge.gov.br/agencia-noticias/2012-agencia-de-noticias/noticias/23299-pobreza-aumenta-e-atinge-54-8-milhoes-de-pessoas-em-2017>. Acesso em: 25 fev. 2019.

138. IG ECONOMIA. *Ricos recebem 36 vezes acima da metade mais pobre da população fonte: economia*. Disponível em: <https://economia.ig.com.br/2018-04-11/desigualdade-renda-ibge.html>. Acesso em: 25 fev. 2019.

139. AGÊNCIA DE NOTÍCIAS - IBGE. *Munic*: mais da metade dos municípios brasileiros não tinha plano de saneamento básico em 2017. Disponível em: <https://agenciadenoticias.ibge.gov.br/agencia-sala-de-imprensa/2013-agencia-de-noticias/releases/22611-munic-mais-da-metade-dos-municipios-brasileiros-nao-tinha-plano-de-saneamento-basico-em-2017>. Acesso em: 25 fev. 2019.

140. IPEA. *Atlas da violência 2018*. Disponível em: <http://www.ipea.gov.br/portal/index.php?option=com_content&view=article&id=33410&itemid=432; https://g1.globo.com/sp/sao-paulo/noticia/brasil-chega-a-taxa-de-30-assassinatos-por-100-mil-habitantes-em-2016-30-vezes-a-da-europa-diz-atlas-da-violencia.ghtml>. Acesso em: 25 fev. 2019.

141. IBGE. *Brasil em síntese*. Disponível em: <https://brasilemsintese.ibge.gov.br/educacao/taxa-de-analfabetismo-das-pessoas-de-15-anos-ou-mais.html>. Acesso em: 25 fev. 2019.

142. EBC - AGÊNCIA BRASIL. *Ensino básico tem 73,5% dos alunos em escolas públicas*, diz IBGE. Disponível em: <http://agenciabrasil.ebc.com.br/educacao/noticia/2017-12/ensino-basico-tem-735-dos-alunos-em-escolas-publicas-diz-ibge>. Acesso em: 25 fev. 2019.

ENCONTRE COM EXCLUSIVIDADE SUGESTÕES DE LEITURAS DOS AUTORES ACESSANDO:

http://bit.ly/SeLigaNessaHistóriaDoBrasil

Acreditamos
nos livros

Este livro foi composto em Graphik e Lyon e impresso pela RRD para a Editora Planeta do Brasil em março de 2019.